Volkswirtschaftliche Baustellen

Lizenz zum Wissen.

Sichern Sie sich umfassendes Wirtschaftswissen mit Sofortzugriff auf tausende Fachbücher und Fachzeitschriften aus den Bereichen: Management, Finance & Controlling, Business IT, Marketing, Public Relations, Vertrieb und Banking.

Exklusiv für Leser von Springer-Fachbüchern: Testen Sie Springer für Professionals 30 Tage unverbindlich. Nutzen Sie dazu im Bestellverlauf Ihren persönlichen Aktionscode C0005407 auf *www.springerprofessional.de/buchkunden/*

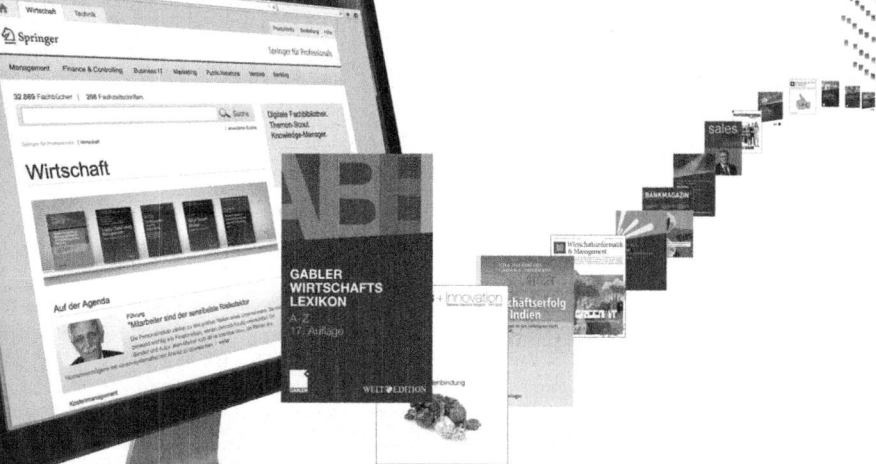

Jetzt 30 Tage testen!

Springer für Professionals.
Digitale Fachbibliothek. Themen-Scout. Knowledge-Manager.

- Zugriff auf tausende von Fachbüchern und Fachzeitschriften
- Selektion, Komprimierung und Verknüpfung relevanter Themen durch Fachredaktionen
- Tools zur persönlichen Wissensorganisation und Vernetzung

www.entschieden-intelligenter.de

Springer für Professionals

Christian J. Jäggi

Volkswirtschaftliche Baustellen

Analyse – Szenarien – Lösungen

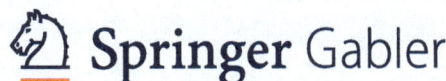

Christian J. Jäggi
Meggen
Schweiz

ISBN 978-3-658-11995-9   ISBN 978-3-658-11996-6 (eBook)
DOI 10.1007/978-3-658-11996-6

Die Deutsche Nationalbibliothek verzeichnet diese Publikation in der Deutschen Nationalbibliografie; detaillierte bibliografische Daten sind im Internet über http://dnb.d-nb.de abrufbar.

Springer Gabler
© Springer Fachmedien Wiesbaden 2016
Das Werk einschließlich aller seiner Teile ist urheberrechtlich geschützt. Jede Verwertung, die nicht ausdrücklich vom Urheberrechtsgesetz zugelassen ist, bedarf der vorherigen Zustimmung des Verlags. Das gilt insbesondere für Vervielfältigungen, Bearbeitungen, Übersetzungen, Mikroverfilmungen und die Einspeicherung und Verarbeitung in elektronischen Systemen.
Die Wiedergabe von Gebrauchsnamen, Handelsnamen, Warenbezeichnungen usw. in diesem Werk berechtigt auch ohne besondere Kennzeichnung nicht zu der Annahme, dass solche Namen im Sinne der Warenzeichen- und Markenschutz-Gesetzgebung als frei zu betrachten wären und daher von jedermann benutzt werden dürften. Der Verlag, die Autoren und die Herausgeber gehen davon aus, dass die Angaben und Informationen in diesem Werk zum Zeitpunkt der Veröffentlichung vollständig und korrekt sind. Weder der Verlag noch die Autoren oder die Herausgeber übernehmen, ausdrücklich oder implizit, Gewähr für den Inhalt des Werkes, etwaige Fehler oder Äußerungen.

Gedruckt auf säurefreiem und chlorfrei gebleichtem Papier

Springer Fachmedien Wiesbaden ist Teil der Fachverlagsgruppe Springer Science+Business Media
(www.springer.com)

Vorwort

Das Jahr 2015 zeichnete sich dadurch aus, dass kein einziges der aktuellen Weltprobleme gelöst oder auch nur ernsthaft angegangen wurde.

Folgende großen Problemkreise waren dominant:

- Globaler Terrorismus und Dschihadismus sowie schleichender Abbau der individuellen demokratischen Rechte unter dem Vorwand der Terrorismusbekämpfung,
- neue Formen von Großmachtstreben und aufflammender Nationalismus führen zu zwischenstaatlichen Kriegen und zunehmenden militärischen Auseinandersetzungen (Russland/Ukraine, China im südchinesischen Meer, usw.),
- riesige Umweltprobleme, Klimawandel und unaufhaltsame Zerstörung der ökologischen Lebensbedingungen in China, in den USA, in Teilen Afrikas und Asiens,
- weltweites Migrations- und Flüchtlingsproblem mit Tausenden von Toten im Mittelmeer und auf den Landrouten in Afrika sowie in Südostasien,
- Euro-Krise, Verschuldungskrise, unkontrolliertes Wachstum der Finanz- und Geldmärkte sowie Flutung der Geldmärkte mit Liquidität mit all den schwerwiegenden Folgen wie Negativzinsen, schleichende Deflation und versteckte Enteignung von Spargeldern.

Auffällig ist dabei, dass weder demokratische Regierungen noch Autokratien in der Lage zu sein scheinen, diese globalen Fragen glaubhaft und effizient anzugehen – ja es scheint sogar, dass vielerorts nicht nur die Fähigkeit, sondern auch der Wille und die grundsätzliche Bereitschaft fehlen, sich ernsthaft auf diese Fragen einzulassen.

Deshalb stellt sich die Frage, warum das so ist, wer am Status quo interessiert ist und wie der Einzelne darauf reagieren kann.

Der vorliegende Band befasst sich mit dem letztgenannten Themenkreis. Dabei werden allgemeine volkswirtschaftliche Zusammenhänge analysiert, mögliche Entwicklungsszenarien diskutiert, Lösungsstrategien dargestellt und Maßnahmen vorgeschlagen.

November 2015   Christian J. Jäggi

Inhaltsverzeichnis

1 Analyse 1
   1.1 Finanzwirtschaft versus produktive Wirtschaft 4
   1.2 Die verschwundene Inflation 12
   1.3 Die überdeckte Deflation 15
   1.4 Das verdrängte Verschuldungsproblem 17
   1.5 Der Mythos des unbegrenzten Wirtschaftswachstums 36
   1.6 Arbeitsmarkt 53
   1.7 Internationale Investitionen 61
   1.8 Der Anarchismus der nationalen Steuersysteme 67
   Literatur 70

2 Szenarien 75
   2.1 Finanzwirtschaft versus produktive Wirtschaft 76
   2.2 Inflation 77
   2.3 Deflation 80
   2.4 Verschuldung 81
   2.5 Wachstum 85
   2.6 Arbeitsmarkt 89
   2.7 Investitionen 91
   2.8 Steuern 93
   Literatur 93

3 Strategien 95
   3.1 Finanzwirtschaft 95
   3.2 Inflation 97
   3.3 Deflation 98
   3.4 Verschuldung 98
   3.5 Wachstum 105
   3.6 Arbeitsmarkt 111
   3.7 Investitionen 113

3.8	Steuern	119
	Literatur	123
4	**Maßnahmen**	**127**
4.1	Finanzwirtschaft	128
4.2	Inflation	129
4.3	Deflation	129
4.4	Verschuldung	129
4.5	Wachstum	130
4.6	Arbeitsmarkt	130
4.7	Investitionen	131
4.8	Steuern	131
5	**Ausblick**	**133**

Analyse

Zusammenfassung

Ziel einer jeden Volkswirtschaft ist die nachhaltige Befriedigung der Grundbedürfnisse aller dort lebenden Menschen. Dass es dabei zu Interessenkonflikten zwischen den einzelnen Wirtschaftsakteuren, dem Staat und der Öffentlichkeit kommt, ist kaum zu vermeiden. Doch wenn strukturelle Ungleichheiten oder gesellschaftliche Spielregeln einzelne Akteure bevorzugen und andere benachteiligen, läuft etwas schief. In den vergangenen Jahrzehnten hat sich die Finanzindustrie immer mehr von der realen, produktiven Wirtschaft abgekoppelt. Diese zunehmende Eigendynamik richtete sich immer mehr auch gegen den gesellschaftlichen Zusammenhalt, die volkswirtschaftlichen Gesamtinteressen und ließ auch die soziale Solidarität immer mehr zerbrechen. Die Finanzkrise von 2008/2009 bedeutete zwar eine Zäsur in diesem Prozess, hat aber an dieser Entwicklung selbst kaum etwas verändert. Zwar wurden im Verlauf der Finanzkrise Milliardenwerte vernichtet, doch nimmt auf der einen Seite die massive Verschuldung auf allen Ebenen weiter zu, während auf der anderen Seite immer wieder neue und oft noch risikoreichere Finanzprodukte auf den Markt kommen. Von einer Reform der Finanzwirtschaft ist kaum etwas zu erkennen – obwohl dafür viele Vorschläge vorliegen.

Obwohl heute aufgrund der äußerst geringen oder sogar negativen Teuerung die Inflation kaum mehr ein Thema ist, ist sie weder überwunden noch abgeschafft. Überraschenderweise haben die massive Flutung der Märkte mit hoher Liquidität und die Ausweitung der Geldmengen bisher nicht zu einer steigenden Inflation geführt – zumindest nicht im Konsumgüterbereich. Einige sprechen heute von einer Vermögenspreisinflation, weil sehr viel Geld in Sachwerte wie Immobilien oder Aktien fließt.

Nicht wenige Ökonomen sind der Ansicht, dass wir heute in einer deflationären Phase leben, also in einer Periode, in welcher die Preise längerfristig sinken und die Produktion stagniert oder gar zurückgeht. Sinkende Preise können die Folge einer abnehmenden Geldmenge sein – das ist sicher heute nicht der Fall –, die Folge höherer

Produktivität – das trifft sicher für Teile der elektronischen Industrie zu – oder aber die Folge sinkender Nachfrage. Das könnte heute zumindest teilweise zutreffen.

Es ist unbestritten, das hohe Schulden nicht wünschenswert sind. Doch wieso eigentlich? Studien haben ergeben, dass ein enger Zusammenhang zwischen der Höhe privater und öffentlicher Schulden auf der einen Seite und konjunkturellen Flauten, Rezessionen und Finanzkrisen auf der anderen Seite besteht. Auch die Globalisierung hat Auswirkungen auf die Schuldenentwicklung. Umgekehrt kann eine moderne Wirtschaft nicht ohne Kredite und damit ohne Schulden funktionieren. Doch die Frage ist, wie Schulden auf einem vernünftigen Ausmaß gehalten werden können.

Wohl kaum über ein anderes Thema ist im Laufe der Zeit so gestritten worden wie über die Zinsen. Während die einen Zinsen ganz verbieten wollten oder wollen, sehen andere in ihnen das Schmiermittel der Wirtschaft. Während heute die drei wichtigsten volkswirtschaftlichen Schulen die Zinsen prinzipiell kaum in Frage stellen, werden diese von freiwirtschaftlicher Seite grundsätzlich kritisiert. Durch die aktuellen Null- und Negativ-Zinsen hat die Zinsfrage in jüngster Zeit erneut an Aktualität gewonnen. In jüngster Zeit wurden Vermögenszinse auch zunehmend als so genanntes „leistungsfreies" Einkommen kritisiert.

Die Vorstellung, dass eine Volkswirtschaft permanent wachsen muss, und das Prinzip der Nachhaltigkeit stehen in einem nicht zu unterschätzenden Widerspruch zueinander, auch wenn dies von gewissen Wirtschaftsexponenten immer wieder vehement bestritten wird. Wachstumsphasen haben immer wieder mit Stagnations- oder gar Phasen des wirtschaftlichen Abschwungs abgewechselt. Ja, es scheint sogar, dass längere Aufschwungphasen wie in Europa nach dem Zweiten Weltkrieg oder im China 1990 bis 2013 eher die Ausnahme sind. Heute – noch stärker als früher – ist ein größeres Wirtschaftswachstum nur auf Kosten der ökologischen Ressourcen und bei Übernutzung natürlicher Ökosysteme möglich. Mehr und mehr ist ein Wirtschaftswachstum nur noch mit einer umfassenden geplanten Obsoleszenz, also einer Verschleißwirtschaft möglich. Damit stellt sich heute endgültig die Frage nach einem alternativen Wirtschaftskonzept anstelle des Wachstumsparadigmas. Nur: Wie müsste dieses aussehen?

Ein wichtiger Schritt weg vom Wachstumsparadigma liegt darin, Wachstum vom hohen Ressourcenverbrauch zu entkoppeln, oder anders gesagt: Durch größere Produktivität und Effizienz den Anteil benötigter Rohstoffe zu verringern. Dabei kann man sich nicht darauf verlassen, dass infolge der größeren Nachfrage die Rohstoffpreise tendenziell steigen und dass damit ein ökonomischer Anreiz für einen geringeren Rohstoffeinsatz besteht – das zeigt spätestens seit 2010 der Fall vieler Rohstoffpreise. Hier sind umfassende Lösungen gefragt, von der Sichtbarmachung des Rohstoffverbrauchs in der Produktion bis zu Reformen im gesamten Wirtschaftssystem.

Arbeit ist mehr als nur Erwerb, Arbeit trägt auch zur persönlichen Identität und zum persönlichen Wohlbefinden bei – sofern die Arbeit sinnvoll ist und angemessen entschädigt wird. Auf dem Arbeitsmarkt – wo sich Anbieter und Nachfrager von Arbeitskraft treffen – wird jedoch knallhart gerechnet: Erwerbsarbeit, Erwerbsquoten und Arbeitslosigkeit spiegeln immer die aktuelle Entwicklung der Wirtschaft und des

1 Analyse

Arbeitsmarktes wider. In fast allen Ländern ist heute die Arbeitslosigkeit endemisch geworden, allerdings auf unterschiedlichem Niveau. Prekäre Arbeitsverhältnisse haben in den letzten Jahren deutlich zugenommen, besonders auch in Europa. Das ist nicht zuletzt die Folge der Konkurrenz durch die Tiefstlohnländer. Die Frage der Mindestlöhne und die Problematik der Schwarzarbeit werden in den nächsten Jahren zweifellos an Bedeutung gewinnen.

Im Zusammenhang mit der Globalisierung hat auch die Bedeutung grenzüberschreitender Investitionen zugenommen. Dabei ist ein neues Konfliktfeld entstanden: Während die Nationalstaaten einen Abfluss von Ressourcen und Gewinnen ins Ausland fürchten, wollen internationale Investoren ihre örtlichen Investitionen schützen und ihre Handlungsfreiheit ausbauen. Die in den letzten Jahren ausgebauten internationalen und multilateralen Investitionsschutzabkommen haben zu einer wachsenden Zahl von Schadensersatzforderungen, Schiedsverfahren und Gerichtsprozessen von transnationalen Unternehmen gegen Nationalstaaten geführt, die nur zu einem Teil berechtigte Gründe haben. Einzelne Investoren haben darauf sogar ihr Geschäftsmodell aufgebaut. Hier braucht es dringend neue und rechtsstaatlich abgestützte Regelungen.

Dass die verschiedenen nationale Steuersysteme in einem teilweise ruinösen Wettbewerb stehen, ist bekannt. In den einzelnen Ländern ist die steuerliche Belastung sehr unterschiedlich – und oft auch wenig gerecht. Für die Steuerzahlenden sind die nationalen Steuersysteme oft kaum transparent und so kompliziert, dass höchstens noch die Steuerexperten durchblicken. Hier ist Abhilfe gefragt.

Zentrales Anliegen und Hauptziel einer jeden Volkswirtschaft ist es, die Versorgungssicherheit mit Gütern und Dienstleistungen für alle Menschen nachhaltig, also langfristig zu sichern. Dafür braucht es unter anderem stabile Rahmenbedingungen, z. B. in Form eines verlässlichen Rechtssystems, stabile und effiziente Produktion, gesichertes Einkommen bei den Nachfragenden und – vor allem – Vertrauen in das Wirtschaftssystem. Erschwerend wirkt sich aus, dass sich im Laufe der Zeit die Bedürfnisse der Nachfragenden verändern – und dass die einzelnen Marktteilnehmenden über sehr unterschiedliche Bedürfnisse verfügen.

Damit stellt sich die Frage, welche Grundbedürfnisse unter allen Umständen zu befriedigen sind – wie etwa das Bedürfnis nach Nahrung, Unterkunft und Gesundheitsversorgung – und welche Bedürfnisse optional, also nicht auf jeden Fall befriedigt werden müssen und auch kaufkraftabhängig befriedigt werden können. Dazu kommt, dass ständig neue und nur bei einzelnen Bevölkerungsgruppen vorhandene Bedürfnisse entstehen, während andere Bedürfnisse verschwinden.

Wenn die letzten 100 Jahre etwas gezeigt haben, dann dies, dass das marktwirtschaftliche System am besten dafür geeignet ist, flexibel auf die sie sehr unterschiedlichen Bedürfnisse der Menschen zu reagieren und die hergestellten Produkte und Dienstleistungen effizient, kostengünstig und gleichzeitig nachfragespezifisch und in der erforderlichen Menge bereitzustellen. In all diesen Punkten hat die sozialistische Planwirtschaft versagt. Doch auch die Marktwirtschaft ist unterdessen an ihre Grenzen gestoßen: Raubbau an den natürlichen Ressourcen, Klimawandel, Hochrisikoanlagen, unerlässliches Wachstum als Wohlstandsmotor, sinkende Gewinne – aber auch die Externalisierung immer größerer sozialer und ökologischer Kosten – bilden letztlich auf dem Planeten nicht mehr überwindbare Grenzen für das kapitalistische System.

Man könnte es auch umgekehrt formulieren: Hätte die Planwirtschaft der 1960er- und 1970er-Jahre bereits die dem heutigen Management zu Verfügung stehenden feinen und informatikgestützten Planungstools zur Verfügung besessen, und hätte die Planwirtschaft in ihren Planzielen neben der einseitigen Gleichheitsidee auch ökologische Eckdaten berücksichtigt, und wären die Planziele im Rahmen eines institutionalisierten demokratischen Aushandlungsprozesses anstatt durch eine Parteibürokratie festgelegt und laufend modifiziert worden, könnte das entsprechende Wirtschaftssystem der heutigen Marktwirtschaft durchaus ebenbürtig oder sogar überlegen sein.

1.1 Finanzwirtschaft versus produktive Wirtschaft

Eines der großen Probleme des modernen Wirtschafts- und Finanzsystems ist die weitgehende Abkoppelung des Finanzsystems bzw. des Finanzkapitals vom Produktionsbereich. Das bedeutet aber nicht, dass die Realwirtschaft von den Entwicklungen des Finanzsystems unabhängig ist – ganz im Gegenteil, wie etwa die vielen Bauruinen etwa in Spanien nach der Immobilienkrise zeigten. Doch heute ist das Finanz- und Bankensystem nicht mehr ein Dienstleister der realen Wirtschaft, sondern umgekehrt die produktive Wirtschaft nur noch ein Tätigkeitsfeld unter anderen für die Finanzwirtschaft.

Entwicklungen und Krisen im Finanzsystem schlagen – meist mit einer zeitlichen Verzögerung – immer auch auf die reale Wirtschaft durch.

So kam es im Anschluss in der Finanzkrise 2008/2009 aufgrund der sinkenden Nachfrage weltweit zu teilweise massiven Produktionseinbußen. Doch nicht nur die Nachfrage nach Konsum- und Investitionsgütern brach in der zweiten Jahreshälfte 2008 ein. Auch die Rohstoffpreise gingen massiv zurück, so zum Beispiel der Erdölpreis. Als der Export von Konsumgütern einbrach, benötigte auch China, das nach Meinung von Analytikern maßgeblich für die Rallye am Rohwarenmarkt verantwortlich gewesen war, mit einem Mal deutlich weniger Rohstoffe.

Auch der Welthandel ging in der Folge der Finanzkrise deutlich zurück. 2009 schrumpften die Exporte in den Industrieländern infolge der einbrechenden Nachfrage. 2009 ging der weltweite Güterhandel um US$12,15 Billionen und der Handel mit Dienstleistungen weltweit um US$3,31 Billionen zurück (vgl. Neue Zürcher Zeitung vom 27./28.2010, S. 33). Weltweit sanken die Exporte in diesem Jahr um 12,2 %. Die stärksten Exportrückgänge wiesen Japan (−24,9 %), die Europäische Union (−14,8 %), die USA (−13,9 %) und China (−10,9 %) auf. In Süd-/Zentralamerika sowie in Afrika gingen die Exporte um 5,7 bzw. 5,6 % zurück (vgl. Neue Zürcher Zeitung vom 27./28.3.2010, S. 33).

1.1 Finanzwirtschaft versus produktive Wirtschaft

Nach dem Einbruch der Nachfrage in der Realwirtschaft verabschiedeten viele Regierungen in aller Hast so genannte Konjunkturförderungspakete, um die Nachfrage zu stabilisieren.

Die staatlichen Konjunktur- und Stützungsprogramme blieben zumindest am Anfang erstaunlich wirkungslos, trotz ihres nie zuvor dagewesenen Umfangs. So sah zum Beispiel in den USA das im September 2008 lancierte Troubled Assets Relief Program (TARP) in seiner ursprünglichen Form vor, sagenhafte US$700 Mrd. in den Ankauf Not leidender Wertpapiere zu investieren, die in irgendeiner Form mit Hypotheken unterlegt waren. Dies sollte auf der einen Seite den von Zwangsräumungen bedrohten Hausbesitzern helfen und auf der anderen Seite einen weiteren Einbruch der Konsumnachfrage verhindern.

2008 weitete sich die Subprime-Krise im amerikanischen Immobiliensektor rasch zu einer internationalen Finanzkrise aus, die spätestens ab dem 4. Quartal 2008 auch die reale Wirtschaft in Mitleidenschaft zu ziehen begann. Nach der weltweiten Abschreibung von über US$1000 Mrd. trauten sich die Banken nicht mehr über den Weg. Sie stellten einander im Interbankenmarkt nicht mehr genügend Liquidität zur Verfügung, weshalb die Notenbanken mit kräftigen und wiederholten Liquiditätsspritzen einspringen mussten. Gleichzeitig wurden die Kredite an Private und Firmenkunden eingeschränkt, mit dem Ergebnis, dass eine ganze Anzahl von Firmenkunden zusätzlich zu den rezessionsbedingten Nachfrageeinbußen in Kreditschwierigkeiten kam.

Die Asiatische Entwicklungsbank ADB schätzte allein die im Jahre 2008 weltweit vernichteten Vermögenswerte auf $50 Billionen, wovon allein $9,6 Billionen in Asien verloren gingen. Bei einer geschätzten Weltbevölkerung von damals 7,5 Mrd. Menschen heißt das, dass der Pro-Kopf-Verlust an Vermögen weltweit $$ 6667 betrug – eine unvorstellbare Summe. Der Internationale Währungsfonds errechnete im Januar 2009 einen Verlust von US $$2,2 Billionen im Rahmen des internationalen Finanzsystems (Bloss et al. 2009, S. 8).

Aufgrund des hohen Abschreibungsvolumens bei den Banken gingen die Bilanzsummen der Banken stark zurück. Es trat ein Effekt des „Deleveraging" ein, bei dem in hohem Maße Fremdkapital abgebaut wurde. Dies traf besonders Banken mit geringen Eigenkapitalpuffern. Sie waren gezwungen, Vermögenswerte unter Wert zu verkaufen und gleichzeitig Kredite zurückzuführen. Als Folge der hohen Risikoaufschläge und hoher Abschreibungsvolumina verbriefter Wertpapiere brachen im November 2008 allein in den USA 22 Banken zusammen (Bloss et al. 2009, S. 46). Viele Banken mussten Staatshilfe in Anspruch nehmen. Auch deutsche Banken waren von der Krise betroffen, so etwa die Hypo Real Estate, die über keine direkten Kundeneinlagen verfügte und daher auf Kredite im Interbankenmarkt angewiesen war. Sie musste hohe Verluste verbuchen und staatliche Rettungspakete in Anspruch nehmen. Auch die größte Bank der Schweiz, die UBS, musste mehrere Dutzend Milliarden Staatshilfe in Anspruch nehmen.

Bis Mitte der 1990er-Jahre stieg in den OECD-Ländern die Eigenfinanzierung der Unternehmen, bzw. nahm die Bedeutung der Bankkredite für die Unternehmensfinanzierung – mit Ausnahme von Japan – in allen G7-Ländern ab. Allerdings hat sich seit 1995 dieser Trend – zumindest in Europa – nicht fortgesetzt. So stieg in Europa der Außenfinanzierungsanteil wieder leicht an und übertraf im Jahr 2000 erstmals die internen

Ersparnisse in Form von nicht entnommenen Gewinnen (Huffschmid 2002, S. 28). Auch in der Schweiz hat die Unternehmensfinanzierung – zumindest bei den größeren Firmen – über die Finanzmärkte nach Mitte der 1990er-Jahre deutlich zugenommen: Während sich 1997 nur gerade 28 % der Firmen im schweizerischen Aktienindex SMI über die öffentlichen Kreditmärkte finanzierten, waren es 2010 bereits 67 % (vgl. Fischer 2011a). In Deutschland nahm die Unternehmensfinanzierung über die Aktienmärkte von 1999 bis 2014 deutlich ab, während zwischen 1997 und 2004 die Finanzierung über Anleihen laut der Deutschen Bundesbank deutlich zunahm.

Dass die Finanzmärkte in den 1980er- und 1990er-Jahre trotzdem massiv expandierten, ist laut Huffschmid (2002, S. 22) auf die Zunahme des Angebots an liquiden Mitteln zurückzuführen – also Geldvermögen, für welche aufgrund der Verlangsamung des weltwirtschaftlichen Wachstums neue Anlagemöglichkeiten gesucht wurden. Die Investitionsfinanzierung wurde zunehmend durch das Finanzinvestment ersetzt, was zu einer zunehmenden Entkoppelung der realen, produktiven Wirtschaft auf der einen Seite und den Kapitalverwertungsmöglichkeiten in Form der Finanzmärkte führte (Huffschmid 2002, S. 22 f.). Laut Huffschmid (2002, S. 23) sind die modernen Finanzmärkte nicht so sehr durch die Globalisierung geprägt, sondern durch die weitgehende „Entstofflichung, Verflüssigung und Beschleunigung des Handels mit Finanztiteln" zwecks Gewinnmaximierung der Anleger.

Ein zunehmendes Problem der Finanzmärkte liegt darin, dass sie sich den staatlichen Regelungen immer mehr entzogen haben und völlig eigendynamisch funktionieren. Die Börsen scheinen sich – trotz halbherzigen Regelungsversuchen im Anschluss an die Finanzkrise 2008/2009– der staatlichen Aufsicht immer mehr zu entziehen. So gestand etwa der Präsident der französischen Finanzmarktaufsicht AMF, Jean-Pierre Joyet, am 8. September 2010 vor einem Untersuchungsausschuss den sprachlosen Parlamentariern ein: „Seit einem Jahr ist uns bewusst, dass wir nicht mehr imstande sind, unsere grundlegende Aufgabe der Überwachung der Finanzmärkte zu erfüllen" (zitiert nach Lagneau-Ymonet und Riva 2011, S. 6). Es ist zu bezweifeln, ob andere Finanzmarktaufsichtsstellen besser dazu in der Lage sind. Da verwundert es kaum, dass es immer wieder zu chaotischen Entwicklungen an den Börsen kam und kommt, so wie am 6. Mai 2010, als der Dow Jones innerhalb von 15 min um 9 % fiel. Nachträgliche Rekonstruierungen ergaben, dass ein Händler in Kansas 75.000 Terminaufträge ohne Preislimit programmiert hatte, wodurch deren automatische Ausführung eine Panik auf den anderen Hochleistungsrechnern ausgelöst hatte. Binnen 14 S wurden 27.000 Transaktionen abgespult, die zum entsprechenden Kurseinbruch führten (Lagneau-Ymonet und Riva 2011, S. 6).

In den letzten Jahrzehnten hat sich der Finanzbereich mehr und mehr von der realen Wirtschaft abgekoppelt und zunehmend eine eigene Dynamik entwickelt. Das zeigte sich unter anderem in der deutlich stärkeren Zunahme der Geldmenge im Vergleich zur Menge der produzierten Güter und Dienstleistungen.

Nicht zuletzt als Folge der Globalisierung verschob und verschiebt sich das Gewicht zwischen Realwirtschaft und Finanzwirtschaft zugunsten der letzteren: „Betrachtet man die gegenwärtige Entwicklung, so zeigt sich, dass es zu einer Verschiebung des

1.1 Finanzwirtschaft versus produktive Wirtschaft

Gleichgewichts zwischen Finanz- und Realwirtschaft gekommen ist. Allem Anschein nach hat sich die Finanzwirtschaft, im Interesse der Anleger, in den vergangenen Jahren fast vollständig von der Realwirtschaft abgekoppelt. Die moderne Finanzwirtschaft unterliegt immer ausgeprägter globalen Einflüssen und wird zunehmend von der Börsendynamik bestimmt. Regionale realwirtschaftliche Gegebenheiten rücken so in den Hintergrund" (Bloss et al 2009, S. 27).

Doch warum kommt es zu dieser Abkoppelung von Finanzbereich und Realwirtschaft? Eine Wirtschaft, die über ein großes Wachstumspotenzial verfügt, zieht Investitionskapital an. Dabei kann das Wachstumspotenzial Ausdruck eines zu kleinen Produktionsvolumens sein oder aufgrund tiefer Produktivität bestehen. Beides kann das Resultat großer Zerstörungen – z. B. infolge eines Erdbebens oder nach einem Krieg – sein. Umgekehrt bedeutet eine weitgehend gesättigte Wirtschaft, also eine Wirtschaft ohne quantitative Wachstumschancen und mit bereits hoher Produktivität, dass Geld-Vermögen neue Anlageformen und -möglichkeiten suchen.

In den letzten 35 Jahren entwickelten sich die Realwirtschaft – also die nachfrageorientierte Produktion von Gütern und Dienstleistungen – und die Finanzwirtschaft zunehmend auseinander. Besonders die Finanzwirtschaft entwickelte eine eigene Dynamik und ihre Dienstleistungsfunktion gegenüber der realen Wirtschaft wurde mehr und mehr sekundär. Das sieht man auch daran, dass die Finanzwirtschaft deutlich stärker wuchs als die übrige Wirtschaft. So vervierfachte sich etwa in Deutschland zwischen 1980 und 2009 die produzierte Gütermenge, während sich die Geldmenge im gleichen Zeitraum zehnmal stärker erhöhte: Sie vervierzigfachte sich (vgl. Berger und Schmauder 2009, S. 8). Obwohl es damit nach klassischer Volkswirtschaftslehre zu einer massiven Inflation hätte kommen müssen, lag die offiziell ausgewiesene Inflationsrate in dieser Zeit deutlich tiefer.

Doch die wachsende Auseinanderbewegung von Produktion und Finanzwirtschaft begann schon weit früher. In der Bundesrepublik Deutschland erzielte – so Bichlmaier (2009, S. 46) – angelegtes Geld seit 1950 einen durchschnittlichen jährlichen Zuwachs von 7,47 %. Diese Rate erzeugt eine Verdoppelung der Nominalbeträge ungefähr alle zehn Jahre. Absolut gesehen bedeutet das ein enorm zunehmendes Wachstum der entsprechenden Geldvermögen: Zwischen 1950 und 1960 verdoppelten sich die Vermögenswerte auf 160 Mrd. DM, zwischen 1990 und 2000 wuchsen sie bereits auf 3,4 Billionen DM – und zwischen 2040 und 2050 ist mit einer Verdoppelung auf 137 Billionen DM (= 68,5 Billionen €) zu rechnen (vgl. Bichlmaier 2009, S. 46). Und während früher die Inflation einen Teil dieser enormen Wertvermehrung kompensierte, ist die reale Wertzunahme in Zeiten der Null- oder sogar Negativinflation massiv.

Diese Zahlen zeigen noch etwas anderes: Während die reale Wirtschaft längerfristig höchstens linear wächst, nahmen und nehmen die Vermögenswerte und damit auch die Schulden deutlich stärker, nämlich exponentiell zu (vgl. dazu Bichlmaier 2009, S. 47).

Wesentlicher Grund für die wachsende Geldmenge in hoch entwickelten Gesellschaften ist der Zins- und Zinseszinseffekt, der die Geldvermögen laufend und exponentiell anwachsen lässt: „Je höher der Zins ist, desto schneller wachsen Bankguthaben, desto mehr sind Banken zur Kreditvergabe gezwungen, weshalb Zinsgewinne automatisch auch zu einer ansteigenden Gesamtverschuldung führen müssen. Während die Zinsgeldschöpfung umso schneller in Fahrt kommt, je höher die Zinsen sind, geht die Kreditgeldschöpfung umso langsamer von statten, je höher die Zinsen sind, weil sich teure Kredite nun mal schlechter verkaufen als günstige" (Fuders 2011, S. 37). Das bedeutet: Je höher die Zinsen, desto kleiner die Kreditgeldschöpfung, und je tiefer die Zinsen, desto größer die Kreditgeldschöpfung. Laut Fuders ist dieser Mechanismus der Grund, warum die Dollargeldmenge von 2008 bis 2011 nicht mehr exponentiell, sondern nur noch gemäßigt gewachsen ist. Fuders (2011, S. 37) ist auch der Meinung, dass der eigentliche Grund für die Niedrigzinspolitik der Zentralbanken nicht die offizielle Begründung – nämlich die Vermeidung einer Kreditklemme – sei, sondern das Ziel, das Wachstum der Geldmenge zu reduzieren.

Eigentlich müsste die Strategie dahin zielen, neue reale Märkte mit großem Wachstumspotenzial zu finden – und das wird infolge der zunehmenden Sättigung der globalen Märkte immer schwieriger – es sei denn, man verlässt die Grenzen unseres Planeten.

Dazu kommt, dass die Finanzmärkte längst nicht so viel Macht und so große Bedeutung hätten, wenn sie nicht innerhalb kürzester Zeit enorme Mengen Geld bewegen könnten, nämlich mehr als US$200 Billionen, das heißt das Dreifache des Weltsozialprodukts – also aller in einem Jahr auf der ganzen Welt produzierten Waren und Dienstleistungen (vgl. Liebert 2012, S. 10). Einen Grund für das Überborden des Finanzsektors ortete Liebert (2012, S. 10) in der Tatsache, dass in vielen hochentwickelten kapitalistischen Ländern in den 1980er- und 1990er-Jahren – wie z. B. in Großbritannien unter Thatcher oder in den USA unter Reagan – die Macht der Gewerkschaften auf breiter Front gebrochen wurden, wodurch ein breites Niedriglohnsegment entstand, und zwar durch die Deregulierung der Arbeitsmärkte und bei gleichzeitigem Rückbau des Sozialstaates. Ob dies tatsächlich den Hauptgrund für die enorme Expansion der Finanzmärkte darstellt, ist zu bezweifeln. Viel eher liegt die Ursache in der immer größeren Akkumulation großer und größter Vermögen bei einigen wenigen, wodurch diese Personen zunehmend nach neuen, lukrativeren Anlagemöglichkeiten und -formen suchten, die nur die Finanzmärkte generieren konnten, nicht aber die reale Wirtschaft. Das betont übrigens auch Liebert (2012, S. 11): „Es sind also eindeutig die Vermögen der Superreichen und nicht die bescheidenen Ersparnisse der Normalbevölkerung, die für die Potenzierung der Risiken in den Finanzmärkten verantwortlich sind".

Doch was versteht man eigentlich unter **Finanzmärkten**? Der Begriff „Finanzmarkt" wird in der Regel als **Oberbegriff** für den **Kapitalmarkt** und den **Geldmarkt** verwendet. „Der **erste** bezieht sich traditionell auf die **langfristige Finanzierung** privater oder öffentlicher Investitionen, der **zweite** im Wesentlichen auf die **kurzfristige Liquiditätssicherung** vor allem zwischen den Banken" (Huffschmid 2002, S. 24). Entsprechend sind Geldmarktanlagen verbriefte und unverbriefte Festzinsanlagen mit einer Laufzeit von höchstens 12 Monaten, und zwar bei Staaten, Banken, Versicherungen und anderen Unternehmen (Lüscher-Marty 2012, S. 29). Heute wird die Trennung zwischen Kapital- und Geldmärkten zunehmend unscharf. So nehmen kurzfristige Finanzierungen langfristiger Investitionen zu, der Geldmarkt steht heute auch Nichtbanken zur Verfügung. Außerdem haben Banken und andere Finanzunternehmen Finanzierungsinstrumente entwickelt, die

1.1 Finanzwirtschaft versus produktive Wirtschaft

weder den klassischen Geldmärkten noch den Kapitalmärkten zugeschrieben werden können, z. B. Commercial Papers, Notes, Futures, Optionen usw. (vgl. Huffschmid 2002, S. 24).

Der Finanzsektor kann in fünf Teilbereiche unterteilt werden: Erstens in den Kreditmarkt, auf welchem die Banken als Gläubiger den Unternehmen, Regierungen und Privatpersonen (= Schuldner) Geld ausleihen, zweitens in den Primärmarkt für Wertpapierfinanzierung, wo sich Unternehmen durch Aktien oder Anleihen oder Regierungen durch Anleihen Finanzierungsmittel direkt beim Publikum beschaffen, drittens der Sekundärmarkt für Wertpapiere, wo Inhaber von Wertpapieren diese verkaufen oder neue kaufen können, viertens der Markt für Währungen für grenzüberschreitenden Handel oder Investitionen sowie Währungsspekulationen und fünftens der Markt für abgeleitete Finanz„instrumente" (Derivate; vgl. Huffschmid 2002, S. 25).

Insbesondere der fünfte Bereich, der Handel mit Derivaten führte und führt immer wieder zu explosionsartigen Ausweitungen des Finanzsektors – mit hochspekulativem Charakter mit allen entsprechenden Gefahren. Das Problematische daran ist die Tatsache, dass vom entsprechenden Risiko nicht nur die direkten Anleger betroffen sind, sondern der gesamte Finanzbereich, wie etwa die Krise 2008/2009 zeigte. Durch den hochriskanten Eigenhandel der Banken im Investmentbanking stand im Rahmen der Finanzkrise mehr als eine Bank vor dem Abgrund – und konnte nur durch staatliche Hilfe und damit durch Steuergelder gerettet werden. Andernfalls hätte das gesamte Finanzsystem kollabieren können. Dass die Banken daraus nichts lernten – außer dass ihnen im schlimmsten Fall immer der Staat zu Hilfe eilt und ihnen damit das Risiko abnimmt – zeigte sich einige Jahre später erneut, als die Banken griechische Hochrisiko-Staatsanleihen kauften und ihnen prompt die EZB und der IMF wieder zu Hilfe eilte… Das ist nicht nur skandalös, sondern fördert geradezu weitere Hochrisikoanlagen durch die Banken. Kein anderer Bereich der Wirtschaft kann – wie die Banken – das Risiko und allfällige Verluste ihrer Wirtschaftstätigkeit an den Staat übertragen und selber horrende Gewinne einstreichen. Und trotzdem haben sich die Banken nach 2014 nicht gescheut, im Rahmen der Negativzinspolitik entweder die negativen Zinse voll auf die Sparer zu überwälzen oder die Sparer durch überhöhte Gebühren zu belasten – für Dienstleistungen, die nota bene infolge der zunehmenden Informatisierung des Bankengeschäfts immer billiger werden. Das stellt grundsätzliche ethische Fragen an das heutige Bankengeschäft.

In den 1990er-Jahren bis zur Finanzkrise 2008 erlebten Hochrisikoanlagen und neue, hochspekulative Anlageformen – von einigen euphemistisch als „innovative Finanzprodukte" bezeichnet – einen enormen Aufschwung. Dazu gehörten unter anderem Finanzderivate und die Verbriefung von Hypothekarkrediten, die 2007 in den USA und später in Europa zur „Subprimekrise" führte und zu einem Auslöser der Finanzkrise werden sollte.

Auch die Derivate erlebten einen Höhenflug. Nach Angaben der Bank für Internationalen Zahlungsausgleich BIZ in Basel erreichte Ende 2007 die Summe der Derivate $596 Billionen. Folgende Zahl als Vergleich: Bis Ende 2008 mussten die Banken infolge der Immobilienkrise in den USA weltweit $2,2 Billionen abschreiben – eine riesige Summe, aber immer noch weniger als 0,5 % des Gesamtvolumens – und des Vernichtungspotenzials – aller Derivate. Oder noch ein anderer Vergleich: die $596 Billionen an Derivaten entsprechen dem zwölffachen Wert der Wirtschaftsleistung unseres Planeten (vgl. Elsässer 2009).

Ende 2012 betrug der Nominalwert aller Derivate laut Statistik der Bank für Internationalen Zahlungsbereich $648 Billionen (vgl. Herrmann 2012, S. 3) und lag damit bereits wieder 8% über dem Stand unmittelbar vor der Finanzkrise.

Wie dominant der Handel über Derivate geworden war, zeigte das folgende Beispiel: Am 22.7.2010 erreichte die Pariser Warenterminbörse einen Rekordstand: An diesem einzelnen Tag wurde insgesamt 50.165 Einzel-Transaktionen vorgenommen. 2011 wurden 70% aller Terminkontrakte im Rohstoffbereich von Marktteilnehmern gehandelt, die den Rohstoff weder produzierten noch verwerteten (Meng 2011, S. 2). Experten gehen davon aus, dass der überbordende Terminhandel die Rohstoffpreise massiv steigen ließ: So machten die offenen Terminkontrakte für Öl ein Vielfaches des täglichen weltweiten Verbrauchs von Erdöl aus: „Im Klartext heisst das: nicht einmal ein Prozent der börsennotierten Kontrakte werden tatsächlich physisch abgewickelt – es ist lediglich ein Austausch von Zahlungsströmen festzustellen. Besonders verlockend ist der ‚Handel' mit papierenen Rohstoffen und Nahrungsmitteln, weil man hier weit weniger Eigenkapital als auf den Aktienmärkten braucht. So muss man z. B. bei Kontrakten für Rohöl nicht mehr als sechs Prozent des Werts dieses Kontrakts tatsächlich zahlen" (Meng 2011, S. 3). Diese „Hebelwirkung" ermöglicht hohen Gewinn bei geringem Kapitaleinsatz. Das wirkt sich auch auf die Preise aus: So hat die Weltnachfrage nach Erdöl von 2004 bis 2011 nur um wenig mehr als 1,2% pro Jahr zugenommen, während aber die Rohölpreise um volle 250% gestiegen sind. Um die Preise durch Verknappung weiter in die Höhe zu treiben, gingen einige Fonds und Banken dazu über, in den physischen Handel einzusteigen, die Rohstoffe aufzukaufen und in Lagerhäuser zu horten. Zeitweise schwammen um Großbritannien mehr beladene Öltanker als schwimmende Lagerhäuser im Meer als jeweils in den Häfen gelöscht wurden.

Grundsätzlich stellt sich die Frage, „ob Finanzentwicklung stets wünschenswert ist oder ob es in weit entwickelten Volkswirtschaften möglicherweise eine obere Grenze gibt, ab der eine weitere Expansion gesamtwirtschaftlich schadet" (Eichler et al. 2013, S. 7). Mit Recht wiesen diese Autoren jedoch darauf hin, dass der Finanzsektor als Netzsektor zu sehen ist und sich damit dessen volkswirtschaftliche Bedeutung erst bei Berücksichtigung des entsprechenden Zusatznutzens zeigt. Während Studien in den 1990er-Jahren mehrheitlich einen positiv-linearen Zusammenhang zwischen Finanzentwicklung und Wirtschaftswachstum sahen (vgl. Eichler et al. 2013, S. 9), waren da Studien nach der Jahrtausendwende deutlich skeptischer: „Diese Studien zeigen, dass tatsächlich eine abnehmende Stärke des Zusammenhangs … oder gar ein Maximum bestehen könnte, nach dessen Überschreitung eine weitere Ausweitung von Finanzaktivitäten das gesamtwirtschaftliche Wachstum hemmt" (Eichler et al. 2013, S. 9). Dazu kommt, dass – so Kellermann und Schlag (2013, S. 17) – das Ausmaß der Bruttowertschöpfung der Kreditinstitute in der geltenden Volkswirtschaftlichen Gesamtrechnung (VGR) systematisch überschätzt wird.

Huffschmid (2002, S. 205) hat vier Schritte zur Reform des Finanzsektors vorgeschlagen: Erstens Beschränkung der Spekulation, zweitens Einschränkung des Kreditsystems, drittens Entschleunigung der Wertpapiermärkte und viertens Stabilisierung der Wechselkurse. Alle vier Schritte zielen darauf ab, die Eigendynamik der Finanzmärkte zu verringern und zu kontrollieren.

Der emeritierte Ökonom Elmar Altvater (2011) kritisierte, dass die Regierungen „nicht mehr wie im vergangenen Jahrhundert eine ‚Krisenvermeidungsstrategie'" verfolgen. Vielmehr seien sie heute im Zentrum des Krisenstrudels. Statt Krisen zu verhindern, pumpten die großen Staaten im 21. Jahrhundert Milliardenbeträge in Rettungspakete für die Banken, die man als „systemrelevant" und „too big to fail" betrachtete. In der EU schnürten die Regierungen über den Europäischen Stabilitätsmechanismus Milliarden-Hilfen für bankrotte Staaten. Laut Altvater (2011) gab und gibt es vier Lösungswege, um Banken-, Staats-, Verschuldungs- und Währungskrisen zu bekämpfen:

1. **Austeritätspolitik**: Um Schulden abzubauen, wird die Ausgabenseite der Staatsbudgets gekürzt, meist bei den Sozial- und Bildungsausgaben. Dabei werden Löhne und Gehälter gekürzt, öffentliche Dienstleistungen abgebaut und manchmal auch Staatseigentum an private verkauft. Gleichzeitig werden auf der Einnahmenseite Steuern angehoben: Entweder auf dem Produktionsfaktor Kapital, oder auf (Arbeits)Einkommen. Diese Strategie wertet Altvater als „verteilungspolitische Kriegserklärung" an die Bevölkerung.
2. **Schuldenschnitt**: Die finanziellen Forderungen der Gläubiger und Anleger werden gekürzt. Laut Altvater müsste dabei die **Legitimität der Schulden** durch ein Schuldenaudit überprüft werden, und die **Ratingagenturen** müssten **aus dem Geschäft genommen** werden, weil sie nur die Kreditwürdigkeit der Schuldner, die Bonität von Wertpapieren, nicht aber die Leistungsfähigkeit der Schuldner und die Berechtigung und Angemessenheit der Schuldendienste überprüfen. Dazu wären ein Kreditverzicht der Gläubiger und vor allem eine „faire, effiziente und transparente Insolvenzregelung" (Altvater 2011) notwendig.
3. **Vermögens- und Transaktionssteuer**: Durch gezielte Vermögens- und Transaktionssteuern könnte das nach Anlagen suchende Spekulationskapital verringert werden. Die „Spekulationskassen" (John M. Keynes) würden gleichsam ausgetrocknet. Gegen diese Strategie gibt es einen enormen Widerstand der Reichen und Reichsten, die im Gegenteil zusätzliche Steuersenkungen verlangen.
4. **Hohes Wirtschaftswachstum**: Durch ein großes Wirtschaftswachstum erschließen sich für die Anleger neue, rentable Anlagemöglichkeiten und die Defizite in Staat und Sozialversicherungen können abgebaut werden. Durch „tough oil"-Strategien etwa durch Ölförderung in den Ozeanen, in den Polarmeeren, in Naturschutzgebieten, durch flächendeckenden Abbau von Ölschiefer und extensivster Nutzung aller Rohstoffe soll ein enormes Wirtschaftswachstum induziert werden – die damit verbundenen massivsten Umweltschäden und Umweltrisiken werden ignoriert.

Während Lösungsstrategie 1 zu unüberschaubaren sozialen Konflikten führen wird, werden Strategien 2 und 3 von den Reichen und Reichsten politisch blockiert, und die Strategie 4 führt den Planeten unvermeidbar in die Ökokatastrophe. Fazit: Lediglich ein politischer und sozio-ökonomischer Umbau unserer Gesellschaftssysteme wird das wirtschaftliche Krisenszenario nachhaltig und effektiv lösen können.

1.2 Die verschwundene Inflation

Lange Zeit wurde Inflation als Wachstum der Geld- und Kreditmenge gegenüber der Menge der produzierten Güter und Dienstleistungen verstanden (vgl. z. B. Leuschel und Vogt 2009, S. 107).

In Tat und Wahrheit ist jedoch der Zusammenhang zwischen der Menge und der Geschwindigkeit des zirkulierenden Geldes auf der einen Seite und der Produktion von Gütern und Dienstleistungen in einer Volkswirtschaft deutlich komplexer. Gemäß der so genannten **Quantitätsgleichung des Geldes** gibt es eine gegenseitige Abhängigkeit von vier Faktoren: „**Geldmenge × Umlaufgeschwindigkeit = Gütermenge × Preisniveau**" (Eisenhut 2012, S. 107).

Das bedeutet, dass drei Faktoren zu Inflation führen können: Ein Anwachsen der Geldmenge ohne entsprechende Zunahme der Gütermenge, eine Steigerung der Umlaufgeschwindigkeit des Geldes oder eine abnehmende Gütermenge bei gleichbleibender Geldmenge. Allerdings wurde dieses klassische Verständnis von Inflation in jüngster Zeit von Ökonomen in Frage gestellt.

So haben Ökonomen wie z. B. Hanno Beck und Aloysius Prinz (2014, S. 20) die Meinung vertreten, dass der feste Zusammenhang von Geldmenge und Inflation, den man in den 1980er-Jahren noch als gegeben angesehen hatte, ab den 1990er-Jahren nicht mehr zu gelten scheint. Doch die beiden Autoren sehen dies als Irrtum an (vgl. Beck und Prinz 2014, S. 21): Die Inflation sei nicht tot, sie habe sich nur verkleidet oder verschoben: Anstelle einer Konsumgüterinflation gebe es heute eine „Vermögenspreisinflation" (oder englisch: „asset price inflation", vgl. Beck und Prinz 2014, S. 174): Während die Preise der täglichen Konsumgüter stagnierten oder zurückgingen, stiegen die Preise für wirtschaftliche Sachanlagen wie Immobilien oder Aktien (fast) ins Unendliche. Beck und Prinz (2014, S. 194) sprechen in diesem Zusammenhang von einer „Sachwertpsychose", also einer Flucht in Sachwerte. Infolge der massiven Ausweitung der Geldmenge, den niedrigen oder gar Null-Prozent-Zinsen durch die Zentralbanken ab 2013 und der Negativzinsen ab 2014 suchten sich die großen Vermögen und Pensionskassen – und zeitlich verzögert auch die kleinen Sparvermögen – neue Anlagevehikel, um eine minimale Rendite generieren zu können. Aufgrund dieser steigenden Nachfrage erhöhten sich die Preise der Sachwerte – wie sich besonders im Immobilienmarkt zeigte. Allerdings: Wenn man von der Bevölkerungsmehrheit her denkt, ist die jüngste „Vermögenspreisinflation" keine „echte" Inflation. Denn 60 bis 80 % der Menschen verfügen – wenn man einmal vom ob-

1.2 Die verschwundene Inflation

ligatorischen Alterssparen absieht – über keine oder keine nennenswerte Ersparnisse und über keinen Grundbesitz.

Inflation bedeutet, dass das Geld einen Teil seiner Wertaufbewahrungsfunktion verliert: Otte (2006, S. 133) machte folgende Rechnung: „Wenn Sie $1000 im Jahr 1970 gehabt hätten, müssten Sie 2006 stattliche $5110,82 besitzen, um eine vergleichbare Kaufkraft zu haben. Wenn Sie $1000 im Jahr 1980 besessen hätten, müssten es 2006 immerhin $2406,55 sein. Die D-Mark und das Folgegeld, der Euro, waren dagegen etwas stabiler, aber auch die Deutsche Mark hat zwischen 1950 und 2004 77 % an Wert verloren" (Otte 2006, S. 133).

Prinzipiell kann die Notenbank gegenüber der Inflation zwei Dinge tun: Sie kann entweder die Menge des umlaufenden Geldes verändern, oder die Leitzinsen erhöhen oder senken. Theoretisch führt eine Verringerung der Geldmenge zu Deflation, eine Erhöhung zu Inflation. Außerdem kann – theoretisch – eine Erhöhung der Leitzinsen die Kredite verteuern und somit die Inflation dämpfen. Umgekehrt kann eine Senkung des Leitzinses die Kredite verbilligen und damit die Kreditnachfrage erhöhen.

Otte (2006, S. 126) wies jedoch zu Recht darauf hin, dass die Umlaufgeschwindigkeit des Geldes – deren Erhöhung inflationssteigernd und deren Verlangsamung deflationsfördernd ist – durch die Notenbanken nicht zu beeinflussen ist, zumindest nicht direkt: „Die Umlaufgeschwindigkeit des Geldes wird… durch die Entscheidungen der Teilnehmer am Wirtschaftsleben bestimmt. Beschließt die Mehrzahl der Haushalte und Unternehmen, das Geld langsamer auszugeben, fällt die Nachfrage aus. Kommt diese Mehrzahl zu der Überzeugung, Geld auszugeben, steigt die Nachfrage. So einfach (und so schwer) ist das. Wenn die Politiker uns auffordern, mehr zu konsumieren, wollen sie damit die Umlaufgeschwindigkeit des Geldes erhöhen" (Otte 2006, S. 126).

Ein besonderes Problem bei der Inflation – und übrigens auch bei der Deflation – ist ihre Berechnungsweise. In den frühen 1970er-Jahren erfand der damalige US-Notenbankchef Arthur F. Burns – der zwischen 1970 und 1978 Chairman of the Board of Governors of the Federal Reserve System war – ein neues Konzept der Inflationsberechnung: Er trennte die so genannte „Kerninflation" (core inflation) von der Inflation. Aus dem Warenkorb, auf dessen Basis die Teuerung eines durchschnittlichen Haushalts berechnet wurden, rechnete Burns einfach diejenigen Produkte heraus, die infolge des Erdölschocks stark schwankten, insbesondere Lebensmittel und Energie. Und siehe da, die Inflation war plötzlich wesentlich tiefer (vgl. Otte 2006, S. 135). Die meisten anderen Länder – auch die Schweiz – übernahmen später diese oder ähnliche Berechnungsformen.

Noch 2011 lag die Inflation in vielen Ländern bei 2–3 %: In Deutschland lag die Inflation im April 2011 bei 2,8 %, nachdem sie noch 2008 bei 3,2 % gelegen hatte. Seither hat sich allerdings die Inflation vielerorts verringert – teilweise, so in der Schweiz – bewegte sie sich mehrere Jahre im Minusbereich.

Allerdings entwickelte sich im Zusammenhang mit der Negativzinspolitik der europäischen Nationalbanken – wie bereits erwähnt – eine neue Form von (Teil-) Inflation: Die so genannte Vermögenspreis-Inflation (vgl. Beck und Prinz 2014, S. 20 f.). Diese zeigte sich – bei gleichzeitig sinkenden Konsumentenpreisen – in Form von in die Höhe schießenden

Preisen für Liegenschaften und Aktien. Oder mit den Worten von Beck und Prinz (2014, S. 21): „Vermögensanlagen werden immer teurer, aber nicht notwendigerweise wertvoller". Laut Beck und Prinz (2014, S. 26) ist diese Vermögenspreisinflation sehr gefährlich, weil sie zu Fehlallokationen und Spekulationsblasen führe. Außerdem finde durch die Negativzins-Politik der Zentralbanken eine heimliche Enteignung von Vermögen statt.

Obwohl viele Anlageberater Aktien als Substanzwerte und als Mittel gegen einen möglichen Vermögensverlust durch die Inflation empfehlen, ist es zweifellos richtig, dass Aktieninvestitionen nur einen sehr begrenzten Inflationsschutz gewähren. Insbesondere in Zeiten der Hyperinflation taugen die Aktien nicht zu einem Vermögensschutz. So stiegen in der Zeit der Hyperinflation Anfang der 1920er-Jahre die Aktienkurse zwar drastisch, nämlich um 1200 %. Doch die Lebenshaltungskosten stiegen im gleichen Zeitraum um 3300 %. Inflationsbereinigt gehörten also die Aktien zu den großen Inflationsverlierern: Aktionäre verloren damals rund 80 % ihres Vermögens.

Auch Immobilien können nicht in jedem Fall als Inflationsschutz gesehen werden. Wertsteigernde Faktoren für Wohneigentum sind das Wirtschaftswachstum und das Bevölkerungswachstum (vgl. Leuschel und Vogt 2009, S. 227), wie sich im zweiten Fall gerade in den letzten Jahren in der Schweiz zeigte. Weil aber das Wirtschaftswachstum langfristig sehr gering sein dürfte und weil viele Länder Europas in Zukunft mit einem Bevölkerungsrückgang zu rechnen haben, sind Wertsteigerungen im Immobilienbereich langfristig zumindest unsicher.

Verschiedene Studien scheinen daraufhin zu deuten, dass es in den entwickelten Volkswirtschaften in den letzten Jahrzehnten keinen Zusammenhang zwischen der Höhe der Staatsschulden und der Inflationsrate gab, während in weniger entwickelten Ländern – wahrscheinlich aufgrund des größeren politischen Drucks auf die Zentralbanken – ein deutlicher Einfluss des Staatshaushalts auf das Ausmaß der Inflation nachgewiesen wurde (vgl. Jordan 2012, S. 48).

Seit ungefähr 2010 ist im Zusammenhang mit der Inflation eine neue Diskussion entstanden. Es stellt sich die Frage, warum es in vielen Ländern – so in den USA oder in Japan – trotz massiver Erhöhung der Geldmenge nicht zu einem erkennbaren Anstieg der Inflation gekommen ist, wie das laut Schulbuchökonomie zu erwarten wäre. So **vervierfachte** etwa die US-Notenbank – das **Fed** – ihre Bilanzsumme seit der Finanzkrise auf über $3700 Mrd. (vgl. Müller 2013b). Die **Europäische Zentralbank verdoppelte** ihre Bilanz auf 2350 Mrd. € und die **Schweizerische Nationalbank vervierfachte** ihre Bilanzsumme durch Devisen-Käufe zur Verteidigung des Frankenkurses. Trotzdem ist die Inflation minimal geblieben oder wurde sogar teilweise negativ, wie etwa in der Schweiz (vgl. Müller 2013b). Ökonomen erklären dieses Phänomen dadurch, dass zwar die Geldmenge vergrößert wurde, die Banken jedoch das geschöpfte Geld nicht durch Kredite in den Geldkreislauf brachten. Weniger Wachstum bedeutet weniger Kredite und damit eine geringer Geldmenge (Geldschöpfungsmechanismus), so die Erklärung. Selbst wenn dem so ist, kann man getrost erwarten, dass beim nächsten Aufschwung die Inflation umso stärker zunehmen wird, falls die Notenbanken bis dahin nicht wieder Geld abschöpfen.

Die Notenbanken stecken infolge ihrer Politik des „Quantitative Easings" – also der Ausgabe einer wachsenden Menge von Zentralbankgeld – und des „Qualitative Easings" – nämlich der Tatsache, dass die Zentralbanken immer schlechtere Sicherheiten („Schrottkredite") als Gegenwert für das zusätzliche Geld akzeptieren – in folgendem Dilemma: Je mehr Geld die Notenbanken generieren, desto größer werden beide Seiten der Bilanzen (vgl. Beck und Prinz 2014, S. 59). Dadurch steigt die Bilanzsumme – und gleichzeitig sinkt der Wert der Vermögen. Während früher – also bis in die 1990er-Jahre – nach Beck und Prinz (2014, S. 176) folgender Prozess ablief:

Lockere Geldpolitik → steigende Investitionen und Konsum → Boom → Inflation → sinkender Realwert der Schulden,
lässt sich heute folgende Ereigniskette feststellen:
Lockere Geldpolitik → zunehmende Inflationsfurcht → Kauf Sachwerte → Sachwert-Inflation → sinkender Realwert der Vermögen.

Beide Male ist das Resultat das gleiche: Die Sparer und die Besitzer von Vermögen verlieren, die Banken, der Staat und die Schuldner gewinnen (vgl. dazu auch Beck und Prinz 2014, S. 184).

Heute wird das neu gedruckte Geld nicht in produktive Prozesse – etwa zur Herstellung von Gütern oder Dienstleistungen, die nachgefragt werden – investiert, sondern in Form einer Preisspirale in immer teurere Sachwerte angelegt, deren (Geld-)Preis zwar steigt, nicht aber ihr innerer Wert: Das Haus bleibt vom Gebrauchswert her gleich, nur der Preis steigt. Beim Platzen der Blase sinken dann der Preis und damit der Wert wieder – und das geschaffene Geld ist vernichtet.

1.3 Die überdeckte Deflation

Im Gegensatz zur Inflation führt nicht eine Zunahme, sondern eine Abnahme der Geld- und Kreditmenge zu Deflation (vgl. Eisenhut 2012, S. 168 sowie Leuschel und Vogt 2009, S. 107). Nach Meinung dieser beiden Autoren können platzende Spekulationsblasen zu Deflation führen, weil dabei Geld in Form von Krediten vernichtet wird, die Kreditmenge abnimmt und Bargeld als sicherer Hafen erscheint. Gleichzeitig sinkt die Nachfrage nach Gütern und Dienstleistungen, was sich in sinkenden Preisen ausdrückt. Entsprechend gehen die Investitionsbereitschaft der Wirtschaft und die Risikobereitschaft der Privatanleger zurück, es entsteht die gefürchtete deflationäre Spirale, weil alle mit Kaufen und Investitionen abwarten, bis der Markt wieder anzieht.

In deflationären Phasen stellen Kreditgeber höhere Anforderungen an Kreditnehmer und verlangen mehr Sicherheiten und bessere Bonität, was zu einer Verteuerung und Verknappung von Krediten führt. Viele Kreditnehmer – sowohl Konsumenten als auch Unternehmer – verschulden sich und sind teilweise überschuldet. Das geschieht zwar auch in inflationären Phasen, nur sinken jetzt die Realeinkommen. Aktien- und Liegenschaftenpreise sinken und eine zunehmende Zahl von Erwerbstätigen fällt aus dem Arbeitsmarkt heraus (Entlassungen). Die sinkenden Einkommen führen zu weiteren Produktionsrückgängen und zu wachsender Arbeitslosigkeit. Im Rahmen dieses sich verstärkenden deflationären Teufelskreises müssen hohe Summen abgeschrieben werden.

Die Ökonomen haben sehr unterschiedliche Einschätzungen darüber, wann sich eine Wirtschaft in einem deflationären Zyklus befindet. Während die einen der Ansicht sind, dass es – mit Ausnahme der Deflation in Japan in den 1990er-Jahren – seit Jahrzehnten keine Deflation mehr gegeben hat, ist Max Otte (2006, S. 29) der Meinung, dass sich die Welt „seit fast zwei Jahrzehnten in einer lang anhaltenden deflationären Situation [befindet], wie sie ähnlich zuletzt von 1870 bis 1914 vorlag. Die meisten Waren und Güter werden immer billiger". So lag der Anteil aller Länder, die sich weltweit in einer deflationären Phase befanden 1991–1996 bei 1,2 %, 1997–1999 bei 9,7 % und 2000–2002 bei 13,1 %. Bei den Industrieländern lag der entsprechende Anteil 1991–1996 bei 2,5 %, 1997–1999 bei 6,5 % und 2000–2002 bei 8,3 %. Noch stärker nahm die Deflation in den Entwicklungsländern zu. Von diesen befanden sich 1991–1996 nur gerade 0,3 % in einer deflationären Phase, 1997–1999 waren es bereits 11,9 % und 2000–2002 gab es bereits in 16,3 der Entwicklungsländer deflationäre Tendenzen (vgl. Otte 2006, S. 77).

Otte (2006, S. 30) ist der Meinung, dass bisher schlimmere Auswirkungen der Deflation ausgeblieben sind, weil ihre Folgen von der Aufblähung der Schulden in den Industriestaaten kompensiert wurden. Dazu kommt, dass einige Sektoren durch hohe Preissteigerungen gekennzeichnet waren, insbesondere wurden Öl, Energie und Rohstoffe bis Mitte 2014 teurer. „Wenn im Westen derzeit von einer Inflation gewarnt wird, dann beruht dies vor allem auf dem Anstieg der Energie- und Nahrungsmittelkosten. Beide haben wir nicht im Griff. Von einem Tief von elf Dollar pro Barrel im Jahr 1998 stieg der Ölpreis auf \$\$ 70 im Jahr 2005. Gold zog von \$\$250 pro Unze 1999 auf 560 im Jahr 2006 an. Seit Anfang 2005 explodiert auch der Kupferpreis, Silber stieg in wenigen Jahren von vier auf elf Dollar pro Unze" (Otte 2006, S. 78). Was ursprünglich als kurzfristiger Versorgungsengpass auf dem Weltmarkt erschien, ist nach Meinung von Otte (2006, S. 78) etwas ganz anderes: Die Wirtschaftsregion Asien beginnt ihren Anteil an den Weltressourcen zu beanspruchen, und zwar in einem doppelten Sinn: Zum einen als „Werkbank der Welt" für Exportgüter und zum anderen als explodierender Binnenmarkt mit steigender Kaufkraft von 1,5 Mrd. Menschen. Die Frage ist, ob sich längerfristig die steigende Nachfrage der chinesischen und indischen Bevölkerung oder die wachsende Produktivität der chinesischen und indischen Produktion als Hauptfaktor in der Preisentwicklung erweisen wird: Im ersten Fall ist eher mit steigenden Preisen und inflationären Tendenzen zu rechnen, im zweiten Fall mit Preissenkungen und Deflation.

Dabei können kurzfristige Preisschwankungen dem längerfristigen Trend durchaus widersprechen.

Nachdem zwischen 2010 und 2014 die Erdölpreise auf relativ hohem Niveau relativ stabil gewesen waren, sanken sie zwischen August 2014 und August 2015– nach einem kurzen Anstieg in der ersten Jahreshälfte 2015– wieder deutlich.

Später – 2015– haben sich die Erdölpreise auf einem tieferen Level stabilisiert. Die Frage ist nun, ob diese Entwicklung längerfristigen Charakter hat oder nicht. Sinken die Rohstoffe weiter, ist die Deflation definitiv auch hier angekommen. Steigen die Preise wieder, dann kann wieder von einer „überdeckten" Deflation gesprochen werden.

Roland Baader (2005, S. 174) hat zu Recht darauf hingewiesen, dass Deflation nicht einfach mit sinkenden Preisen gleichgesetzt werden darf. Laut Baader gibt es zwei unterschiedliche Ursachen für sinkende Preise: Entweder sinken die Preise infolge steigender Produktivität, weil mit der gleichen Arbeitskraft mehr Güter als vorher hergestellt werden können. Oder die Preise sinken infolge geringer werdender Geldmenge. Eine dritte Möglichkeit besteht in einer generell sinkenden Nachfrage (z. B. Rezession). So ist zum Beispiel der seit Jahren sinkende Preis für Computer und Softwareprogramme eine Folge gestiegener Produktivität. Allerdings muss man Baader entgegenhalten, dass Deflation nicht sinkende Preise bei einzelnen Produkten oder Gütergruppen meint, sondern ein Sinken der Preise auf breiter Front, etwa bei Lebensmitteln, Mieten, Versicherungen und technischen Geräten. Das Problem liegt darin, dass die Preissenkungen – wie übrigens auch die Preissteigerungen – nie in gleichem Maß für alle Produkte oder Dienstleistungen erfolgt. Deshalb kann es sehr wohl deflationäre Tendenzen in einzelnen Wirtschaftsbranchen geben, während andere Preise – zum Beispiel im Lebensmittelbereich – steigen.

Zusammenfassend kann man sagen: Während eine hohe Inflation dazu führt, dass die Menschen ihr Geld möglichst rasch ausgeben, weil sie Angst vor dem Verlust des Geldwerts haben, tendieren die Menschen in Zeiten der Deflation – also bei hoher negativer Teuerung bzw. bei anhaltendem Sinken der Preise – dazu, Bargeld zu horten. Genau wie die Inflation führt auch die Deflation zu einer grundlegenden Bevorzugung der Reichen und Superreichen: Menschen mit großem (Geld-)Vermögen können leichter und schneller ihr Geldvermögen in Sachwerte umwandeln, z. B. in Form von Liegenschaften, Unternehmensanteilen oder anderen Sachwerten. Kleine und mittlere Sparer, die einen viel größeren Teil ihres Geldes für die Lebenskosten benötigen, verfügen über zu kleine Volumina an Geld, um größere Sachwerte zu erwerben.

1.4 Das verdrängte Verschuldungsproblem

Man kann aus der Tatsache, dass Schulden auf der einen Seite immer auch Guthaben auf der anderen Seite sind, nicht – wie etwa Paul Krugmann das tat (vgl. Leisinger 2015a, S. 21) – schließen, dass Schulden gesamtwirtschaftlich irrelevant seien. Eine ganze Reihe von Studien (vgl. Leisinger 2015a, S. 21) hat gezeigt, dass ein deutlicher Zusammenhang zwischen privaten und öffentlichen Schulden auf der einen Seite und konjunkturellen Flauten, Rezessionen und Finanzkrisen auf der anderen Seite besteht. In Krisenzeiten sind Schuldner gezwungen, Aktien, Immobilien und andere Vermögenswerte zu liquidieren, um solvent zu bleiben. Dadurch sinken die Preise und Notierungen, das allgemeine Preisniveau sinkt und die Haushalte horten ihre Mittel. Dabei besteht die Gefahr einer deflationären Entwicklung. Das zeigte sich etwa 2014/2015 im Erdölmarkt, wo die Preise für ein Fass Erdöl von $106 auf $44 fielen (vgl. Leisinger 2015a, S. 21).

Zwischen 2007 und 2014 nahmen die Schulden von privaten Haushalten, Unternehmen, Finanzunternehmen und Regierungen um 40 % zu. Gemäß einer Analyse des McKinsey-Global-Instituts stiegen damit die Gesamtschulden weltweit auf insgesamt 286 % des Weltsozialprodukts (vgl. Leisinger 2015b, S. 25).

Lange Zeit galt es als unwidersprochenes Dogma, dass die Auswirkungen der Globalisierung vorwiegend positiv seien. Dabei wurde ausgeblendet, dass sich durch die Globalisierung auch der internationale Wettbewerb verschärfte. Das führte dazu, dass zunehmend soziale und ökologische Kosten – wie etwa die Absicherung gegen soziale Risiken der Arbeitnehmer/innen durch die Sozialversicherungen, Krankenvorsorge, Luftreinhaltungsmaßnahmen usw. – entweder auf den Staat überwälzt oder der Allgemeinheit und dem Einzelnen aufgebürdet wurden. Parallel dazu wuchs durch die Auslagerung der Produktion in Niedriglohnländer und durch die Arbeitsmigration der Druck auf die Löhne in den hoch entwickelten Ländern, während in den emerging states oft die minimalsten Arbeitssicherheitsmaßnahmen und jegliche soziale Absicherung der Arbeitnehmer fehlen. Infolge der deutlich geringeren indirekten Lohnkosten in den armen Ländern und der Überwälzung der externen Kosten auf Dritte lohnt sich die Auslagerung der Produktion sogar dann, wenn die einheimischen Löhne steigen – wie etwa in den letzten Jahren in China.

Trotz der Auslagerung der Produktion ins Ausland hat die Verschuldung der Unternehmen in vielen Ländern in den letzten Jahren deutlich zugenommen. Während etwa in Deutschland die Bruttolöhne nach 1950 mehr oder weniger linear stiegen, erhöhte sich die Unternehmensverschuldung deutlich stärker (vgl. Hannich 2002, S. 47).

Zwischen 2008 und 2013 entwickelten sich die Staatsschulden der meisten Länder entweder nach oben oder sie blieben konstant, wie Abb. 1.1 zeigt.

2014 erreichte die öffentliche Verschuldung im Euro-Raum eine neue Rekordhöhe. Die Bruttoverschuldung aller Euro-Staaten zusammen stieg von 9030 Mrd. € 2013 auf 9293 Mrd. € 2014 (vgl. Höltschi 2015, S. 24).

Erschreckend ist die Gesamt-Verschuldung in vielen hochentwickelten Ländern. Auf Grundlage der Analysen von Jagadeesh Gokhale am National Center for Policy Analysis haben Marktanalytiker der Société Générale 2010 für die EU-Staaten eine private und öffentliche Gesamtverschuldung von insgesamt 500 % des Bruttoinlandsprodukts errechnet. Für die USA kamen sie sogar auf eine Gesamtverschuldung von 600 % des Bruttoinlandsprodukts. Und in Griechenland belief sich die Gesamtverschuldung sage und schreibe auf 800 % des Bruttoinlandsprodukts (vgl. Neue Zürcher Zeitung vom 15.2.2010).

Die Einschätzung der volkswirtschaftlichen Auswirkungen der staatlichen Verschuldung ist umstritten. Dabei blieben die volkswirtschaftlich als gravierend eingeschätzten Folgen hoher Verschuldungsquoten nicht unwidersprochen. So kritisierte etwa der US-Ökonom Robert J. Shiller (2011), dass es unsinnig sei, ein Land, dessen Verschuldung höher als das Bruttoinlandsprodukt sei, als zahlungsunfähig anzusehen: „Denn schliesslich wird die Verschuldung in Währungseinheiten gemessen und das Bruttoinlandsprodukt in Währungseinheiten pro Zeiteinheit". Kein Land müsse alle seine Schulden innerhalb

1.4 Das verdrängte Verschuldungsproblem

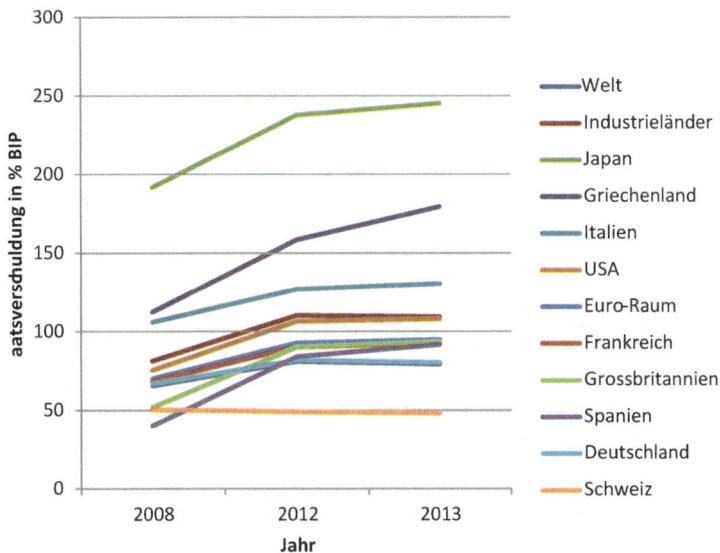

Abb. 1.1 Staatsverschuldung in % BIP. (Quellen: Fischer 2013 und eigene Recherchen)

eines Jahres bezahlen. Dazu komme – wie im Fall Griechenland –, dass ein guter Teil der Staatsschulden Bürgern des eigenen Landes geschuldet sind. Außerdem hätten Studien gezeigt, dass Länder mit Staatsverschuldungsquoten von über 90 % des Bruttoinlandsprodukts lediglich zu einer Verlangsamung des wirtschaftlichen Wachstums um rund 1 % geführt hätten (Shiller 2011). Shiller sieht das Problem vielmehr darin, dass (ausländische) Investoren auf hohe Verschuldungsraten übernervös reagierten und viel zu früh nach Sparmaßnahmen rufen, wodurch Privathaushalte ihre Ausgaben kürzen und Unternehmen im betreffenden Land keine oder nur noch überteuerte Kredite bekommen.

Laut der traditionellen keynesianischen Theorie der Nachfrage-bestimmten Konjunkturentwicklung wirkt sich die ausschließlich durch Steuern erfolgende Erhöhung der Staatsdefizite und damit der Staatsschulden im Falle einer Unterbeschäftigung positiv auf die Höhe des Bruttoinlandsprodukts aus, weil die Nachfrage nach Angeboten zunimmt. „Ein am Kapitalmarkt finanzierter und die Schulden erhöhender Ausgabenimpuls kann demnach eine stärkere Wachstumswirkung entfalten, da die dämpfenden Effekte der Steuerbelastung wegfallen. In anderen Worten: In diesem Fall sind Staatsschulden und Wachstum klar positiv korreliert" (Adler und Thieliant 2011, S. 27 f.). Allerdings kann diese positive Wirkung durch folgende Einflüsse eingeschränkt werden: In geschlossenen Volkswirtschaften ohne Zugang zum Weltkapitalmarkt kann die Schuldenaufnahme zu Zinssteigerungen führen, die ihrerseits die Nachfrage nach privaten Investitionen und die Konsumnachfrage reduzieren kann. Es kommt zu einem so genannten **Crowding Out**. In einer offenen Volkswirtschaft führt dieser Zinseffekt zu einer Aufwertung der Währung (**Mundell-Fleming Modell**) und dadurch zu geringeren Exporten und einer schlechteren Außenbilanz, was seinerseits die positive Wirkung der höheren Binnennachfrage verrin-

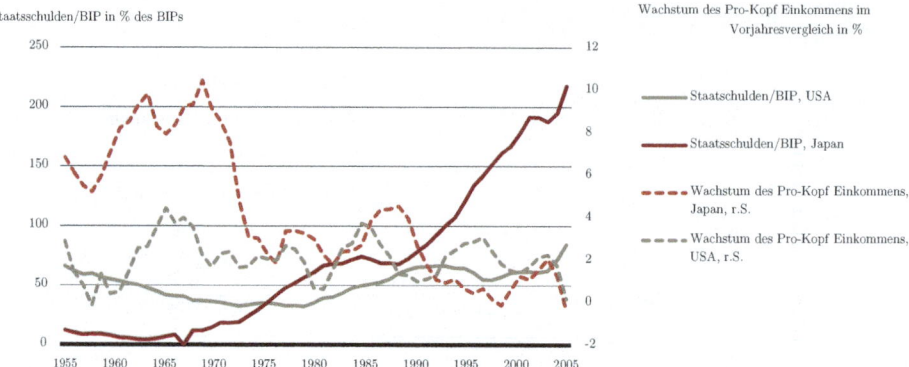

Abb. 1.2 Zum Zusammenhang von Schulden und langfristigem Wachstum. (Quelle: Adler und Thieliant 2011, S. 29.)

gert oder gar aufhebt. In der Diskussion werden dabei oft die Beispiele der USA und Japans genannt, in denen starke und steigende Verschuldung negative Wachstumseffekte hatten (Adler und Thieliant 2011, S. 29). Das lässt sich aus der Abb. 1.2 ablesen.

Allerdings haben Kritiker eingewendet, dass der Zusammenhang zwischen Staatsverschuldung und Wirtschaftswachstum in beiden Ländern nur bedingt vorhanden sei und dass in beiden Ländern endogene Faktoren zu eine Abschwächung des Wirtschaftswachstums geführt hätten (Adler und Thieliant 2011, S. 29). Gestützt auf empirische Untersuchungen folgern die beiden Autoren, dass höhere Staatsschulden nur in Schwellenländern einen eindeutig negativen Einfluss auf das Pro-Kopf-Wachstum haben, nicht jedoch in Industrieländern (Adler und Thieliant 2011, S. 31), und sie stellen fest: „Sowohl Theorie wie auch Empirie belegen keinen eindeutigen Zusammenhang zwischen staatlicher Verschuldung und Wachstumsaussichten eines Landes".

Gemäß einer Faustregel ist die Tragbarkeit der Staatsverschuldung gegeben, wenn der betreffende Staatshaushalt einen adäquaten Primärüberschuss erzielt, oder – anders gesagt – „wenn der Steuerzahler dem Staat mehr Geld gibt, als er von ihm empfängt" (Busch 2011, S. 9). Dabei besteht ein Unterschied, ob die Schuldverschreibungen – sprich: Staatsanleihen – ausschließlich von inländischen Anlegern gehalten werden oder von Gläubigern im Ausland. Im ersten Fall kann die Verschuldung auf die Gläubiger überwälzt werden (vgl. Busch 2011, S. 10), etwa durch eine einmalige Steuer. Allerdings kommt dies de facto einer Enteignung der Anleger gleich. Befinden sich die Anleger im Ausland, ist dies nicht möglich oder zumindest wesentlich schwieriger – ganz abgesehen von den unabsehbaren rechtlichen Folgen. Für die Begleichung der Schulden bei ausländischen Anlegern müssen die Ressourcen erst erwirtschaftet werden, etwa durch Exporte, die in der Praxis durch geringeren Konsum aufgrund von Lohnverzicht im Inland finanziert werden müssen. Dabei kann es – wie etwa das Beispiel Griechenlands 2011–2015 zeigte – zu massivem politischem Widerstand und zu sozialen Protesten kommen.

Es stellt sich die Frage, ab welcher Höhe staatlicher Verschuldung ein Staatsbankrott droht. Oliver Adler (2011, S. 59) wies darauf hin, dass zum Beispiel die argentinische Regierung 2001 die Bedienung ihrer Schulden einstellte, als die staatliche Verschuldung

1.4 Das verdrängte Verschuldungsproblem

bei 54% des Bruttoinlandsprodukts lag. 2006 kam eine Studie des IWF über von dieser Organisation unterstützte Länder zum Schluss, dass in Ländern, deren Verschuldung 80% des Bruttoinlandsprodukts erreicht, die Wahrscheinlichkeit bei rund 50% lag, dass sich der betreffende Staat im folgenden Jahr als zahlungsunfähig erklären musste (vgl. Fischer. 2011b).

Eine hohe Staatsverschuldung hat – auch ohne Staatsbankrott – nicht nur auf die Wirtschaft, sondern auch auf die Gesellschaft schwerwiegende Auswirkungen.

Carmen Reinhart, an der Universität von Maryland lehrende Wirtschaftsprofessorin, und Kenneth Rogoff von der Harvard University sind in ihren Forschungen über die Konsequenzen von staatlichen Schulden zu interessanten Ergebnissen gekommen. Die beiden kamen zum Schluss, dass in Ländern mit staatlichen Schulden von mehr als 90% des Bruttoinlandsprodukts ein deutlich geringeres Wirtschaftswachstum festzustellen ist, als in Staaten mit einer geringeren Verschuldung (vgl. Gratwohl 2010, S. 28). In Ländern mit Staatsschulden von über 90% des BIP liegt das Wirtschaftswachstum im Durchschnitt 2% tiefer als in Ländern mit Schulden unter 30% des Bruttoinlandsprodukts. Allerdings könnte man auch argumentieren, dass eine Korrelation – also eine Gleichzeitigkeit – hoher Staatsschulden und eines tiefen Wirtschaftswachstums noch nicht heißen muss, dass die Verschuldung die Ursache für das tiefe Wachstum ist. Es ist auch denkbar, dass beide nur die Folge einer anderen, dritten Ursache sind, z. B. ein wenig entwickeltes Produktionssystem oder ein schwacher Staat. Die Reinhart-Rogoff-Studie wurde denn auch von Wissenschaftlern an der Universität of Massachusetts, nämlich von Thomas Herndon, Michael Ash und Robert Pollin massiv kritisiert. So warfen diese Forscher der Studie schwere Fehler vor (vgl. Uhlig 2013). So seien in Spreadsheet-Analysen wichtige Daten unberücksichtigt geblieben, andere Daten, welche die Ergebnisse verändert hätten, seien ausgeklammert worden und die Art der Ermittlung von Durchschnittszahlen hätte die Resultate verzerrt (vgl. Uhlig 2013). Das ist nicht nur ein akademischer Streit: Spätestens wenn Regierungen oder internationale Organisationen infolge Verschuldung eine massive Sparpolitik durchsetzen, hat dies massive Folgen im Alltag. Durch die rigorose Sparpolitik, welche Gläubigerbanken und Gläubigerländer den verschuldeten Staaten auferlegen, gerät die Wirtschaft der betreffenden Länder immer stärker in die Rezession. Niels Jensen von den Absolute Return Partners findet es unglaublich, „dass die Gläubigerländer von der von ihnen geforderten Politik der Austerität eine Lösung der Schuldenkrise erwarten. Tatsächlich zerstörten die Sparprogramme aber jede Chance, dass Schuldnerländer durch Wirtschaftswachstum der Schuldenfalle entkommen können" (zitiert nach Neue Zürcher Zeitung vom 11.7.2011).

Ein problematischer Aspekt der Verschuldung liegt darin, dass Schulden auf engste Weise mit dem Kreditgeschäft verbunden sind. Auf der einen Seite braucht eine moderne Wirtschaft eine ausreichende Versorgung mit Krediten, anderseits stellen die Kredite **und ihre Verzinsung** einen Hauptgrund für die Verschuldung und damit für die zunehmende Umverteilung von Vermögen der Armen zu den Reichen dar: „Bekanntlich zahlen 90% der [deutschen, Anm. CJ] Bevölkerung über Preise, Mieten und Steuern mehr Zinsen und Renditen, als sie über ihre Guthaben wieder einnehmen. Das ist der eigentliche Grund, warum … die Vermögen vom 90% der privaten Haushalte ständig abnehmen. Und das ist auch der Grund, warum die großen privaten Geldvermögen der reichsten 10 % der Bevölkerung die einzige Position ist, die sich ständig automatisch vermehrt, und zwar durch alle Formen von Schulden und Krediten, insbesondere durch die wahnwitzige Kreditexpansion in den USA und durch die westlichen Staatsschulden. Solange es Kapitalrenditen gibt, sind Kredite in erster Linie Motor der Ungleichverteilung und erst in zweiter Linie Motor der Wirtschaft. Die gesamte private Kreditwirtschaft ist mittlerweile die große, unerschöpfliche und leistungslose Einnahmequelle der 10 % Reichsten" (Moewes 2009, S. 10; Hervorhebung durch den Autor).

Dem ist allerdings entgegen zu halten, dass Kredite – und damit auch Zinsen – auch Schmiermittel für die Wirtschaft sind.

Auf einen weiteren Zusammenhang hat Thomas J. Jordan, der spätere Präsident des Direktoriums der Schweizerischen Nationalbank hingewiesen: Ist ein Staat einmal so stark verschuldet, dass seine Handlungsfähigkeit stark eingeschränkt oder gar völlig verloren gegangen ist, dann nimmt der Druck auf die Zentralbank in der Regel stark zu. Im Extremfall reichen sogar Zweifel an der Unabhängigkeit der Zentralbank aus, um deren Kerngeschäft, nämlich die Erhaltung der Preisstabilität und die Garantierung der Liquidität in den Finanzmärkten zu behindern oder gar zu verunmöglichen (vgl. Jordan 2012, S. 49).

Noch Mitte 2012 gab es kaum Anzeichen, dass sich die Finanz- und Schuldenkrise einer Lösung zubewegte. Im Gegenteil: Daniel Binswanger (2012, S. 14 f.) wies darauf hin, dass das Andauern der Krise nicht in der mangelnden Budgetdisziplin der Peripherieländer und allen voran Griechenlands lag. So hatte etwa Spanien einen wesentlich solideren Finanzhaushalt als Deutschland, das ebenfalls stark von der Krise betroffen war. Binswanger (2012, S. 15) ortete die Ursache der andauernden Schuldenkrise in Europa „in den massiven Leistungsbilanz- und Konkurrenzfähigkeitsungleichgewichten innerhalb der Eurozone". Zweifellos ist es richtig, dass der gemeinsame Währungsraum die europäische Schuldenkrise in ihren verschiedenen Facetten in Griechenland, Spanien, Portugal usw. nach außen als Krise Europas und des Euros erscheinen ließ, doch war das eher eine Frage der – simplifizierenden – ökonomischen Außenwahrnehmung. Die gemeinsame Währung trug zwar zur Verschärfung der Krise bei, weil die eigene nationale Währung in den betroffenen Ländern als Steuerungsinstrument fehlte. Doch das eigentliche Problem war und ist die Logik der Finanzwirtschaft, die immer wieder neue Opfer bracht – und zu einem guten Teil mitkreiert –, um ihre hochspekulativen Anlagen zu tätigen, rechtzeitig auszusteigen und den Staaten oder Staatenverbünden die Kosten aufzubürden – was im Falle Europas ja bestens funktionierte: Hunderte von Milliarden Unterstützungsgelder gingen ja nicht an die betroffenen Länder, sondern an ihre Gläubiger – Banken und Privatanleger.

Das Zinsproblem Schulden sind engstens mit der Frage des Zinses verknüpft. Gäbe es für Anleihen, Investments oder Spareinlagen keinen Zins, würde kaum jemand Geld verleihen und eine Akkumulation von Kapital als Grundlage für innovative wirtschaftliche Tätigkeit wäre nicht möglich.

Das Zinsnehmen war in der christlichen Welt viele Jahrzehnte untersagt. Man betrachtete den Zins als unzulässigen Wucher. Der Zins ist aufgrund seines enormen Akkumu-

1.4 Das verdrängte Verschuldungsproblem

lationseffekts (Zinseszins) für die Explosion der Geld- und Finanzvermögen verantwortlich. Hohe Zinsen können – zeitlich verzögert über wirtschaftliche Bremseffekte – zu wachsender Arbeitslosigkeit führen. Die Rolle des Zinses wurde von den verschiedenen wirtschaftlichen Ansätzen sehr unterschiedlich und teilweise kontrovers gesehen. Während die heute dominierenden Ansätze der Klassik-Neoklassik und der Keynesianismus den Zins eher als notwendiges Übel sehen, betrachten die Freiwirtschafter und mit ihnen verwandte Strömungen den Zins als Ursache (fast) allen Übels.

Thomas von Aquin begründete mit dem Satz: „Geld gebiert kein Geld" das Zinsverbot (Wielens 2004, S. 24). Im Jahr 825 verfügte Kaiser Lothar: „Wer Zins nimmt, wird mit dem Königsbann belegt, wer wiederholt Zins nimmt, wird aus der Kirche ausgestoßen und soll vom Grafen gefangen gesetzt werden" (Wielens 2004, S. 24). Das Laterankonzil hielt 1139 fest: „Wer Zins nimmt, soll aus der Kirche ausgestoßen und nur nach strengster Busse und mit größter Vorsicht wieder aufgenommen werden. Einem Zinsnehmer, der ohne Bekehrung stirbt, soll das christliche Begräbnis verweigert werden" (zitiert nach Hannich 2002, S. 33). Und Papst Alexander III. ließ in der 2. Hälfte des 12. Jahrhundert folgenden Erlass: „Jede Gesetzgebung, die den Zins erlaubt, ist null und nichtig" (Wielens 2004, S. 24). Bei so vielen und eindeutigen Äußerungen der christlichen Kirche zum Zinsverbot erstaunt es schon, dass 700 Jahre später der Zins in der katholischen Kirche völlig akzeptiert war und das Zinsverbot überhaupt kein Thema mehr darstellte.

Ein Problem des Zinses liegt darin, dass aufgrund des Zinseszinses der Betrag des verzinsten Geldes nicht linear, sondern als Potenz wächst. Helmuth Creutz (1994, S. 100) hat dies am Beispiel des Verzinsungseffekt über einen Zeitraum von 50 Jahren gezeigt: Aus – sagen wir – 10.000 € werden bei 3 % Verzinsung nach 50 Jahren 44.000 €, bei 6 % Verzinsung 184.000 € und bei 9 % Verzinsung 744.000 €.

Seit dem zweiten Weltkrieg sind die Zinsbeträge – und logischerweise natürlich sowohl auf der Schulden- als auch auf der Einkommensseite – explodiert. Das zeigt die Abb. 1.3 für Deutschland (in Milliarden DM, alte Bundesländer).

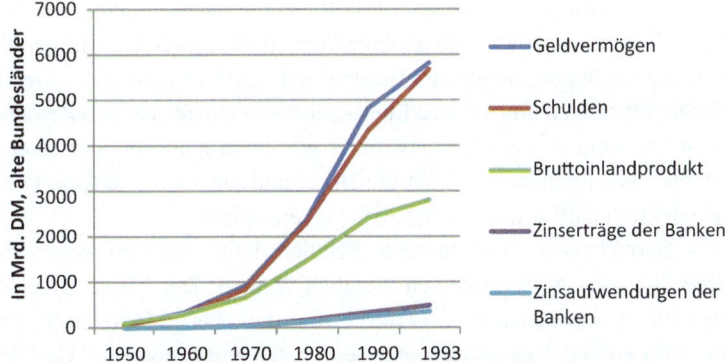

Abb. 1.3 Entwicklung Vermögen, Schulden, Zinserträge und Zinsaufwendungen. (Quellen: Creutz 1994, S. 225 und eigene Recherchen)

Mit anderen Worten: Während der Anstieg beim Bruttoinlandsprodukt/Bruttosozialprodukt beim Faktor 27 lag, wuchsen die Schulden um den Faktor 86, die (Geld-)Vermögen um den Faktor 99, die Zinserträge der Banken um den Faktor 163 und die Zinsaufwendungen der Banken um den Faktor 164 (vgl. Creutz 1994, S. 225).

Während das **reale** Bruttosozialprodukt in Deutschland zwischen 1970 und 1993 von 100 auf 160 % wuchs, verzehnfachten sich die Zinsen im gleichen Zeitraum, sie wuchsen also von 100 auf 1000 %. In der gleichen Zeit nahmen die Nettolöhne von 100 auf 320 % zu und das nominale Bruttosozialprodukt von 100 auf 420 % (Creutz 1994, S. 228).

Doch das Zinsproblem hat nicht nur eine moralische und eine rechnerische Seite, sondern auch eine praktische. Helmut Creutz (1994, S. 362) und Günter Hannich (2002, S. 48) haben schon seit längerem darauf hingewiesen, dass zunehmende Bankzinsen in der Regel mit einer zeitlichen Verzögerung von ein bis zwei Jahren zu höherer Arbeitslosigkeit führen: „Immer, wenn es zu einer Erhöhung der Zinsen kam, stiegen die Zinslasten der Unternehmer und es erfolgten Rationalisierungsmaßnahmen. Dies war in den Perioden 1970–1974, 1978–1981 und 1986–1992 der Fall, in denen die Erwerbslosigkeit jeweils stark anstieg. Wenn der Zinssatz wieder abfiel, stabilisierten sich die Mangelbeschäftigung auf dem erreichten Niveau oder fiel leicht ab" (Hannich 2002, S. 48).

Helmut Creutz (1994, S. 362) schreibt dazu: „Zwei bis drei Jahre nach dem Anstieg der Zinssätze schießt auch die Entwicklung der Arbeitslosigkeit in die Höhe. Bricht der Zinsanstieg ab, ist das ein bis zwei Jahre später auch bei der Arbeitslosigkeit der Fall". Ebenfalls nimmt jeweils nach Erhöhung der Zinsen die Zahl der Firmenpleiten zu, während sie nach Sinken der Zinsen abnimmt. Doch dieser Zusammenhang ist wenig erstaunlich: Weil bei hohen Zinsen Fremdkapital teurer ist und hohe Zinsen nach Überschreiten des Hochs im Konjunkturzyklus mit sinkender Nachfrage zusammenfallen, leuchtet es ein, dass dann auch die meisten Firmen Schwierigkeiten bekommen. Der gleiche Mechanismus spielt in Bezug auf die Arbeitslosigkeit: Tiefe Zinsen bedeuten günstiges Kapital und damit geringere Kosten. Billigeres Kapital führt zu vermehrten Schulden – z. B. in Form von Konsumkrediten oder Leasing-Verträgen –, was die Nachfrage ansteigen lässt. Umgekehrt erhöhen nicht umsonst die Notenbanken dann die Leitzinsen, wenn die Konjunktur überhitzt ist. Eine überhitzte Konjunktur führt oft zu einer Blasenbildung und früher oder später zu einem Platzen der Blase. Mit anderen Worten: Steigende Nachfrage führt zu höheren Preisen, die Leute investieren zum Beispiel in Liegenschaften in der Meinung, dass die Preise weiterhin steigen und sie ihre Liegenschaft zu einem späteren Zeitpunkt teurer verkaufen können, wonach sie ihren Gewinn in erhöhtem Konsum oder einer größeren Villa investieren usw. Irgendwann platzt die Blase und die Zinsen sinken. Die Betriebe fahren die Produktion zurück und die Arbeitslosigkeit steigt.

Die drei vorherrschenden ökonomischen Schulen definieren Zins zwar verschieden, aber verstehen ihn jedoch grundsätzlich ziemlich ähnlich. Der klassische Ansatz fasst den Zins als zeitlich begrenzten Profitverlust auf ausgeliehenes Geldvermögen auf. Die Neo-Klassik definiert den Zins als temporär begrenzten Konsumverlust. Und der Keynesianismus, also ein eher nachfrageorientierter Ansatz, sieht im Zins eine Prämie für den Verzicht auf die Vorteile der Liquidität: „In der **Klassik** kompensiert der Zins den Verzicht

1.4 Das verdrängte Verschuldungsproblem

auf Profitmöglichkeit unter Berücksichtigung des dabei anfallenden Risikos. Es entsteht, wenn ein ‚Geldkapitalist' das Risiko eines ‚Unternehmerkapitalisten' nicht selbst eingeht, sondern diesem Geld zur Investition in Produktionsmittel leiht. Der Zins ist dann die Differenz zwischen der Prämie der Profitmöglichkeit der Investition und der Risikoprämie des tätigen Unternehmers. In der **Neoklassik** kompensiert der Zins den Verzicht auf den Konsum von Gegenwartsgütern, weil sie, als nicht verliehene, eine höhere Prämie tragen als der Konsum von Zukunftsgütern. Im **Keynesianismus** entschädigt der Zins für die aufgegebene Liquiditätsprämie des Geldes. Die Prämie des Geldes bedeutet dabei die Potenz des Geldes, jederzeit Forderungen bedienen zu können" (Heinsohn und Steiger 2006, S. 10 f.).

Dabei ist allerdings zu bedenken, dass Keynes im Unterschied zu aktuellen Wachstumsvorstellungen davon ausging, dass hoch entwickelte Marktwirtschaften nicht unendlich wachsen können (vgl. Zinn 2009, S. 10). In seiner Vorausschau auf das Jahr 2030 unterstrich Keynes vor allem zwei Punkte: Unter der Voraussetzung, dass es keinen weiteren Krieg geben würde, sah Keynes ein wachsendes Durchschnittseinkommen und eine zunehmende Produktivität der Wirtschaft als Schlüsselfaktoren für eine bessere Zukunft (vgl. Zinn 2009, S. 11). Deshalb prognostizierte und forderte Keynes für die Wirtschaftspolitik drei Dinge: Erstens eine gleichmäßigere Einkommensverteilung, zweitens ein Ansteigen der Staatsquote und drittens kontinuierliche Arbeitszeitverkürzungen (vgl. Zinn 2009, S. 11).

Im Gegensatz zu Keynes sind die Vertreter der Eigentumsökonomik der Meinung, dass der Zins weder eine Kompensation des Profit- oder des Konsumverzichts ist, noch eine Entschädigung für den zeitweisen Liquiditätsverlust. Heinsohn und Steiger (2006, S. 11) sprechen dagegen von einem „Geldschaffungszins". Ihrer Meinung nach entsteht der Zins nicht bei der Weiterverleihung von Geld, sondern bei der Geldschaffung (Heinsohn und Steiger 2006, S. 98). Deshalb gleiche der Zins wirtschaftstheoretisch den Verlust der Eigentumsprämie des Geld schaffenden Gläubigers aus (Heinsohn und Steiger 2006, S. 99).

Der Ansatz der Eigentumsökonomik unterscheidet als zentrales Paradigma Besitz und Eigentum: Während laut Heinsohn und Steiger (2006, S. 13 ff) Besitz einfach die mehr oder weniger willkürliche Verfügbarkeit von materiellen Gütern und die Nutzung von Gütern und Ressourcen über bestehende Befehlsketten oder Machtsysteme bedeutet, zeichnen sich nach diesem Ansatz Eigentumssysteme als Gemeinschaft von Freien aus, welche frühere Regelwerke von Sitte oder Willkür des Besitzes durch rechtswirksame Kontrakte ersetzt. Während faktisch Stammesgesellschaften, Feudalgesellschaften oder auch staatssozialistische Systeme durch reine Befehls- oder Kommandostrukturen gekennzeichnet seien, steuere die Eigentumsgesellschaft „Produktion, Verteilung, Konsumption und Akkumulation durch das, was in den beiden anderen Systemen nicht vorhanden ist: belast- und verpfändbares **Eigentum, Zins und Geld**" (Heinsohn und Steiger 2006, S. 13).

Allerdings ließe sich gegenüber Heinsohn und Steiger (2006, S. 27) einwenden, dass die Feudalgesellschaft durchaus auch rechtliche Regelungen der Eigentumsbewirtschaftung kannten: So war die Pacht letztlich nichts anderes als eine Art Zins auf die Übertragung der Nutzungsrechte des Bodens auf den Pächter. Wenn es auch stimmt, dass die Bauern in der Feudalgesellschaft in der Regel keine „Freien" waren, so ändert das nichts daran, dass die Feudalherren durchaus auch Eigentumsnutzungsrechte vergaben und durchsetzten. Umgekehrt waren die Bürgerinnen und Bürger in staatssozialistischen Gesellschaften formell durchaus frei, aber es fehlten oft die faktischen Möglichkeiten, Eigentumsrechte einzuklagen. Doch das ist auch in so genannten Eigentumsgesellschaften der Fall, etwa wenn es um Enteignungen und Verstaatlichung von Eigentum geht – was je nach Ausmaß staatlicher Regelungen in einer Gesellschaft mehr oder weniger häufig geschehen kann. Von daher ist die Unterscheidung in „Besitzsysteme mit bloßer Reproduktion" und „Eigentumsgesellschaften mit Wirtschaft" (Heinsohn und Steiger 2006, S. 26 ff) weder konzeptionell sauber noch empirisch haltbar.

Trotzdem ist die Unterscheidung von Besitz und Eigentum im Sinne von Heinsohn und Steiger (2006) interessant: Besitz wird dabei als faktische Nutzung einer Ressource oder eines Gutes verstanden, Eigentum jedoch als das Recht, über die Nutzung zu verfügen. Während der Besitz von Gütern und Ressourcen lediglich beherrscht – und das Gut oder die Ressource verbraucht – werden könne, werde der Besitz in einer Eigentumsordnung in die Bewirtschaftung gezwungen. Dabei haben Güter in einer Eigentumsordnung immer eine „nutzbare Besitzseite" und eine „belastbare Eigentumsseite" (Heinsohn und Steiger 2006, S. 24). Unabdingbare Bedingungen für eine Eigentumsordnung seien die Freiheit und die Rechtsstaatlichkeit. Eigentum entsteht durch einen Rechtsakt: „Unmittelbar mit der Schaffung von Eigentumstiteln aus dem *Nichts* werfen sie die Eigentumsprämie ab. Diese muss – anders als Zins oder Profit – nicht verdient werden" (Heinsohn und Steiger 2006, S. 87). Eigentumstitel sind kein Ersatz für Besitztitel, sondern eine Ergänzung: Sie „verwandeln ... traditionelle Regeln der Besitznutzung in nun ebenfalls justiziable Rechte aus Besitz" (Heinsohn und Steiger 2006, S. 87). Im Gegensatz zu Besitz lässt sich Eigentum weder schmecken, hören, riechen oder anfassen.

Anders als die Mainstream-Ökonomie hat Günter Hannich (2002, S. 57) zwei Arten von Zins unterschieden: Einerseits Zinsen, welche **direkt** für persönliche Schulden zu bezahlen sind, und Zinsen von Schulden der Gemeinschaft und Unternehmen, für welche die Menschen **indirekt** aufkommen müssen. Im Weiteren unterschied Hannich vier Arten von Schulden:

- Staatsverschuldung: Deren Zinsen werden über die Steuern und staatliche Abgaben bezahlt.
- Unternehmensverschuldung: Deren Zinsen werden über die Preise der produzierten Güter und Dienstleistungen abgewälzt und bezahlt.
- Private Verschuldung: Deren Zinsen werden pro rata individuell, also von jedem einzelnen Menschen je nach Höhe des von ihm geschuldeten Betrags (Kredit) bezahlt.
- Indirekte Zinslasten: Diese Zinsen entstehen aus der – laut Hannich (2002, S. 57) – aus der Verzinsung von Sachkapital.

1.4 Das verdrängte Verschuldungsproblem

Hier müsste man allerdings Hannich entgegenhalten, dass diese Aufstellung von Schulden- und Zinsformen konzeptionell nicht sauber ist. Während sich die ersten drei Arten von Verschuldung auf je unterschiedliche Wirtschafts- und Marktakteure beziehen – nämlich öffentliche Haushalte, Unternehmen und private Haushalte – wird als vierte Kategorie die Art des Kapitals („Sachkapital") ins Zentrum gerückt. Die Verschuldung und folglich auch die Zinsen der ersten drei Arten resultieren aus der **Vorfinanzierung einer Leistung** mit Fremdkapital. Dabei erfolgt die Bezahlung zu einem späteren Zeitpunkt: Bei den Staatsschulden durch die (später erhobenen) Steuern und durch die Rückzahlung und Zinsen von Staatsanleihen, bei den Unternehmen durch die Kapitalzinsen (z. B. Aktiendividenden, Zinsen von Anleihen usw.) und allfällige Rückzahlung, und bei privaten Haushalten durch die Rückzahlung und Zinsen der Konsumkredite.

Doch warum verschulden sich Staat, Unternehmen und Private überhaupt? **Staaten** verschulden sich zumeist aus politischen Gründen, weil die Bevölkerung gewisse Leistungen erwartet, die der Staat nicht immer oder im gewünschten Ausmaß finanzieren kann. Staatsschulden sind anfänglich häufig vorfinanzierte Staatsausgaben, die – zumindest in der Theorie – durch die später eintreffenden Steuern gedeckt werden sollen. Weil Politiker primär an einer Wiederwahl interessiert sind, besteht oft kaum eine Motivation, auf die Ausgabenbremse zu treten, wenn deren Klientel bestimmte Leistungen erwarten. Bei **Betrieben** ist eine – begrenzte! – Verschuldung aus zwei Gründen sinnvoll: Zum einen, weil ein Unternehmer oft nicht in der Lage ist, ohne zusätzliches, fremdes Kapital unternehmerisch tätig zu sein (z. B. Investitionen in Gebäude, Maschinen usw.), und zum anderen, weil der durch seine Tätigkeit und den Einsatz des Fremdkapitals erzielte Gewinn größer ist als die Kosten, welche durch die Aufnahme von Fremdkapital entstehen. **Private Haushalte** verschulden sich, weil sie den vorgezogenen Genuss eines Produkts als höher einschätzen als die durch die Verschuldung entstehenden Zusatzkosten (Kreditzinsen). Allerdings ist das Argument ein Trugschluss, dass sich Private nur mit Hilfe von Verschuldung gewisse Dinge überhaupt leisten können – denn Konsumkredite sind immer teurer als der Einkauf gegen Sofortbezahlung, und außerdem gibt es nicht selten Eigentumsvorbehalte, z. B. beim Leasing. Wenn sich jemand privat verschuldet, um sich etwas leisten zu können, führt dies früher oder später dazu, dass der oder die Betreffende insolvent wird.

Damit sind wir bei den indirekten Zinslasten. Zwar trifft es zu, dass jedes Fremdkapital – und übrigens auch das Eigenkapital – verzinst werden muss. Ebenso richtig ist es, dass die Zinsen für Fremdkapital auf mehreren Produktionsebenen eines Gutes oder einer Dienstleistung zu Buche schlagen und im Gesamtpreis aufsummiert werden. Ein Beispiel wäre etwa die Herstellung eines Automobils, dessen Rohstoffe, Ausstattung und Design alle auch mittels Fremdkapital (mit)finanziert werden. Doch diese indirekten Zinsen, wie Hannich sie nennt, sind in den ersten drei Arten von Zinsen bereits enthalten.

Es ist auch nicht zutreffend, wenn Hannich (2002, S. 58) argumentiert, dass eine Wohnungsmiete zu über 80 % aus Zinsen bestehe. Das würde bedeuten, dass der reale Wert der bezogenen Leistung, nämlich das Recht, in der Mietwohnung zu wohnen, effektiv nur 20 % des Mietbetrags ausmacht. Man müsste umgekehrt argumentieren: Wenn jemand ein Haus mit der gleichen Wohnqualität bauen oder kaufen würde, die er in seiner Mietwohnung genießt, müsste er das entsprechende Geld oder Vermögen zuvor ansparen. Weil die Einkommen im Verhältnis zu den Hauspreisen tief sind – ein günstiges Einfamilienhaus kostet in der Schweiz etwa 10–15 Jahreslöhne eines mittleren Einkommens – dauert das bei einer unrealistisch hohen Sparquote von 50 % 20–30 Jahre. Rechnet man mit einer Sparquote von 25 %, verdoppelt sich diese Zeit. Deshalb muss der Haubesitzer einen großen Teil der Hauskosten durch einen Kredit vorfinanzieren, zum Beispiel durch eine erste und zweite Hypothek. Nehmen wir an, er verfügt über 200.000 Franken Eigenkapital und nimmt eine Hypothek von 600.000 Franken auf. Angenommen, er zahlt einen mittleren Hypothekarzins von 5 %, dann erhöhen sich die Hauskosten um 30.000 Franken pro Jahr. Zahlt er die Hypothek nicht ab, dann erhöht sich der effektiv bezahlte Hauspreis in 20 Jahren um 600.000 Franken Hypozinsen; das Haus kostet ihn also anstatt 800.000.- volle 1,4 Mio. Franken. Dabei nicht berechnet sind die Amortisation bzw. die erforderlichen laufenden Ersatzinvestitionen. Das Problem liegt also nicht darin, dass für Fremdkapital Zinsen bezahlt werden müssen, sondern dass die Schuldner nicht richtig rechnen – oder anders herum gesagt: Sie schätzen den Gebrauchswert des Eigenheims zu hoch ein. Oder noch anders gesagt: Das Haus ist in Anbetracht des effektiv vorhandenen Eigenkapitals oder Vermögens faktisch zu teuer. Viele Leute vergleichen nur die in einer Mietwohnung zu zahlenden Mietzinsen mit den Hypothekarzinsen eines Eigenheims, sie vergessen dabei, dass das Eigenheim enorme Vermögensanteile bindet, die im Falle eine Mietwohnung frei verfügbar sind. Dazu kommt, dass der Liegenschaftsverkaufspreis im Falle eines Verkaufs tiefer sein kann als der ursprüngliche Kaufpreis.

Zwar trifft es zu – wie Creutz (1994, S. 244) schreibt –, dass bei einer Verzinsung des in eine Liegenschaft investierten Kapitals von sagen wir 5 % in 20 Jahren nochmals der gesamte Preis des investierten Kapitals bezahlt wird. Nur: In diesen 20 Jahren kann der Investor das investierte Kapital nicht anderweitig nutzen, er kann es nicht durch Konsumieren verbrauchen. Ökonomen sprechen in diesem Zusammenhang von Opportunitätskosten. Verbrauchen kann er einzig den Zins. Wenn der Eigentümer dieses Kapital in ein ihm gehörendes Unternehmen stecken würde, könnte es sein, dass er damit viel mehr verdient, z. B. 15, 20 % oder mehr. Der niedrigere Zins einer Investition in eine Liegenschaft lässt sich damit erklären, dass diese Anlage relativ risikofrei ist, während z. B. bei einem Start-up-Unternehmer eine erhebliche Gefahr besteht, dass das neu gegründete Unternehmen in den ersten fünf Jahren pleitegeht.

Doch auch der Immobilienbesitzer trägt Kosten. Eine schlecht unterhaltene Liegenschaft verliert stark an Wert – und damit steigt die relative Verzinsung auch bei gleich bleibenden Mieten an. Dazu ein Beispiel: Zum Zeitpunkt des Kaufs kostet eine 40-jährige Liegenschaft mit 3 Wohnungen 600.000 Franken. Der Besitzer erzielt Mieteinnahmen von – sagen wir – 30.000 Franken im Jahr. Weil der Besitzer die Kosten scheut, verzichtet er auf sämtliche Wert erhaltenden Renovationen. Das ist in einem immer schlechteren Zustand. Die Mieten bleiben in den 20 Jahren nach dem Erwerb gleich, jedoch der Wert der Liegenschaft sinkt aufgrund der unterlassenen Renovationen auf – sagen wir – 400.000 Franken. Zum Zeitpunkt des Kaufs lag die Bruttorendite bei 5 %. Zwanzig Jahre später liegt die Bruttorendite bei 7,5 %. Das Absurde an der Situation ist, dass die anteil-

1.4 Das verdrängte Verschuldungsproblem

mäßige Verzinsung umso höher liegt, je weniger Geld der Besitzer in die Immobilie steckt. Allerdings ist die Rechnung fiktiv, weil ja aufgrund des zunehmenden Verfalls der Liegenschaft der Wohnstandard ab- und damit der Mieterwechsel wahrscheinlich zunimmt, weil sich die solventen Mieter/innen eine andere Bleibe suchen. Außerdem gilt das Beispiel nur, wenn die Wohnungsmieten stabil sind oder steigen, d. h. wenn ein Mangel an Wohnungen besteht. Andernfalls würden die Wohnungen infolge des Zerfalls der Liegenschaft ebenfalls sinken. Hohe Bruttorenditen – und damit hohe Verzinsung – bei Liegenschaften bedeuten somit in der Regel, dass die Liegenschaft sanierungsbedürftig ist. Umgekehrt können zu tiefe Bruttorenditen die Folge von überteuerten Baukosten neuer Liegenschaften sein: Weil die Mietpreise in der Regel nicht sehr elastisch sind, oder anders gesagt: weil überhöhte Baukosten nicht automatisch höheren Wohnstandard bedeuten, gibt es im Wohnungsmarkt klare Obergrenzen für die Mieten. Die Höhe der Zinsen sind somit oft auch ein Ausdruck des betreffenden Marktes – welchen Preis sind die Nachfrager für eine Produkt zu zahlen bereit, und welchen nicht.

Das Problem liegt darin, dass überproportional hohe Zinsen entweder Zeichen eines gut funktionierenden Marktes sein können, oder auch Ausdruck eines aus dem Gleichgewicht geratenen Marktes: Auf dem Kapitalmarkt bringen risikoreiche Anleihen hohen Zins: z. B. Staatspapiere hoch verschuldeter Länder oder Risikokapital für Start-up-Firmen. Auf der anderen Seite gibt es jedoch hoch spekulative Anlageformen, die dann Zuspruch erhalten, wenn andere, seriöse Anlagevehikel keinen oder nur geringen Zins abwerfen. Dies ist etwa in Zeiten übergroßer Liquidität in den Kapitalmärkten der Fall. Dann müssen entweder die Hochrisikoanleger verpflichtet werden, nicht nur die übergroßen Gewinne, sondern auch die enormen Verluste selber zu bezahlen. Oder aber die Hochrisikoanlageinstrumente sind zu verbieten. Zurzeit ist es aber immer noch so, dass Finanzinstitute und Banken selber Hochrisikoanlagen tätigen, und wenn diese schief gehen, der Staat mit Milliardenhilfe einspringen muss.

Die von Silvio Gesell ausgehende Freiwirtschaftsbewegung hat immer wieder auf das Zinsproblem in der modernen Marktwirtschaft hingewiesen. Viele Freiwirtschaftler halten den Zins für das Hauptproblem der heutigen Wirtschaft. Zweifellos ist es richtig, dass der Zinsanteil einen erheblichen Teil des Verkaufspreises eines Produkts oder einer Dienstleistung ausmachen kann. Ein zu hoher Zinsanteil am Verkaufspreis von Produkten oder Dienstleistungen ist weder volkswirtschaftlich noch betriebswirtschaftlich wünschenswert. Doch deshalb den Zins gleich ganz abzuschaffen oder durch einen negativen Zins zu ersetzen, wie das von freiwirtschaftlicher Seite verlangt wird, würde bedeuten, das Kind mit dem Bad auszuschütten. In der Zeit der großen Depression versuchten sich viele Menschen durch Horten von Bargeld vor den Folgen der Wirtschaftskrise zu schützen. Weil gehortetes Bargeld gleichzeitig dem Wirtschaftskreislauf entzogen war, war das volkswirtschaftlich unerwünscht. Deshalb schlug Silvio Gesell vor, ein Geldsystem zu schaffen, in welchem das (Bar-)Geld laufend an Wert verliert („Schwundgeld"). So wurde vorgeschlagen, Geldscheine durch periodisch – zum Beispiel monatlich oder halbjährlich – aufzuklebende Marken laufend zu entwerten. Nach einem Jahr wäre zum Beispiel ein Hunderterschein nur noch 95 Geldeinheiten wert gewesen, nach einem weiteren Jahr noch 90 Geldeinheiten usw. In dieser Situation würde – so die Theorie – jeder Besitzer von Geldscheinen versuchen, diesen möglichst bald los zu werden – und niemand würde mehr Bargeld horten.

Eine solche Maßnahme mag solange Sinn machen, als Bargeld die wichtigste Form von Geldbesitz darstellt. Die Hortung von Geld ist häufig Ausdruck einer deflationären Entwicklung, in deren Verlauf die Preise sinken. Doch kann die Hortung von Geld auch zu Inflation führen (vgl. Creutz 1994, S. 139), weil die Notenbanken gezwungen sein können, das gehortete und aus dem Geldkreislauf herausgenommene Bargeld zu ersetzen und damit die Geldmenge zu vergrößern – bei gleichzeitiger Verringerung der Güterproduktion.

Allerdings gibt es für die von Gesell propagierte Schwundgeld-Idee eine bemerkenswerte Erfahrung. In der Zeit der großen Depression führte die österreichische Gemeinde Wörgl zusätzlich zur offiziellen Landeswährung eine zweite, parallele Geldwährung ein. Diese Währung war so angelegt, dass sie jeden Monat 1 % an Wert verlor, was ziemlich den Vorstellungen einer Schwundgeldwährung entspricht. Damit sollte bezweckt werden, dass die jeweiligen Besitzer der Geldnoten diese schnell ausgaben, statt das Geld auf die Bank zu bringen um zwischen 8 und 12 % Zinsen zu kassieren. Tatsächlich nahm die Nachfrage nach Dienstleistungen und Gütern zu und die lokale Wirtschaft erhielt einen merklichen Schub. Es wurden sogar neue Arbeitsplätze geschaffen und während der Dauer des Experiments von Juli 1932 bis September 1933 sank die lokale Arbeitslosigkeit um 25 %, während die Gemeinde ihren Haushalt ins Gleichgewicht bringen und sogar in öffentliche Aufgaben investieren konnte (vgl. Broer 2009). Dieser Effekt beruhte darauf, dass sich die Umlaufgeschwindigkeit des Geldes erhöhte, aus dem Wirtschaftskreislauf herausgenommenes – weil gehortetes – Geld wieder in die lokale Wirtschaft floss und infolge der Abnahme des Spareffekts die Nachfrage nach Konsumgütern stieg. Man könnte das Ganze auch als eine Art nachfrageorientiertes Konjunkturprogramm verbunden mit Negativzinsen verstehen. Übrigens wurde im November 1933 nach einem Entscheid des Verwaltungsgerichtshofes in Wien das Währungsexperiment in der Tiroler Gemeinde Wörgl gerichtlich beendet.

Die Schwundgeldidee bezweckt im Prinzip etwas Ähnliches wie die heute von den Zentralbanken der USA und Westeuropas verfolgte Politik des „Quantitative Easings" (QE): Während in Wörgl die Umlaufgeschwindigkeit des Geldes vergrößert wurde, steigert die Politik des QE die Menge des zirkulierenden Geldes – und beides erhöht – mindestens vorübergehend – die Nachfrage nach Produkten und Dienstleistungen. Beides sind aber künstliche – oder wenn man will: unechte – Formen der Nachfragesteigerung.

Gegen die Idee des „Schwundgeldes" gibt es allerdings eine ganze Reihe von Einwänden. Das Schwundgeld richtete sich primär gegen die Bargeldhortung. Diese ist aber immer bereits ein Indiz oder besser eine Reaktion auf eine Krise des Geld- und Finanzsystems. Dazu kommt, dass das Bargeld nur einen geringen Teil des zirkulierenden Geldes darstellt. So wurden etwa in der Schweiz schon 2008– also sogar mitten in der Finanzkrise! – nur gerade noch 15,9 % der Vermögen in Form von Bargeld gehalten (vgl. Schweizerische Handelszeitung vom 24.-30.3.2010). Und nach Ansicht von Gesell sollten bei Banken angelegte Geldbeträge im Unterschied zu Bargeld ihren Wert zu 100 % behalten.

1.4 Das verdrängte Verschuldungsproblem

Wenn man das Prinzip der monatlichen Verringerung des nominalen Geldwerts auf die bei Banken liegenden Sparvermögen ausdehnen würde, müssten diese einen kumulierten monatlichen Negativzins von 1% pro Monat verrechnen. Man stelle sich vor: Jede Sparerin und jeder Sparer erhielte einen monatlichen Kontoauszug des immer mehr schrumpfenden Sparbetrags. Nach einem Jahr wären zum Beispiel von einem Sparbetrag von 100.000.- noch gerade 88.638.- übrig, und jedes Jahr verringert sich das Ersparte um den gleichen Prozentsatz. Das wäre nichts anderes als eine gigantische Geldumverteilung – oder genauer: Geldvernichtung.

Gegen die Schwundgeldidee spricht auch, dass die Hortung von Bargeld praktisch nur in stark deflationären Phasen ein Problem darstellt – und in den vergangenen 60 Jahren war Deflation praktisch nur in Japan von 1989 bis 2009 ein – allerdings hartnäckiges – Problem. Selbst wenn sich dies im Anschluss an die Finanzkrise 2008/2009 und die Schulden-Krise seit 2011 in Europa geändert haben sollte, eignet sich die Schwundgeld-Idee kaum zur Bekämpfung der Deflation.

Nicht wenige Ökonomen sind der Ansicht, dass lediglich die Flutung der Märkte mit Liquidität und die enorme Ausweitung der Geldmengen in den USA und vor allem in Europa eine vertiefte Deflation verhindert haben. So wurde 2015 ernsthaft diskutiert, das Halten von Bargeld mit einer Gebühr zu belegen – um zu vermeiden, dass Privatpersonen oder institutionelle Anleger dem Negativzins der Banken durch Halten großer Bargeldbestände ausweichen konnten. Als radikale Lösung wurde sogar die Abschaffung des Bargeldes vorgeschlagen.

So diskutierte man 2015 die Abschaffung des Bargeldes und die ausschließliche Zulassung der elektronischen Zahlungsmittel als Option (vgl. Uhlig 2015, S. 21), damit die Sparerinnen und Sparer, aber auch institutionelle Anleger wie Pensionskassen dem staatlich dekretierten Wertverlust ihres Vermögens nicht mehr durch Hortung von Bargeld ausweichen konnten. Das hätte nicht nur eine massive Einschränkung der persönlichen Freiheit bedeutet, sondern auch der staatlichen Kontrolle und Überwachung sämtlicher Wirtschaftstransaktionen Privater Tür und Tor geöffnet. Einzige sinnvolle Alternative war und ist eine massive Reduktion des mengenmäßigen Geldüberhangs durch die Nationalbanken, selbst wenn dies zu einer längeren Deflation führen sollte. Andernfalls droht irgendwann ein unkontrollierter Zusammenbruch des ganzen Finanz- und Wirtschaftssystems mit dem Verlust großer Teile der angesparten Vermögen.

Ebenfalls gegen die Schwundgeld-Idee spricht die Tatsache, dass durch die höhere Umlaufgeschwindigkeit des Geldes die Inflationstendenz steigt. Auf der einen Seite verliert das Geld durch den Schwundgeldmechanismus nominal an Wert, und auf der anderen Seite sinkt auch der reale Wert des verbleibenden Geldes aufgrund steigender Preise infolge Inflation aufgrund der höheren Umlaufgeschwindigkeit des Geldes.

Vom Denkansatz der Schwundgeldtheorie her hat Willem Buiter (2009, S. 3 ff.) eine andere Idee formuliert: Buiter vertrat die Ansicht, dass mit Hilfe der (nominal) negativen Zinspolitik die Umlaufgeschwindigkeit des Geldes gesteigert und damit die Nachfrage nach Konsumgütern erhöht werden könnte – also sozusagen eine nachfrageorientierte Ankurbelung der Wirtschaft. Ausgehend von der Tatsache, dass rund 70% der US-Dollar-

Noten und bis 50 % der Euro-Noten außerhalb der Emittentenstaaten gehalten werden, solle durch eine nominal negative Zinspolitik das Bargeld abgeschafft werden. Ziel sei es, das Bargeld von seiner Funktion als Recheneinheit – z. B. für Vermögen oder Einkommen – abzukoppeln. Doch einmal ganz abgesehen davon, dass die gesamte informelle Wirtschaft, welche in den weniger entwickelten Ländern einen bedeutenden Teil der gesamten Wirtschaftsleistung erbringt, ohne Bargeld undenkbar ist, öffnet die Abschaffung von Bargeld dem Staat Tür und Tor, um jeden Schritt seiner Bürger zu überwachen. Obwohl der gläserne Mensch infolge Kreditkarten und eBanking bereits heute zu einem großen Teil besteht, ginge durch die Abschaffung des Bargeldes der letzte Rest von (wirtschaftlicher) Anonymität verloren.

Bereits vor der aktuellen Negativzins-Praxis der Banken hat Klaus Willemsen (2011, S. 3) den Vorschlag zur Diskussion gestellt, von Geldvermögen eine Liquiditätsgebühr zu erheben, sie also einer Art negativen Verzinsung zu unterwerfen. Willemsen vertrat die Ansicht, ein negativer Zins würde eine Verstetigung der Umlaufgeschwindigkeit des Geldes ermöglichen. Dass das funktioniert ist jedoch mehr als zweifelhaft. Aus der Quantitätsgleichung des Geldes („Geldmenge x Umlaufgeschwindigkeit = Gütermenge x Preisniveau", vgl. Eisenhut 2012, S. 107) lässt sich ableiten, dass eine höhere Umlaufgeschwindigkeit bei gleich bleibender Geldmenge zu mehr Inflation führt. Denn die Marktteilnehmer tendieren bei Null- oder Minuszinsen dazu, ihre Liquidität möglichst abzubauen oder schnell weiter zu geben. Gelangt dieses Geld in den Wirtschaftskreislauf, steigt die Teuerung – entweder bei Sachanlagen wie etwa 2015 in vielen schweizerischen Regionen oder bei Konsumgütern, oder bei beiden. Negativzinsen machen bestenfalls dann Sinn, wenn – wie etwa seinerzeit in Wörgl – die Wirtschaft in einer Deflationsspirale steht und so die Nachfrage stimuliert werden kann. Dabei ist auch das Argument von Willemsen (2011, S. 3), dass nominale Negativzinsen zu einer Entlastung des öffentlichen Haushalts führen, weil die Kreditzinsen wegfallen, zumindest längerfristig nicht stichhaltig, weil auch auf der Einnahmenseite Mindereinnahmen zu verbuchen sind (z. B. Besteuerung der Zinserträge). So hat die Negativzinsphase in Europa 2014/2015 zu keiner Reduktion der staatlichen Verschuldung geführt – ganz im Gegenteil: Weil noch nie so billig Schulden gemacht werden konnten, nahm und nimmt die Verschuldung eher zu.

Dagegen können die staatlichen Einnahmen unter Umständen massiv einbrechen, etwa wenn infolge der Negativzinsen das Zins-Differenten-Geschäft der Banken in Schwierigkeiten gerät. Das war zum Beispiel nach der Bankenkrise im Kanton Zürich der Fall, als der Staat Hunderte von Millionen Franken an Steuerausfällen zu verzeichnen hatte.

Wie gesagt: Im Falle der nominalen Negativzinsen sind die Nachteile zweifellos größer als die Vorteile. Einmal verleiten Negativzinsen bei Sparkonti und anderen Anlageformen dazu, Bargeld zu horten. So meldeten Anfang 2015 die Medien, dass eine ganze Anzahl von Pensionskassen große Beträge in bar hielten. Private machten das Gleiche. Oder aber viele Geldanleger stürzten sich auf Sachanlagen wie Immobilien oder Aktien. So kam es in der Schweiz Ende 2014/Anfang 2015– auch aufgrund der tiefen Hypothekarzinse – zu einem Run auf Immobilien mit entsprechend steigenden Liegenschaftspreisen. Oder die Anleger kaufen (für ihre Verhältnisse zu) riskante Aktien, deren Kurs immer auch einbre-

1.4 Das verdrängte Verschuldungsproblem

chen kann, wie sich etwa Anfang September 2015 zeigte. Außerdem bewirken nominale Negativzinsen genau wie die Inflation eine grundsätzliche Bevorzugung der Besitzer von großen Vermögen, also der Reichen und Superreichen. Diese können ihre Ersparnisse und Vermögen allein schon aufgrund der größeren Volumen leichter und besser in Sachwerte – z. B. Immobilien – überführen als kleine und mittlere Sparerinnen und Sparer. Und Kleinsparer benötigen einen größeren Anteil ihres Vermögens als Liquidität für die Bestreitung ihrer Lebenskosten. Weil sie darauf angewiesen sind, einen erheblichen Teil ihrer Ersparnisse kurzfristig verfügbar anzulegen, werden sie von den Negativzinsen auch stärker getroffen. Selbst wenn die Banken die negativen Zinsen (noch?) nicht an die Kleinsparer weitergeben – wie das 2015 der Fall war – werden die mittleren Vermögen deutlich stärker getroffen als die großen und sehr großen Vermögen. Dazu kommt, dass die Negativzinsen das gesamte System der Altersvorsorge, das einerseits auf den regelmäßigen individuellen Spareinlagen und anderseits auf der Verzinsung bereits angesparter Vorsorgebeträge beruht, zum Einsturz bringen können. Auch davon sind vor allem Kleinverdiener betroffen, die auf ihre Altersrente angewiesen sind. Bereits 2014 hatten in der Schweiz viele Pensionskassen Mühe, die gesetzlich vorgeschriebene Mindestverzinsung zu erreichen. Sollte noch ein Aktiencrash – dessen möglichen Vorboten wir bereits im September 2015 erlebten – oder ein massiver Einbruch der Immobilienpreise dazu kommen, würde die gesamte Altersvorsorge implodieren. Negative Nominalzinse lassen das angesparte Alterskapital längerfristig wegschmelzen und führen zu einem ähnlichen Effekt wie in der ehemaligen Sowjetunion oder in vielen Ländern Lateinamerikas, wo über Jahre und Jahrzehnte die Altersrenten nominal und real immer kleiner wurden, so dass diese schließlich nur noch als eine Art Taschengeld für das Alter waren.

Diejenigen Freiwirtschafter, welche – wie etwa Andreas Bangemann (2014, S. 13) – die Negativzinsen der EZB für Kapital, das die Geschäftsbanken bei der Europäischen Zentralbank deponieren, als vorteilhaft für den kleinen Konsumenten und den Kleinsparer ansehen, begehen einen Denkfehler. Es trifft zwar zu, dass – zumindest in der Theorie – mit sinkenden Zinsen die Preise für Konsumgüter sinken und damit die Ausgabenbudgets der Konsumenten entlastet werden. Und weil die Konsumkosten bei Kleinverdienern oder Personen ohne Vermögen stärker ins Gewicht fallen als bei Personen mit großen Vermögen – auch ein Reicher kann nur dreimal oder vielleicht viermal am Tag essen – ist dies zwar kurzfristig für Erstere ein größerer Vorteil. Nur: Wie wir wissen führen längerfristig sinkende Preise zu Deflation, also zu einem Rückgang der Nachfrage, wodurch die Produktion sinkt und Arbeitsplätze verloren gehen. Und arbeitslose Kleinverdiener und Personen ohne Vermögen können – spätestens nach Auslaufen der Arbeitslosenunterstützung – viele der (nicht unmittelbar lebensnotwendigen) Produkte nicht mehr kaufen, auch wenn diese 10 oder 20 % billiger geworden sind. Und haben sich die Konsumenten erst einmal auf sinkende Preise eingestellt, halten sie sich mit Einkäufen noch weiter zurück, weil ja morgen das Produkt vielleicht noch billiger zu haben sein wird. Deshalb gilt auch die Deflation als viel gefährlicher als die Inflation.

Selbst unter den Zentralbanken waren und sind negative Zinsen umstritten: Während die europäischen Notenbanken und vor allem die Europäische Zentralbank, aber auch die

Schweizerische Nationalbank, die Negativzinsen als logische Fortsetzung der Tiefzinspolitik ansahen, hat die US-Notenbank die Unterschreitung der Null-Prozent-Grenze nie als geldpolitisches Instrument angesehen (vgl. Uhlig 2015, S. 21). Die Negativzinspolitik kommt spätestens dann an ihre Grenze, wenn die Kosten der negativen Zinsen größer sind als diejenigen für die Haltung von Bargeldbeständen. Diese Grenze war teilweise 2015 bereits erreicht. Konsequenterweise wäre dann der nächste Schritt die Abschaffung des Bargeldes.

Auch ökologisch gesehen ist die Flucht in Sachwerte – zum Beispiel in Liegenschaften oder langlebige Konsumgüter – problematisch. Auf der einen Seite wird durch den Immobilienboom die Überbauung und Zersiedlung der Landschaft weiter vorangetrieben, und auf der anderen Seite erhöht sich dadurch die Zahl der Autos, der elektronischen Geräte usw. Und für deren Produktion werden entsprechend mehr Ressourcen benötigt. Außerdem waren zunehmende Umweltzerstörung und ökologische Probleme meist – wenn auch nicht immer – Folge von Hochkonjunktur und Boomphasen. Durch eine permanente Einrichtung von Negativzinsen oder durch die Einführung von Schwundgeld würde der ökologische Raubbau noch zusätzlich verstärkt – statt das Wachstum zu bremsen wären solche Maßnahmen regelrechte Wachstumstreiber. Maßnahmen zur Erhöhung der Nachfrage machen allenfalls in einer Rezession Sinn – und auch das nur, wenn sie zeitlich eng begrenzt sind.

Doch gibt es nur die beiden Extrempositionen der negativen Nominalzinsen und der Wucherzinsen?

Macht es Sinn, jeden Zins mit Wucher gleichzusetzen und zu verbieten oder abzuschaffen, wie das im christlichen Mittelalter der Fall war und bis heute in den vielen islamischen Gebieten geschieht? Im modernen Islam sind drei Arten von Finanzgeschäften verboten: Erstens müssen Investitionen den islamischen Wertvorstellungen entsprechen. Deshalb sind Investitionen in Produktionsketten, die der Schweinefleischherstellung dienen, in Waffenproduktion, Alkoholherstellung, Erotikindustrie und in Teile der Unterhaltungsbranche verboten. Zweitens sind Zinsen verboten. Und drittens darf nach islamischem Rechtsverständnis aus Geld kein Mehrwert entstehe. Deshalb sind Erträge aus Glücksspielen und Spekulationen nicht erlaubt, außerdem sind Versicherungserträge ohne entsprechende Leistungen zumindest problematisch (vgl. Maniera 2013). Islamische Finanzprodukte basieren auf dem Prinzip des Miteigentums und der Gegenseitigkeit. Weitverbreitet sind scharia-gerechte Anleihen, so genannte Sukuk. Damit erwirbt der Anleger für die Laufzeit Miteigentum und partizipiert an den Erträgen. Dabei bezieht sich die Scharia-Konformität auf das Produkt und nicht auf den Emittenten (vgl. Maniera 2013). So finanzierte etwa Saudi-Arabien den Bau des King Abdulaziz International Airport in Jidda mit solchen Anleihen (vgl. Maniera 2013). Allerdings kann man zu Recht einwenden, dass die scharia-konforme Miteigentümerschaft in Form von Anleihen letztlich nur eine Umbenennung der verbotenen Zins-Anleihen darstellt. Doch sind solche Modelle aus ethischer Sicht auf jeden Fall prüfenswert.

1.4 Das verdrängte Verschuldungsproblem

Eine Zwischenposition zwischen einem absoluten Zinsverbot und der aktuellen Zinswirtschaft nimmt Felix Fuders (2010, S. 26 ff) ein, indem er ein Zinsverbot nur auf Geldvermögen, nicht aber auf Realien verlangt. Er bestreitet auch die Meinung, dass der Zins eine Kompensation für Konsumverzicht darstelle: „Das Gut, auf dessen Gebrauch man verzichtet, ist ja noch gar nicht gekauft. Erst wenn das Geld in Realgüter umgetauscht wurde und man diese dann vermietet anstelle sie selber zu gebrauchen, kann man von Konsumverzicht sprechen. Derjenige, der sein Geld verleiht, verzichtet nicht auf Konsum, den er ja anschließend immer noch haben kann. Das Geld bekommt er ja zurück. Anstelle einer Prämie für den Konsumverzicht handelt es sich beim Zins um eine Liquiditäts- oder Nichthortungsprämie, wie John Maynard Keynes ihn treffender charakterisierte". In diesem Sinn wäre also der Erwerb einer Wohnliegenschaft und die anschließende Fremdvermietung zulässig, während die Anlage des Geldvermögens in ein Anlageprodukt auf Zinsbasis ausgeschlossen wäre. Fuders (2010, S. 27) ist auch der Meinung, dass die Investition in ein Unternehmen zulässig wäre: „Es sei angemerkt, dass natürlich auch in einem zinsfreien Wirtschaftssystem Kapital Kapital anzieht. Wer mehr investiert, kann auch mehr gewinnen, was er reinvestieren kann. Auch in einem zinsfreien Wirtschaftssystem wird es Vermögenskonzentrationen geben, und es wird möglich sein, so viel Vermögen zu investieren, dass man aus dem (realwirtschaftlichen) Gewinn leben kann, ohne weiter arbeiten zu müssen. Beispielsweise kann der Unternehmensgründer später, wenn sein Unternehmen gut läuft, einen Geschäftsführer bestellen, der das Unternehmen leitet, während der Eigentümer des Unternehmens selbst nicht mehr arbeitet. Ein solches arbeitsloses Einkommen erscheint anders als die zinsbedingte Vermögensumverteilung gerecht, da es auf der eigenen Vorleistung beruht. Der Unternehmer schafft Werte und oft auch Arbeitsplätze. Der Verleiher von Geld produziert dagegen selbst keine Werte" (Fuders 2010, S. 27). Die Unterscheidung zwischen Zins aus Geld und Zins aus realwirtschaftlichem Zins ist bedenkenswert. Auf der einen Seite würde eine solche Unterscheidung zu einer verstärkten Investition in Sachgüter und Realwerte führen. Auf der anderen Seite stellt sich jedoch die Frage, ob die Trennlinie zwischen Geldanlage und Anlage in Realgüter immer so klar ist: Zählt die Investition in einen Hedgefonds zur ersten oder zu zweiten Kategorie, gehört die Gewährung einer Bankhypothek für einen Hauskauf zur ersten oder zweiten Kategorie? Wenn jemand ein ungebundenes Darlehen gewährt, wäre der daraus entstehende Zins ein Geldwert, dagegen der Zins aus einem zweckbestimmten Darlehen aber „realwirtschaftlich"?

Wenn der Freiwirtschafter Simon Bichlmaier (2010) richtig feststellt, dass unterhalb eines bestimmten Mindestzinses Geld nicht mehr fest angelegt wird, weil der Vorteil der sofortigen Verfügbarkeit höher eingeschätzt wird als der allzu geringe Zins, dann gilt dies noch mehr für negative Zinsen: Diese Geld fehlt dann in der Realwirtschaft, weil niemand mehr interessiert ist, langfristig Geld in ein Unternehmen zu investieren.

Deshalb wäre es sinnvoller, den Zins auf eine bestimmte Spanne zu begrenzen, also auf Negativzinsen auf der einen Seite und auf überhöhte Zinsen nach oben zu verzichten.

1.5 Der Mythos des unbegrenzten Wirtschaftswachstums

Spätestens seit den 1970er-Jahren und den Arbeiten des Clubs of Rome ist vielen Nicht-Ökonomen und einer wachsenden Zahl von Ökonomen klar, dass aus der Sicht der sich erschöpfenden Rohstoffe, der Umweltbelastung und auch aus ökonomischen Gründen ein zeitlich und quantitativ unbegrenztes Wirtschaftswachstum eine Illusion darstellt. Schon Keynes war davon überzeugt, dass entwickelte kapitalistische Gesellschaften nicht unbegrenzt wachsen können (vgl. Zinn 2009, S. 10).

Doch was bedeutet Wirtschaftswachstum, was heißt Nachhaltigkeit? **Wirtschaftswachstum** wird im Allgemeinen als **jährliche Zunahme des Bruttoinlandsprodukts** – also aller in einem Jahr produzierten Produkte und Dienstleistungen – in Prozenten ausgedrückt. Dabei besteht bei den Unternehmen so etwas wie ein immanenter Wachstumszwang, weil Eigenkapital und Fremdkapital verzinst werden müssen (vgl. Seidl und Zahrnt 2010, S. 24). Man muss nicht so weit gehen wie Miegel (2010, S. 55), der das (Wirtschafts-)Wachstum als eine Ideologie bezeichnete und die „Entrückung des Wachstums ins quasi Kultische" konstatierte (Miegel 2010, S. 56).

Der Begriff „Nachhaltigkeit" tauchte erstmals 1987 im Bericht der Weltkommission zu Umwelt und Entwicklung WCED auf. Nachhaltige Entwicklung wurde dort wie folgt definiert: „Nachhaltige Entwicklung ist eine Entwicklung, welche weltweit die heutigen Bedürfnisse zu decken vermag, ohne für künftige Generationen die Möglichkeit zu schmälern, ihre eigenen Bedürfnisse zu decken" (zitiert nach Seidl und Zahrnt 2010, S. 25).

Dabei sieht man sofort, dass Wachstum und Nachhaltigkeit in einem Spannungsverhältnis stehen, das nur durch eine Wachstumsbegrenzung, keinesfalls aber durch ein ausuferndes, unbegrenztes Wachstum überwunden werden kann. Doch wie sieht diese Frage aus der Sicht der Ökonomie aus?

Das Wirtschaftswachstum wird vor allem durch die zunehmende Nachfrage einer wachsenden Zahl von Menschen nach immer mehr Produkten und Dienstleistungen angetrieben. Einerseits wächst die Nachfrage der Menschen nach immer mehr Produkten und Dienstleistungen, anderseits nimmt – zumindest weltweit – auch die Zahl der Menschen weiter zu. Heute leben schätzungsweise 8,5 Mrd. Menschen auf dem Planeten. Trifft es also zu – wie Samuel Rutz und Gerhard Schwarz vom unternehmensnahen Think Tank Avenir Suisse (2013) suggerieren –, dass nur ein wirtschaftliches Wachstum den technischen Fortschritt garantiert? Diese These ist schlichtweg absurd: Es gibt genügend Beispiele, die zeigen, dass Achtsamkeit und damit Sparsamkeit im Umgang mit Rohstoffen oder mit Energie zu wesentlich mehr Innovation führen als Konsumismus. Wie etwa das Beispiel der Obsoleszenz zeigt, zerstört zu viel Wirtschaftswachstum nicht nur die Umwelt, sondern auch den wirtschaftlichen und technischen Fortschritt. Völlig verquer ist die Aussage von Rutz und Schwarz (2013), wonach einzig massives Wachstum künftige Generationen entlasten und „sich aus der Schuld gegenüber den künftigen Generationen … befreien" könne. Das Dilemma liegt darin, dass nur durch ein nicht-lineares, also exponentielles Wachstum überhaupt der heutige materielle Standard aufrechterhalten werden kann. Ein solches Wachstum geht jedoch immer auf Kosten der Umwelt, der Ressour-

1.5 Der Mythos des unbegrenzten Wirtschaftswachstums

cen und letztlich der Menschheit und zerstört damit gleichzeitig seine eigene Grundlage. So müssten etwa die Pensionskassen eine Rendite von 4,5 % erreichen, um den aktuellen Umwandlungssatz von 6,8 % finanzieren zu können (vgl. Seidl und Zahrnt 2013). Zwischen 2006 und 2011 lag jedoch die Rendite unter 1,7 %. Und solch hohen Renditen wären allenfalls – nominell – bei hoher Inflation zu erreichen, doch ändert dies nichts daran, dass eine **reale** Rendite in dieser Höhe zumindest aus heutiger Sicht kaum realistisch erscheint. Seidl und Zahrnt (2013) folgern denn auch zu Recht: „Hier wie in anderen Bereichen hat die Politik zwei Möglichkeiten: Wachstum fördern oder das System so umzubauen, dass es unabhängig von Wachstum wird".

Zunehmend wird auch klar, dass die wohl längste wirtschaftliche Aufschwungphase der menschlichen Geschichte, nämlich die Phase von 1945 bis 1970, nicht wie damals geglaubt, die Norm darstellt, sondern eher die Ausnahme.

Bereits die Krise von 1974/75, die unter anderem – aber nicht nur – mit der Erdölverknappung zusammenhing, ließ erkennen, dass die ökonomischen und ökologischen Voraussetzungen für ein grenzenloses und andauerndes Wachstum nicht gegeben sind.

Insbesondere in den „reifen" Volkswirtschaften Europas und Nordamerikas hat sich das Wachstum schon seit längerem deutlich verlangsamt – es liegt teilweise unter 1 %. Noch 2000 hielt der Europäische Rat in seiner Lissabon-Strategie „eine durchschnittliche wirtschaftliche Wachstumsrate von etwa drei Prozent … für die kommenden Jahre" (zitiert nach Miegel 2010, S. 63) für durchaus realistisch. Und 2004 erklärte sich der Deutsche Gewerkschaftsbund bereit, „ein jährliches, stetiges und nachhaltiges Wachstum von drei Prozent" zu unterstützen (zitiert nach Miegel 2010, S. 63). Und etwa zur gleichen Zeit wollten die schweizerischen Gewerkschaften die defizitäre Arbeitslosenversicherung in erster Linie über das Wirtschaftswachstum sanieren. Man muss sich bewusst sein: Eine jährliche Wachstumsrate von 2,5 bis 3,5 % führt zu einer Verdoppelung des Bruttoinlandsprodukts alle 20 bis 20 Jahre. Um die materiellen Ansprüche der Entwicklungsländer zu befriedigen, wäre – so Marco Morosini (2012) – nicht ein einfaches lineares Wachstum oder gar ein abnehmendes Wirtschaftswachstum wie in vielen entwickelten Ländern erforderlich, sondern „ein exponentielles Wachstum, das heißt Wachstum des Wachstums. Für immer!"

Spätestens seit Beginn der Wirtschaftskrise 2008 ist man diesbezüglich – zumindest in den westlichen Industrieländern – sehr viel skeptischer geworden.

Noch 2011 befanden sich Länder wie China, Indien, Brasilien und einige weitere Länder Asiens und Afrikas auf einem starken Wachstumskurs, der noch geraume Zeit anhalten dürfte – zumindest bis die große Mehrheit ihrer Bevölkerungen einen gewissen Lebensstandard erreicht haben wird. Zu dieser Mehrheit gehören – je nach Rechnung – allein in China gegen 1 Milliarde Menschen und in Indien über 500 Mio. Menschen. So hatte das Wachstum in China und Indien während der Finanzkrise 2008/2009 zwar abgenommen, aber nie stagniert. In Brasilien schrumpfte das Bruttoinlandsprodukt zwar, aber bereits 2010 wies das Wachstum genau wie in China und Indien wieder steil nach oben. 2009 betrug das Wachstum des Bruttoinlandsprodukts in China 8,7 %, im ersten Quartal 2010 sogar 11,9 % (Neue Züricher Zeitung vom 28.4.2010a, S. 31). In Indien betrug das Wachstum Ende März 2010 7,2 % (Neue Zürcher Zeitung vom 28.4.2010b, S. 31). In Brasilien wuchs das Bruttoinlandsprodukt – nach einem Rückgang des BIP in den vorhergehenden drei Quartalen – im vierten Quartal 2009 um 2 %, und die Schätzungen für das 1. Quartal 2010 lagen bei 7–8 % (Neue Zürcher Zeitung vom 28.4.2010c, S. 31). Diese Zahlen zeigen das nach wie vor bestehende große Wachstumspotenzial in den BIC-Ländern Brasilien, Indien und China. Allerdings schwächte sich 2014 das Wachstum in einer Reihe von „emerging states" ab.

Ralf Dahrendorf (1992, S. 211) schrieb zum Wachstum der 1980er-Jahre: „Die Wachstumsgeschichte der achtziger Jahre verlief durchaus nicht linear. Das Jahrzehnt begann für viele mit einem tiefen Tal. Erst nach 1982 lässt sich in der ganzen OECD-Welt von einer Hochkonjunktur sprechen. Gegen Ende des Jahrzehnts, vor allem in den Jahren 1988 und 1989, erreichte diese schwindelnde Höhen. So ergibt sich ein Durchschnittswert, der in den meisten Ländern bei drei Prozent Wachstum des Bruttosozialprodukts pro Jahr liegt. Das bezeichnet enorme Zahlen, wenn man bedenkt, dass es sich um Prozentsätze einer Gesamtheit handelt, die viermal so groß war wie ihre Entsprechung im Jahre 1950. Übersetzt man prozentuales Wachstum zurück in die Menge zusätzlicher Güter und Dienstleistungen pro Jahr, dann ist diese in den achtziger Jahren zumeist stärker gestiegen als in den fünfziger und sechziger Jahren. Die achtziger Jahre waren ein Jahrzehnt des Wirtschaftswachstums".

Wenn man bedenkt, dass die 1980er-Jahre in der Entwicklungszusammenarbeit immer wieder als verlorenes Jahrzehnt bezeichnet wurde, kann man abschätzen, wie grundlegend sich sie Situation in den Schwellenländern China, Brasilien, Indien und Südafrika im 1. Jahrzehnt des 21. Jahrhundert geändert hat.

Doch das hat auch Schattenseiten, wie sich etwa heute in China, aber auch in Brasilien und in anderen Ländern zeigt. Seidl und Zahrndt (2010, S. 30) haben zu Recht auf die Übernutzung ökologischer Systeme und Ressourcenbestände hingewiesen. Doch statt Umwelt- und Nachhaltigkeitsziele durchzusetzen, werden diese dem Ziel des Wirtschaftswachstums geopfert. Das hat etwa in China dazu geführt, dass aufgrund der desolaten Umweltsituation in ihrem Land Millionen von Chinesen der Mittelschicht ins Ausland auswandern möchten. Seidl und Zahrnt (2010, S. 30) ziehen das folgende ernüchternde Fazit: „Zahlreiche Untersuchungen zeigen, dass sich die Hoffnung nicht realisiert hat, ein wachsendes Bruttoinlandprodukt … könne dank Effizienzstrategien von zunehmendem Ressourcenverbrauch und Umweltbelastung absolut entkoppelt werden… Zwar hat in vielen Ländern und bei einzelnen Umweltproblemen eine relative Entkoppelung (geringerer Ressourceneinsatz pro Einheit des BIP) stattgefunden, diese wurde aber meist durch Wachstums- und so genannte Reboundeffekte überkompensiert. Ein direkter Reboundeffekt liegt dann vor, wenn die gesteigerte Energie- oder Ressourceneffizienz bewirkt, dass dasselbe Produkt oder dieselbe Dienstleistung stärker nachgefragt wird, sodass die möglichen Einsparpotenziale nicht oder nur teilweise realisiert werden".

In den letzten 10 Jahren ist die Umweltpolitik zunehmend zu einer Ressourcenpolitik geworden. Eine integrierte Ressourcenpolitik befasst sich mit Rohstoffen, Wasser, Luft,

Boden und biologischer Vielfalt. In die Ressourcenpolitik hinein spielen Fragen der Energieversorgung, des Baugewerbes, der Industriepolitik, der Ernährung und Landwirtschaft sowie des Konsumverhaltens (vgl. Hofmann 2013). Wenn man den Bedarf für die Aufrechterhaltung eines bestimmten Lebensstandards erforderlichen Ressourcen zusammenrechnet, kommt man zu einem so genannten ökologischen Fußabdruck. Dieser drückt den Ressourcenbedarf in Anzahl Quadratmeter aus, welche pro Einwohner benötigt werden. So beträgt der ökologische Fußabdruck für einen Schweizer oder eine Schweizerin 5 ha. Diese Fläche an Festland und Meer wird benötigt, um das Bedürfnis nach Nahrung, Atemluft, Verbrauchsgüter und Abfälle aufzunehmen. Während sich etwa der ökologische Fußabdruck der Schweizerinnen und Schweizer zwischen 1961 und 2005 von 4 auf 5 ha pro Person erhöhte, sank im gleichen Zeitraum die Biokapazität der Welt von ca. 3,75 ha pro Person auf knapp 2 ha (vgl. Hofmann 2013). Im Jahr 2013 standen pro Mensch auf der Erde nur mehr 1,8 ha zur Verfügung (vgl. Hofmann 2013).

Aus diesem Grund hat die Grüne Partei der Schweiz eine Initiative lanciert, wonach der ökologische Fußabdruck der schweizerischen Bevölkerung bis 2050 soweit reduziert werden soll, „dass er auf die Weltbevölkerung hochgerechnet eine Erde nicht überschreitet" (Hofmann 2013). Dass dieses ehrgeizige Ziel nicht ohne staatliche Regelungsmaßnahmen erreicht werden kann, leuchtet ein.

Während zwar ein Teil der stattgefundenen wirtschaftlichen Aufschwungphasen auf der wachsenden Nachfrage großer Bevölkerungsgruppen in Lateinamerika und Asien sowie teilweise in Afrika basierte, beruhte ein mindestens ebenso großer Teil der Nachfrage während den Boomphasen auf der Erzeugung neuer Bedürfnisse in den reichen Ländern und in den Oberschichten der ärmeren Länder. So konnten etwa für elektronische Medien, Tourismus und Zweitwohnungsbau neue Käuferschichten und damit neue Nachfragegruppen gefunden werden. Doch wie gerade die Finanz- und Wirtschaftskrise 2008/2009 zeigte, beruhte ein großer Teil dieser Nachfrage auf Krediten, also auf wachsender Verschuldung, und brach schnell und massiv ein, als sich die wirtschaftliche Situation verschlechterte.

Die Wahrscheinlichkeit sich abfolgender ökonomischer Blasen und damit verbundener größerer und kleinerer Krisen mit teilweise massiven Nachfrageeinbrüchen und Vernichtung von Vermögen ist zweifellos deutlich größer als ein langfristiges und nachhaltiges Wachstum. Dies schon deshalb, weil sich die Vermögen in immer weniger Händen konzentrieren, was ein breites Nachfragewachstum immer unwahrscheinlicher macht.

Einzig eine systematische Umverteilung der Vermögen von oben nach unten könnte das Bild teilweise ändern. Aber selbst dann dürfte sich das Nachfragewachstum längerfristig sukzessive abschwächen. Kommt es hingegen zu keiner Reichtumsumverteilung, dann dürfte das (Nachfrage-)Wachstum schon sehr bald ausgeträumt sein – vielleicht abgesehen von einem kleinen Luxussegment.

Seidl und Zahrnt (2010, S. 31 ff.) nennen folgende Gründe, warum das Wachstumsparadigma überholt ist und kaum mehr als realistische Perspektive angesehen werden kann:

- Nach Erreichen eines bestimmten Produktionsvolumens nehmen Wohlstand, Wohlergehen, Zufriedenheit und Glück nicht mehr weiter zu. Die Schwelle liegt etwa bei der Hälfte des heutigen Pro-Kopf-Einkommens der reichen Industrieländer.
- Ab einem bestimmten Pro-Kopf-Einkommen trägt Wirtschaftswachstum kaum mehr zu einem hohen Beschäftigungsniveau bei.
- Wirtschaftswachstum trug in den letzten Jahrzehnten kaum mehr zum sozialen Ausgleich bei – im Gegenteil: in den letzten Jahrzehnten ist die Schere zwischen Arm und Reich in vielen Ländern immer größer geworden.
- Durch den propagierten oder erzwungenen Abbau der Staatsverschuldung (vgl. Eurokrise!) geht häufig – wie in Griechenland oder Portugal ab 2011– die Nachfrage und damit auch das Wirtschaftsvolumen zurück.
- In immer mehr Märkten erreicht das Wirtschaftswachstum eine Sättigungsgrenze, weil ja der Konsum aufgrund der vorhandenen wirtschaftlichen Ressourcen der Konsumentinnen und Konsumenten, aber auch infolge der weitgehend gedeckten Bedürfnisse stagniert. Das Gleiche gilt auch für den Investitionsgüterbereich.
- Immer häufiger ist ein Wirtschaftswachstum nur noch durch massive staatliche oder monetäre Eingriffe möglich – etwa in Form von überdimensionierten Infrastrukturprojekten, künstlicher Ankurbelung der Nachfrage und allgemein durch „Deficit Spending". Mittelfristig wird dies auch für die Schwellenländer der Fall sein, wodurch sich die Konkurrenz unter den Exportländern verschärfen wird.
- Aufgrund der demografischen Entwicklung in vielen hoch entwickelten Ländern wie Japan, in vielen Ländern Westeuropas und teilweise Lateinamerikas wird die Bevölkerungszahl mittelfristig stagnieren oder gar abnehmen, was sich längerfristig wachstumshemmend auswirken wird – selbst wenn man von einem kurzfristigen Wachstumsschub im Alters-, Pflege- und Gesundheitsbereich ausgeht.

Offenbar ist diese Sichtweise bei den Politikern noch nicht angekommen: So postulierte die schwarz-gelbe Regierungskoalition in Berlin in ihrem Koalitionsvertrag Steuersenkungen bei gleich bleibenden oder gar höheren Leistungen, was nur durch ein massives und lang dauerndes Wirtschaftswachstum zu erreichen wäre – wenn überhaupt. Kritiker haben ausgerechnet, dass dafür ein Wirtschaftswachstum von 9 % erforderlich wäre! In der Schweiz erhoffen sich die Linksparteien einen Abbau des wachsenden Defizits der Arbeitslosenversicherung ALV ohne Leistungsabbau durch entsprechendes Wirtschaftswachstum.

Wie bereits angesprochen, steht eine langfristig expandierende wirtschaftliche Produktion auch im Gegensatz zur Bevölkerungsentwicklung in einem Teil der Welt: Viele hochproduktive Industrieländer – wie etwa Japan und etliche europäische Länder – weisen bereits heute ein negatives Bevölkerungswachstum auf. Es ist anzunehmen, dass auch die Länder des Südens irgendwann in der Zukunft mit einem Bevölkerungsrückgang konfrontiert sein werden. Wenn man davon ausgeht, dass die Volkswirtschaft die Bedürfnisse der Bevölkerung zu befriedigen hat, dann ist es naheliegend, davon auszugehen, dass sich längerfristig auch die Nachfrage und damit die Wirtschaftsproduktion an die abnehmen-

1.5 Der Mythos des unbegrenzten Wirtschaftswachstums

den Bevölkerungszahlen anpassen und entsprechend zurückgehen werden. Natürlich kann und wird das je nach Land und bestehendem Nachholbedarf früher oder später geschehen.

Das bedeutet, dass sich mittel- und langfristig die Verlagerung der Produktion in die aufstrebenden Volkswirtschaften noch verstärken und das Wirtschaftswachstum in den hoch entwickelten Ländern Nordamerikas und Europas eher stagnieren oder sogar in einzelnen Fällen unter null sinken dürfte.

Auf eine weitere Problematik des aktuellen Wirtschaftssystems hat André Gorz (2009, S. 18) hingewiesen: In den letzten Jahren hat die Arbeitsproduktivität laufend zugenommen. Das bedeutet, dass die Arbeitskosten pro Produkteinheit immer weiter gesunken sind und weiter sinken. „Doch je stärker die Arbeitsmenge für eine gegebene Produktion abnimmt, um so stärker muss der vom Arbeiter – seiner Produktivität – erzeugte Wert steigern, damit die realisierbare Profitmasse nicht abnimmt. Wir haben das offenkundige Paradox, dass die Produktivität, je stärker sie zunimmt, noch weiter zunehmen muss, damit vermieden wird, dass das Profitvolumen abnimmt. Daher besteht die Tendenz, dass der Wettlauf um die Produktivität sich beschleunigt, dass die beschäftigte Belegschaft reduziert wird, der Druck auf das Personal wächst, das Niveau und die Masse der Löhne sinken. Das System bewegt sich auf eine innere Grenze zu, an der die Produktion und die Investition in die Produktion nicht mehr rentabel genug sind" (Gorz 2009, S. 18). Wenn man sich die zunehmende Flucht von Kapital in risikoreiche Finanzprodukte vor Augen hält, die übrigens zu einem wesentlichen Teil schuld am enormen Ausmaß der Finanzkrise 2008/2009 war, dann scheint einiges für Gorz' These zu sprechen. Gorz (2009, S. 18) schreibt dazu: „In China, auf den Philippinen und im Sudan bezeugen die Zahlen, dass diese Grenze erreicht ist. Die produktive Akkumulation von produktivem Kapital geht unaufhörlich zurück. In den Vereinigten Staaten verfügen die fünfhundert Firmen des Standard & Poor-Index über 631 Mrd. flüssiger Reserven; die Hälfte der Gewinne der amerikanischen Unternehmen wird mit Operationen auf den Finanzmärkten erzielt. In Frankreich nimmt die Produktive Investition der Unternehmen CAC 40 (der französische Leitindex der 40 führenden Aktiengesellschaften) auch dann nicht zu, wenn ihre Gewinne explodieren" (Gorz 2009, S. 18).

Gorz (2009, S. 79) ist der Meinung, dass die aktuelle Entwicklung darauf hinweist, welche Richtung wir einschlagen müssen: Er fordert uns auf, „uns vorzustellen, wie wir besser leben können, indem wir weniger und anders konsumieren und arbeiten". Dabei müsse die Warenproduktion sinken, weil sie zu sehr an menschlicher Arbeit spart. Da wirtschaftlich nur diejenige Arbeit sei, welche das Kapital vermehre, stoße hier das kapitalistische System an seinen Grenzen. Dabei gibt es immer mehr schlecht bezahlte Jobs im Dienstleistungsbereich: „In den Vereinigten Staaten, die oft als Vorbild genannt werden, arbeiten 55 % der erwerbstätigen Bevölkerung in diesem Sektor: als Kellner/Kellnerinnen, Verkäufer/Verkäuferinnen, Putzfrauen und -männer, Hausangestellte, Hausmeister, Kindermädchen usw. Die Hälfte von ihnen geht prekären Beschäftigungen nach, ein Viertel sind working poors" (Gorz 2009, S. 80).

Oder eine andere Zahl: 25 % der Weltwirtschaftstätigkeit wird von 200 transnationalen Konzernen erbracht, die lediglich 0,75 % der Weltbevölkerung beschäftigen (vgl. Gorz 2009, S. 81).

Radkau (2010, S. 46) ist zweifellos zuzustimmen, wenn er meint, dass wenig Hoffnung besteht, dass sich das Wachstumsdilemma der Wirtschaft von selbst löst.

Welche Folgerungen ergeben sich aus dem Gesagten? Zum einen, dass es höchste Zeit ist, sich vom wirtschaftlichen Wachstumsmythos zu verabschieden, und sich stattdessen auf eine nachhaltige produktive Stabilität einzustellen, kurz gesagt: **Nullwachstum oder ein sehr geringes Wachstum mit Umverteilung.** Zum anderen sind **wirtschaftliche Steuerungsinstrumente** zu schaffen, die es ermöglichen, **je nach Bedarf auf Wirtschaftswachstum oder auf Verringerung der Wirtschaftsleistung umzustellen.** Drittens wird sich der **Verteilungskampf um die Rohstoffe des Planeten** zwischen den aufstrebenden Volkswirtschaften Chinas, Indiens und Brasiliens auf der einen Seite und der reifen Volkswirtschaften Nordamerikas und Europas weiter verschärfen. Wenn auch nicht zu hoffen ist, dass dies zu interkontinentalen Kriegen um die Rohstoffe oder Wasser führen wird, so werden doch die Spannungen zwischen den großen Wirtschafts- und Währungsblöcken zweifellos zunehmen. Dabei „ist es wichtig, Nachhaltigkeit nicht als glatte Harmonieformel zahnlos zu machen. Stattdessen müssen die Probleme und Auseinandersetzungen, die mit einer Politik der Langfristigkeit, des Ausgleichs zwischen Generation und Nationen und der Respektierung ökologischer Grenzen verbunden sind, klar benannt und öffentlich diskutiert werden" (Radkau 2010, S. 46).

Eine immer stärker verbreitete Methode, die Nachfrage nach Konsumgütern künstlich zu erhöhen, ist die so genannte geplante Obsoleszenz. Im September 2012 wurde im Nationalrat – also der großen Kammer des eidgenössischen Parlaments – ein Antrag der grünen Waadtländer Politikerin Adèle Thorens Goumaz über das Problem der „geplanten Obsoleszenz" behandelt. „Das ist eine Strategie zur Erhaltung der Nachfrage, indem die Lebensdauer der Produkte gezielt auf einen vorzeitigen Verschleiss hin hergestellt werden", erklärte die grüne Politikerin (vgl. Moneta 2012, S. 8). Es ist historisch belegt, dass nach dem Ersten Weltkrieg Glühbirnenproduzenten wie Philips, Osram und General Electric beschlossen, die Lebensdauer von Glühbirnen auf 1000 Brennstunden zu beschränken, und dies, obwohl Edisons erste Glühbirnen im Jahr 1881 bereits mehr als 1500 h hielten (vgl. Moneta 2012, S. 8). In der DDR brannten die Glühbirnen im Schnitt 2500 h und in China sogar 5000 h (vgl. Reuss und Dannoritzer 2013, S. 23). 1953 wurde der US-Hersteller General Electric in einem elfjährigen Prozess wegen illegaler Preisabsprachen verurteilt, und gleichzeitig verbot das Gericht auch künstlich reduzierte Lebensdauern für Produkte („planned obsolescence"). Doch das nützte nicht viel. So entwickelte der Chemiekonzern DuPont Feinstrumpfhosen, deren Kunststoffmischung nachträglich abgeändert wurde, damit die Konsumentinnen häufiger Strumpfhosen kaufen mussten (vgl. Moneta 2012, S. 8). Doch es gibt auch viele neuere Beispiele. So baute etwa Epson einen Chip im Gerät ein, der das Gerät nach einer bestimmten Zahl Druckvorgänge lahm legte – und eine Reparatur war entweder nicht möglich oder zu teuer (vgl. Moneta 2012, S. 8). In den 1980er-Jahren kursierten Gerüchte, dass bestimmte Autohersteller gezielt den Aus-

1.5 Der Mythos des unbegrenzten Wirtschaftswachstums

puff verschlechterten, um die Lebensdauer zu verringern. Andreas Lorenz-Meyer (2013) zählte folgende Beispiele künstlicher Qualitäts-Verschlechterung oder gezielt erschwerter Reparaturmöglichkeiten von Produkten an:

- Verklebung von eingebauten Komponenten oder des Gehäuses bei Laptops, um eine Reparatur zu erschweren oder zu verunmöglichen.
- Federungen von Ein/Aus-Schaltern bei Computern oder Monitoren aus Plastik statt aus Metall, was zu vorzeitiger Materialermüdung führt.
- Schwache Verbindungsstellen zwischen Kopfhörerkabeln und Steckern, wodurch es rasch zu Brüchen des Kabels kommt.
- Statt Metallzahnräder weiche Kunststoffzahnräder im Schneckengetriebe von Handmixern, die schnell kaputt gehen.
- Schlechte Qualität von Schuhsohlen oder des Leims von Schuhsohlen, damit diese schneller defekt sind.

Mit Sicherheit gibt es eine Unmenge weiterer Beispiele, die nur nicht publik wurden. Man kann sich vorstellen, welche enormen volkswirtschaftlichen und insbesondere auch ökologischen Schäden durch solche Praktiken entstehen.

> **Fallbeispiel: Geplante Obsoleszenz an Wanderschuhen**
>
> Vor ein paar Jahren kaufte ich ein Paar Marken-Wanderschuhe. Obwohl ich sie wenig trug, löste sich am gleichen Tag zuerst die vordere Hälfte der Schuhsole am rechten Schuh und 10 min später die vordere Hälfte der Schuhsole am linken Schuh, genau an der gleichen Stelle. Abgesehen davon waren die Schuhe völlig in Ordnung. Ein Produktionsfehler an zwei Schuhen ist doch eher unwahrscheinlich, und die Gleichzeitigkeit der Ablösung deutet darauf hin, dass die zeitliche „Laufzeit" der Schuhe genau geplant war – z. B. durch eine zeitlich begrenzte Klebefähigkeit des Leims.

Eine andere Form von Obsoleszenz ist die massiv gewachsene Bereitschaft, Dinge einfach wegzuschmeißen: Von Einwegrasierklingen (seit 1891!) über Wegwerfgeschirr, Wegwerffeuerzeuge bis hin zu Einwegkameras und Wegwerfhandys ist der Verschleiß unermesslich. So schrieb bereits 1928 das amerikanische Webemagazin „Printers' Ink": „Ein Artikel, der nicht verschleißt, ist eine Tragödie fürs Geschäft" (zitiert nach Reuss und Dannoritzer 2013, S. 29). Etwas überspitzt gesagt: Viele Unternehmen leben davon, dass bisherige **Gebrauchsgüter** – die in der Regel langjährig genutzt werden können – zu **Verbrauchsgütern** gemacht werden, damit sie möglichst bald ersetzt werden. Genau hier führt sich das kapitalistische System ad absurdum, und es wird letzten Endes fortschrittshemmend.

In der 1930er-Krise gab es sogar Ideen zur Überwindung der Depression, alle Produkte mit einem staatlichen Verfallsdatum zu versehen, und alle, die dieses länger benutzten, mit Bußen oder Gefängnis zu bestrafen (vgl. Reuss und Dannoritzer 2013, S. 40 f.)! Die moderne Wirtschaft hat dieses Ziel sehr viel effizienter und subtiler erreicht: Wenn zu jedem Kleidungsstück eine farblich passende Swatch-Uhr gekauft wird, oder wenn jede/r speziell zum Outfit passende Sonnenbrillen benutzt, schnellt deren Verkauf massiv in die Höhe.

Vance Packard hat drei Arten von Obsoleszenz umschrieben (vgl. Reuss und Dannoritzer 2013, S. 47):

Erstens funktionelle Obsoleszenz Diese besteht, wenn ein neues Produkt mehr leistet oder seine Funktion besser erfüllt als das bisherige Produkt. Diese Art von Obsoleszenz macht oft – aber nicht immer – Sinn: etwa bei leistungsfähigeren medizinischen Geräten. Doch ist dies nicht immer der Fall: Wenn etwa die Computer-Industrie immer leistungsfähigere PCs oder Notebooks produziert, die mit neuen Betriebssystemen versehen sind, auf denen bisherige Programme nicht mehr laufen, nur um größere Datenmengen – z. B. von Computerspielen – verarbeiten zu können, ist dies für all jene Nutzer/innen, die keine PC-Spiele konsumieren, sinnlos. Dadurch, dass es der Industrie gelingt, immer höhere Standards (Leistung der Prozessoren, Grafikkarten, Speicherkapazität usw.) zu implementieren, erfolgt ein ungeheurer Verschleiß. Wer nur einige Briefe mit dem Textverarbeitungsprogramm schreiben will, braucht 90 % der Funktionen moderner Textverarbeitungssoftware nicht.

Zweitens qualitative Obsoleszenz Diese Art von Obsoleszenz führt dazu, dass ein Produkt nach einem bestimmten, geplanten Zeitpunkt versagt – z. B. ein Drucker, der nach einer bestimmten Anzahl gedruckter Seiten blockiert wird, obwohl nichts defekt ist, nur weil ein Chip im Gerät oder in der Tintenpatrone die Blockade künstlich veranlasst.

Drittens psychologische Obsoleszenz Diese raffinierteste Form von Obsoleszenz bringt Konsumentinnen und Konsumenten dazu, zu glauben, dass ein qualitativ immer noch funktionsfähiges und optimales Produkt als überholt erscheint – etwa weil es den aktuellen modischen Vorstellungen (Design!) nicht mehr entspricht. Wenn ich etwa zum Telefonieren immer noch ein Mobiltelefon der zweiten Generation benutze, obwohl die neueste Generation von Smart- oder iPhones wesentlich mehr kann – und ich mich scheue, in der Öffentlichkeit mit meinem veralteten Handy zu telefonieren, dann ist das psychologische Obsoleszenz.

Psychologische Obsoleszenz („obsolescence of desiderability"; vgl. Reuss und Dannoritzer 2013, S. 56) weckt die Bereitschaft bei den Konsumierenden, ein erworbenes (und funktionierendes) Produkt durch ein neues zu ersetzen. Damit befinden wir uns im Bereich des Marketings, das bezweckt, Kundinnen und Kunden psychologisch so zu beeinflussen, dass sie ein neu angebotenes Produkt als so lebensnotwendig ansehen, dass sie sein noch voll funktionierendes Vorgängermodell wegzuwerfen.

Eine grundsätzliche Frage – die aber oft gar nicht mehr gestellt wird – besteht darin, ob ein nach kapitalistischen Prinzipien oder nach marktwirtschaftlichen Regeln funktionierendes Wirtschaftssystem überhaupt ohne Wachstum bestehen und überleben kann.

1.5 Der Mythos des unbegrenzten Wirtschaftswachstums

So schrieb etwa Ulrike Herrmann (2015, S. 3): „Wenn man Wachstum verhindert, wäre der Kapitalismus zwar beendet, aber das Ergebnis wäre nicht jene ökologische Kreislaufwirtschaft, die sich Umweltschützer erhoffen. Es wäre eine Wirtschaft im freien Fall, die Panik erzeugt. Die Menschen erschüttert es zutiefst, wenn sie ihren Arbeitsplatz und ihr Einkommen verlieren. Alle großen Wirtschaftskrisen waren ungemein gefährlich – auch für die Demokratie".

Doch wäre es nicht überlegenswert, das globale kapitalistische Wirtschaftssystem sozusagen in zwei Bereiche aufzuteilen: In einen nachhaltigen Wirtschaftsraum, der unseren gesamten Planeten umfasst, und der ohne oder mit einem sehr geringen Wachstum funktioniert, und in einen außerplanetaren Raum, wo ein unbegrenztes Wachstum – etwa in Form von Abbau von Rohstoffen – möglich oder gar erwünscht ist? Auf nicht bewohnten Himmelskörpern wie anderen Planeten, Kometen oder Asteroiden kann eine Verschleißwirtschaft wohl kaum schaden.

Es gibt keinen Grund, warum gewisse Wirtschaftsräume oder Bereiche nicht dem Wirtschaftswachstum entzogen werden könnten, während sich andere durchaus für eine – allenfalls sogar exzessive Wachstumswirtschaft – eignen. Zweifellos hat Herrmann (2015, S. 3) recht, wenn sie feststellt: „Es ist ein Dilemma: Ohne Wachstum geht es nicht, komplett grünes Wachstum gibt es nicht, und normales Wachstum führt unausweichlich in die ökologische Katastrophe". Doch könnte eine Unterteilung in verschieden funktionierende Wirtschaftsräume möglicherweise aus diesem Dilemma heraushelfen.

Auf unserem Planeten sollten die Marktwirtschaft und damit die wirtschaftliche Produktion auf folgende drei Kriterien ausgerichtet sein:

Grundsätzlich sollten nur Produkte – und Dienstleistungen – hergestellt werden, die folgende Kriterien erfüllen:

a. Nachhaltige Befriedigung der Grundbedürfnisse (gesunde Nahrung, erneuerbare Energie, angemessene – nicht ausufernde – Mobilität, fundierte Bildung, umweltschonende Informationstechnologie usw.);
b. Herstellung aus erneuerbaren und umweltfreundlichen Rohstoffen (Holz, erneuerbare Energien usw.);
c. Vermeidung von Umwelt- oder Gesundheitsschäden bei Gebrauch und Entsorgung (Lärm, Wasserverschmutzung, Luftverschmutzung, nicht abbaubare feste oder flüssige Abfälle, Elektrosmog, radioaktiv verstrahlte Abfälle usw.).

Doch was bedeutet Nachhaltigkeit in der Ökonomie?

Nach Meinung von Michael Müller (2009, S. 13) ist Nachhaltigkeit in erster Linie „Zeitpolitik" aus der Sicht der Allgemeinheit und des Gemeinwohls. Das bedeutet, dass wir „das, was wir heute tun, nach unserem derzeitigen Wissen so auch in 50 oder 100 Jahren zu verantworten wäre" (Müller 2009, S. 13). Dabei stehen zwei Aspekte im Vordergrund:

- Erstens sollten die Grundlagen der Volkswirtschaft gezielt umgebaut werden, damit die industrielle Wertschöpfung Nachhaltigkeitskriterien folgt. Dazu gehören: Effektiver und gleichzeitig schonender Umgang mit Rohstoffen und Energie und Einbezug der Möglichkeiten der Bewahrung ökologischer Gleichgewichte im Naturhaushalt. Energieverluste von bis 90 % (graue Energie!), wie sie in der heutigen Produktion nicht selten sind, sind auf keinen Fall akzeptabel.

- Zweitens eröffnen die Knappheitsproblematik und die anhaltende Umweltzerstörung einen immensen Markt für ressourcen- und energieeffiziente Produkte, sofern diese Reduktion verbrauchter Rohstoffe und Energie nicht einfach durch eine Vervielfachung der konsumierten Produkte kompensiert wird. So wäre etwa anstelle eines rohstofffreichen Mobiltelefons mit zusätzlichem Tablet und Notebook ein einziges rohstoffarmes Gerät denkbar. Heute wächst das Bedürfnis nach integrierten und systematischen Lösungen, welche wiederum rohstoff- und energiesparend sein können. Dazu müsste der Staat auf wirksame Impulse setzen – zum Beispiel durch steuerliche Begünstigung ökologischer Produktionsweisen und Produkte und umgekehrt durch höhere Besteuerung unökologischer Produkte. Nur so können Rahmenbedingungen entstehen, die dazu führen, dass die Wirtschaftsakteure – also Produzenten und Konsumenten – Nachhaltigkeitskriterien in ihren Entscheidungen berücksichtigen.

Dabei sprechen die wirtschaftlichen Grenzkosten für eine dauerhafte Vermeidung hoher Material- und Energieeinsätze und oftmals damit verbundener Folgekosten. Dezentrale Lösungen in kleinen und mittleren Betrieben bieten in der Regel größere Einsparpotenziale als zentrale Formen von Produktion mit entsprechend hohen Transportkosten. Wenn etwa Strom bei den Verbrauchern dezentral – z. B. durch fotovoltaische Solarpanels – hergestellt und der überschüssige Strom gleich an Ort in das Stromnetz eingespeist wird, entfallen die horrenden Transportkosten. So sind heute – wie jeder private Strombezüger selber anhand seiner Stromrechnungen feststellen kann – in der Schweiz die Kosten für die Netznutzung bereits deutlich höher als die effektiven Lieferungskosten von elektrischem Strom.

Trotz langfristiger Verknappung wichtiger Energieträger und trotz Ansteigen der Rohstoffpreise seit der Finanzkrise 2008 bis 2011 reagieren die Konsumierenden erstaunlich indifferent auf das Ansteigen der Strompreise. Eine von der Economiesuisse bei der Konjunkturforschungsstelle der ETH Zürich (KOF) in Auftrag gegebene Studie ergab, dass 2011 die Preiselastizität bei Strom äußerst gering war und ist. Die kurzfristige Preiselastizität, also innerhalb eines Jahres, lag nur gerade bei 0,2 %. Das bedeutet, dass ein Anstieg der Strompreise um 10 % nur gerade einen Rückgang der Nachfrage um 2 % auslöste. Erstaunlicherweise galt dies sowohl für Privatkonsumenten als auch für Unternehmen. Bei Zeiträumen ab zehn Jahren stieg die Preiselastizität bei Privathaushalten auf 0,6 %, bei industriellen Nutzern auf 0,6 bis 1 % (Müller 2011a, S. 23). Diese eher geringe und längerfristig nur leicht zunehmende Preiselastizität erklärt sich vor allem aus zwei Tatsachen: Auf der einen Seite ist die Abhängigkeit von Strom sehr groß, Strom lässt sich – zumindest beim Endverbraucher – nicht oder nur schwierig durch andere Energieformen substituieren. Auf der anderen Seite werden Strom verbrauchende Geräte längerfristig genutzt, d. h. konkrete Stromsparmöglichkeiten stellen sich erst wieder beim Erwerb eines neuen Geräts, etwa einer Spülmaschine, einer Waschmaschine, eines Fernsehers oder eines Computers. Die Studie schließt – offenbar nicht ganz ohne politische Absicht –, dass bei einer Abschaltung aller fünf Atomkraftwerke in der Schweiz der Strompreis um zwei Drittel steigen müsste, um die dabei wegfallenden 40 % Stromproduktion aufzufangen (Müller 2011a, S. 23). Dabei wird allerdings vergessen, dass Atomstrom ja auch durch andere Stromträger substituiert werden kann.

Das Ganze wird zusätzlich durch den so genannten „Rebound-Effekt" kompliziert, der die Tatsache ausdrückt, dass Konsumentinnen und Konsumenten auf größere Effizienz bei der Produktion und auf innovative Angebote häufig mit einer Zunahme des Verbrauchs reagieren. So führte etwa die größere Treibstoffeffizienz der Fahrzeuge zu einer Zunahme der Verkehrsgeschwindigkeit und letztlich auch der Verkehrsdichte (vgl. Binswanger 2012, S. 26). Ein anderes Beispiel für den Rebound-Effekt ist der gleichzeitig mit der besseren Hausdämmung angestiegene Quadratmeter-Bedarf im Wohnbereich (vgl. Binswanger 2012, S. 26). Laut Binswanger könnte dieser Rebound-Effekt durch eine Veränderung der Rahmenbedingungen – etwa durch besondere oder höhere Besteuerung – kompensiert werden.

Allerdings hat Edgar L. Gärtner (2012) nicht ganz zu Unrecht darauf hingewiesen, dass zu starke ökologische Regelungsvorgaben in einen staatlichen Dirigismus oder gar in eine Planwirtschaft kippen können. Etwas polemisch wies der Autor darauf hin, dass überstarke Nachhaltigkeitsregelungen in der Wirtschaft zu einem „aufgewärmten Malthusianismus" führen könnten. Der britische Ökonom Thomas Robert Malthus (1766–1834) stellte die These auf, dass die Produktion von Nahrungsmitteln nur linear wachsen könne, während die Bevölkerung oft exponentiell zunehme, weshalb Hungersnöte vorprogrammiert seien. Deshalb plädierte er für eine strikte Bevölkerungskontrolle. Auch namhafte Ökonomen – so John Maynard Keynes oder das schwedische Entwicklungs-Ökonomen-Ehepaar Alva und Gunnar Myrdal – vertraten infolgedessen eugenische Positionen, d. h. Ansätze zur Vermeidung von lebensunwertem Leben durch Abtreibung, Sterilisationen (wie in Schweden) oder noch rigidere Methoden. So stand Keynes bis kurz vor seinem Tod der britischen Gesellschaft für Eugenik vor (vgl. Gärtner 2012). Zum Glück haben sich die malthusianischen Voraussagen nur in Ausnahmefällen bewahrheitet – meist waren die technischen und wirtschaftlichen Innovationen in der Landwirtschaft und in der Nahrungsmittelindustrie stark genug, um das Bevölkerungswachstum auszugleichen. Doch die Schere zwischen massiv wachsender menschlicher Nachfrage und begrenzter Leistungsfähigkeit unserer Natur besteht nach wie vor, und zwar nicht nur hinsichtlich Nahrungsproduktion, sondern in der gesamten Wirtschaft.

Man kann sich fragen, wie es soweit kommen konnte, dass heute die wirtschaftliche Tätigkeit – also Produktion, Konsum und Entsorgung von Gütern – mehr und mehr die bestehenden Ökosysteme gefährdet. Also Ökosysteme, die seit jeher Voraussetzung und Grundlage des menschlichen Lebens und damit auch sämtlicher wirtschaftlicher Tätigkeiten waren und sind. Eine Antwort liegt darin, dass im marktwirtschaftlichen System – und übrigens früher auch in Planwirtschaften – in den Marktpreisen nicht alle Kosten enthalten sind, die bei der Herstellung, beim Gebrauch bzw. Verbrauch und bei der Entsorgung der

Produkte anfallen. Wenn Fluorkohlenwasserstoffe die Atmosphäre aufheizen, wenn Erdölproduzenten den Boden verseuchen (wie z. B. im Nigerdelta oder in Fracking-Gebieten in Nordamerika), wenn Immissionen aus Autos oder Öl- und Kohleheizungen die Luft verpesten, entstehen Schäden, die entweder gar nicht beseitigt werden, oder deren Beseitigung Dritten auferlegt werden. In keinem dieser Fälle werden die entsprechenden Kosten von den direkten Verursachern, also von den Produzenten oder Konsumente getragen. Diese so genannten **externen Kosten** tauchen in keiner Unternehmensbilanz und in keiner Preiskalkulation auf. Man könnte auch sagen: Im Falle der externen Kosten versagt der Markt. Ökonomisch bedeutet das: „**Von diesen Gütern wird ‚zuviel' produziert und konsumiert, weil sie gemessen an den gesamten Kosten (betriebswirtschaftliche und externe Kosten) zu ‚billig' produziert und verkauft werden**" (Eisenhut 2012, S. 55). Dadurch wird wertvolle Umwelt verbraucht oder gar zerstört. Darum kommt es oft zur Übernutzung der Umwelt.

Aus ökonomischer Sicht können – nach Eisenhut (2006, S. 130) – folgende Forderungen für eine nachhaltige Entwicklung aufgestellt werden:

1. Erneuerbare Ressourcen: Sich selbst erneuernde Ressourcen – wie zum Beispiel Wald, landwirtschaftlicher Boden oder Fischbestände in Gewässern – benötigen genügend Zeit, um sich zu erneuern. Darum ist die Nutzungsrate so zu definieren, dass sie die Regenerationsrate nicht übersteigt.
2. Absorptionsfähigkeit von Ökosystemen: Die Rückführung von festen oder flüssigen Abfällen in die Natur, aber auch Verunreinigungen der Luft sind so gering zu halten, dass die Verschmutzungsrate nicht über der Absorptionsfähigkeit der Umwelt liegt.
3. Ökologische Risiken: Neue technologische Risiken dürfen die Stabilität ökologischer Systeme nicht gefährden. Großrisiken, deren Auswirkungen Nachhaltigkeitspostulate verletzen oder nicht abzuschätzen sind, müssen vermieden werden.
4. Nicht erneuerbare Ressourcen: Der Abbau nicht erneuerbarer Ressourcen geht auf Kosten künftiger Generationen. Die Nutzung nicht erneuerbarer Ressourcen ist nur insoweit akzeptabel, als durch Erhöhung der Ressourcenproduktivität und Substitution ein Rückgang des Verbrauchs realisiert werden kann.
5. Gesundhaltung der Biosysteme und Erhaltung der Artenvielfalt: Umweltzerstörung ist oft mit dem Verlust von Pflanzen und Tieren, also mit einem Verlust der Artenvielfalt verbunden. Der Erhalt der Biosysteme und der Artenvielfalt sind Voraussetzungen für eine nachhaltige Wirtschaft.

Entsprechend könnte man sagen, dass die eigentlich knappen Faktoren nicht die Produktionsfaktoren, also Arbeit, Kapital oder Rohstoffe sind, sondern wie Wielens (2004, S. 51) meint: Klugheit, Besonnenheit und Weisheit. Entsprechend müssten gerade Fragen der Wirtschaft ruhig und gelassen, aber zielorientiert und längerfristig angegangen werden.

Dafür spricht auch das so genannte Easterlin-Paradoxon (vgl. Schwöb et al. 2015, S. 29): Dieses auf den amerikanischen Ökonom zurückgehende Paradox sagt aus, dass zwar einerseits die Zufriedenheit der Menschen mit wachsendem Einkommen zunimmt. Doch der Zuwachs an Zufriedenheit nimmt mit jedem zusätzlichen Einkommen – von sa-

1.5 Der Mythos des unbegrenzten Wirtschaftswachstums

gen wir jeweils Franken oder Euro 100,– ab. Wenn das Bruttoinlandprodukt steigt und das Einkommen aller zunimmt, sind die Menschen jedoch nicht glücklicher als zuvor – was also für einzelne Menschen gilt, trifft nicht für die Gesamtheit der Bevölkerungen zu. Das bedeutet, dass Wirtschaftswachstum per se noch nicht zu größerer Zufriedenheit führt, ganz abgesehen davon, dass der Glückszuwachs bei erhöhtem Einkommen vor allem bei Menschen mit sehr geringem Einkommen festzustellen ist.

Begrenzte Rohstoffe Die Nachhaltigkeit der Wirtschaft, aber auch der einzelnen Unternehmen kann man sehr gut aus dem Umgang mit Rohstoffen und Energie erkennen.

Wenn man die Entwicklung der Rohstoffpreise mit dem Wirtschaftswachstum der einzelnen Perioden vergleicht, erkennt man schnell, dass die Meinung von Meyer (2010, S. 169) durchaus empirisch belegt werden kann, dass eine Entkoppelung von Wachstum und Ressourcenverbrauch möglich ist. Das trifft dann zu, wenn es gelingt – wie Meyer schreibt –, „den Einsatz von Ressourcen pro Einheit des Bruttoinlandsprodukts zu reduzieren". Obwohl der Einwand von Jackson (2009) und anderen Kritikern der Entkoppelungsstrategie im Großen und Ganzen zutrifft, dass anhaltendes Wirtschaftswachstum immer mit einem steigenden Ressourcenverbrauch einherging, so gibt es genügend Gegenbeispiele – etwa von Ländern, die mit einer engagierten Klimapolitik ihren Energieverbrauch auf einem stabilen Niveau halten konnten und trotzdem ein Wirtschaftswachstum aufwiesen (vgl. Meyer 2010, S. 169).

Das zeigt sich sogar in der Schweiz, deren Klimapolitik bis heute eher auf dem Papier steht als in der Realität nachhaltig ist. Trotzdem ist klar, dass auch bei wirtschaftlichem Wachstum der Elektrizitätsverbrauch nicht permanent wachsen muss – sozusagen als unausgesprochenes Naturgesetz. So sank etwa in der Schweiz 2014 der Elektrizitätsverbrauch um 57,5 Mrd. Kilowattstunden (Mrd. kWh) oder um 3,1 % (vgl. Schweizerische Elektrizitätsstatistik 2014, S. 2). Und das trotz einer Zunahme des Bruttoinlandprodukts um 2 % im Jahr 2014 (vgl. Schweizerische Elektrizitätsstatistik 2014, S. 4)! Der gesamte Inlandverbrauch (zuzüglich Übertragungs- und Verteilverluste) lag 2014 in der Schweiz bei 61,8 Mrd. kWh. Dabei stieg die Netto-Stromerzeugung der schweizerischen Kraftwerke – also nach Abzug der durch die Pumpspeicherwerke verbrauchte Strom – im Vergleich zum Vorjahr um 1,9 % auf 67,3 Mrd. kWh. Gleichzeitig lag der mengenmäßige Stromexportüberschuss 2014 mit 5,5 Mrd. kWh um 3,1 Mrd. kWh über dem Vorjahreswert. Damit sind all jene Behauptungen Lügen gestraft, welche von einem Strommangel oder -engpass sprechen. Das stimmt weder von der Produktionsseite noch von der Verbraucherseite her. Selbst wenn man berücksichtigt, dass 2014 die Heizgradtage im Vergleich zu 2013 um 19,9 % abnahmen (vgl. Schweizerische Elektrizitätsstatistik 2014, S. 4) – und in der Schweiz werden 10 % der Stromproduktion für die Heizung verwendet – ging der Endverbrauch von Strom deutlich zurück:

Dabei ist die Abnahme des Stromverbrauchs keine schweizerische Eigenheit. Im Vergleich zu 2013 nahm 2014 der Stromverbrauch in vielen europäischen Ländern ab, so in Österreich, in den Niederlanden, in Belgien, in Norwegen, in Italien, in Schweden, in der

Schweiz, in Deutschland und in Frankreich, und zwar in Bezug auf die Höhe der Abnahme in dieser Reihenfolge (vgl. Schweizerische Elektrizitätsstatistik 2014, S. 7).

Dass Aussagen über eine Stromlücke stark interessengeprägt sind, zeigt etwa die Tatsache, dass im Ständerat – also in der kleinen Parlamentskammer der Schweiz – bis Oktober 2015 11 von 46 Ratsmitgliedern Mitglied der Strom-Lobby-Organisation „Aktion für vernünftige Energiepolitik Schweiz" (Aves) waren, und insgesamt waren 15 Ständeräte direkt oder indirekt mit der Strombranche verbandelt, z. B. über Verwaltungsrats- oder Beratungsmandate (vgl. Schwager 2015, S. 9).

Zusammenfassend lässt sich sagen: Dass der Verbrauch von Rohstoffen in wirtschaftlichen Expansionsphasen meist anstieg, hat eher mit dem mangelnden ökologischen Bewusstsein der damaligen Zeit zu tun als mit einem automatischen Mechanismus.

Doch wie entwickelten sich die Rohstoffe längerfristig? Zwischen 1960 und 2001 entwickelten sich die Rohstoffpreise tendenziell eher nach unten, allerdings in unterschiedlichem Ausmaß und unterbrochen von Phasen steigender Preise, wie Abb. 1.4 zeigt.

Ähnlich sieht die Situation aus, wenn man noch weiter zurück geht und statt die nominalen Preise die realen Preise vergleicht. So stiegen die Rohstoffpreise seit 1934 langfristig nominal kaum, und wenn man die Teuerung abrechnet, gingen die Rohstoffpreise sogar zurück (vgl. Busscher und Churet in Swiss Sustainability Guide 2011, S. 22).

Abgesehen von einem scharfen Einbruch während der Finanzkrise zogen die Rohstoffpreise in den drei Gruppen Brennstoffe – also Erdöl, Erdgas und Kohle –, Metalle – wie z. B. Kupfer, Aluminium und Zink sowie Diamanten – und Agrarrohstoffe – wie z. B. Weizen, Palmöl und Holz – zwischen der Jahrtausendwende und dem Frühjahr 2011 stark an (vgl. Gmür 2013).

Dieser Trend kehrte aber 2011 wieder um: So fielen laut Rohwarenindex des Internationalen Währungsfonds die Rohstoffpreise vom Frühjahr 2011 bis Mitte 2013 um volle 9% (Gmür 2013).

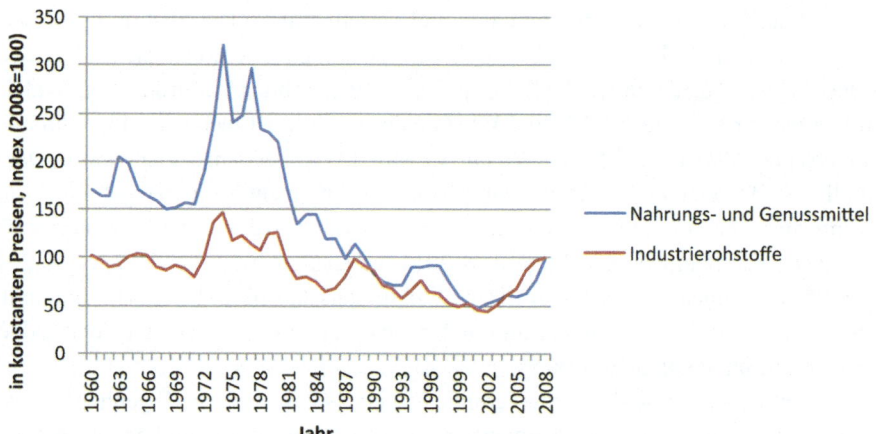

Abb. 1.4 Entwicklung der Rohstoffpreise 1960–2008. (Quellen: Östensson 2009, S. 47, Hamburgisches WeltWirtschaftsInstitut (UHWWI) und eigene Recherchen)

1.5 Der Mythos des unbegrenzten Wirtschaftswachstums

Ähnlich war die Entwicklung bei den Edelmetallpreisen. Zwischen 2005 und 2011 stiegen die Preise von Gold, Silber und Palladium deutlich an. Ab 2011 sanken die Preise von Gold und Silber, während der Preis von Palladium ziemlich stabil blieb (vgl. Neue Zürcher Zeitung vom 18.7.2015, S. 31).

Wenn man diese Entwicklung der Rohstoffpreise mit dem Wirtschaftswachstum der einzelnen Perioden vergleicht, erkennt man schnell, dass die Meinung von Meyer (2010, S 169) durchaus empirisch belegt werden kann, dass eine Entkoppelung von Wachstum und Ressourcenverbrauch möglich ist. Das trifft dann zu, wenn es gelingt – wie Meyer (2010, S. 169) schreibt –, „den Einsatz von Ressourcen pro Einheit des Bruttoinlandsprodukts zu reduzieren". Obwohl der Einwand von Jackson (2009) und anderen Kritikern der Entkoppelungsstrategie im Großen und Ganzen zutrifft, dass anhaltendes Wirtschaftswachstum immer mit einem steigenden Ressourcenverbrauch einherging, so gibt es genügend Gegenbeispiele – etwa von Ländern, die mit einer engagierten Klimapolitik ihren Energieverbrauch auf einem stabilen Niveau halten konnten und trotzdem ein Wirtschaftswachstum aufwiesen (vgl. Meyer 2010, S. 169). Dass der Verbrauch von Rohstoffen in wirtschaftlichen Expansionsphasen meist anstieg, hat eher mit dem mangelnden ökologischen Bewusstsein der damaligen Zeit zu tun als mit einem automatischen Mechanismus.

Den langfristigen realen Fall der Rohstoffpreise seit spätestens 1975 erklären Busscher und Churet (2011, S. 22) wie folgt: In Zeiten kurzfristiger Verknappung von Rohstoffen beginnen drei Mechanismen zu wirken:

1. Infolge der großen Nachfrage wird der häufig verwendete Rohstoff A durch einen anderen Rohstoff B ersetzt (Substitution);
2. Aufgrund des Preisanstiegs werden auch minderwertige Rohstoffvorkommen interessant und der Wiederverwertungsanteil (Recycling) steigt;
3. Es fließt mehr Geld in die Forschung und Entwicklung neuer Technologien, wodurch es zu einer effizienteren Ressourcennutzung und zu einem Sinken der Verarbeitungskosten kommt.

Dadurch sinken langfristig die Nachfrage und damit auch der Preis nach dem Rohstoff A.

Müller (2009, S. 16) wies darauf hin, dass der Rohstoff-Markt nicht von allein nach sozialökologischen Prinzipien funktioniert. Dazu brauche es vier Dinge:

Erstens muss die **Verschwendung von Rohstoffen und Energien**, aber auch der Ausstoß von Emissionen durch einen Mechanismus oder ein Monitoring **sichtbar gemacht** werden. Für die korrekte Zuordnung der Kosten schlägt Müller (2009, S. 16) vor, diese in einer „Charter of Incorporation" sichtbar zu machen, wie das in den USA gefordert werde. Eine solche Charta listet die sozialen und natürlichen Gemeingüter und ihren Wert auf, welche ein Unternehmen in Anspruch nimmt. Gleichzeitig werden darin Pflichten definiert, welche von den Unternehmen zum Schutz der natürlichen und sozialen Gemeingüter zu erfüllen sind. Der Zweck besteht darin, die Unternehmen dazu zu bringen, das

Natur- und Sozialkapital zu erhalten und zu kultivieren. **Zweitens** muss Europa zum **Motor der ökologischen Modernisierung** werden. Nach Meinung von Müller (2009, S. 16) bestehen in keinem anderen Kontinent so gute Ausgangsbedingungen. Deshalb müsse die EU die Initiative ergreifen und an ihre international führende Rolle beim Klimaschutz anknüpfen. Als Maßnahmen sieht Müller (2009, S. 16) eine zielgerichtete Verwendung von CO_2-Einpreisungen für die Entwicklung der ökologischen Märkte und internationale Umweltpartnerschaften. **Drittens** sollen **Raubbau, übermäßige Spekulation und Korruption** in der globalen Wirtschaft durch **gezielte Maßnahmen** eingedämmt werden. Ein Schritt dazu könnte ein Grenzsteuerausgleich für Mehrkosten sein, die aus ökologischen Modernisierungsmaßnahmen entstehen. So wäre denkbar, einen „Klimazoll" zu erheben, um Umweltdumping zu verringern und ökologische Innovationen zu fördern. Außerdem könnte die Tobin-Steuer zumindest auf Termingeschäfte bei Energie, Rohstoffen und Nahrungsmitteln angewendet werden, um Gewinne durch Spekulation abzuschöpfen und die Transparenz von Zahlungsflüssen zu verbessern. **Viertens** brauche es **Reformen der Weltwirtschaft**, um globale nationale Geldordnungen, nationale Sozialstandards, sozialpolitische Anliegen, beschäftigungspolitische Maßnahmen und Umweltpolitik in ein Gleichgewicht zu bringen und kompatibel zu machen. Dabei müsse der Internationale Währungsfonds als Aufsichtsorgan über Schuldner und Gläubiger fungieren. Das Ziel sei „eine neue Weltgeldordnung, die vom Grundsatz der Solidarität aller für alle ausgeht und die Finanzierung der Effizienzrevolution fördert" (Müller 2009, S. 16).

Bereits heute kommt es zu einer zunehmenden Zahl von Konflikten um Rohstoffe, inklusive Wasser. Dabei verteilten sich die wichtigsten Rohstoffe auf der Welt gemäß Abb. 1.5 sehr ungleich.

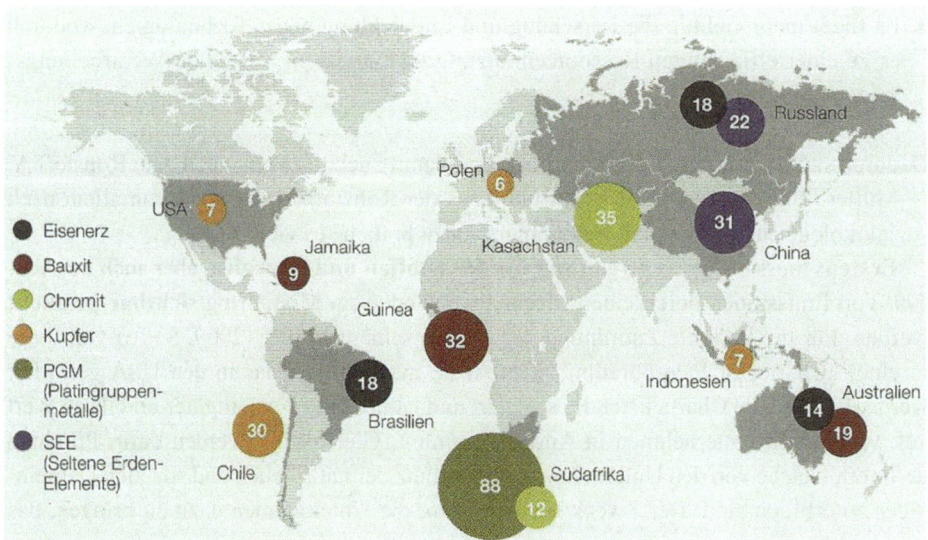

Abb. 1.5 Weltweite Verteilung der Rohstoffreserven. (Quelle: Busscher und Churet 2011, S. 20.)

Ein zentrales Problem der Rohstoffmärkte ist die äußerst ungleiche Verteilung der Rohstoffressourcen: So stammten etwa 2011 von der weltweiten Phosphorproduktion – dem Grundbaustein des für das in der Landwirtschaft dringend benötigte Phosphat – 38 % aus China, 15 % aus den USA und 14 % aus Marokko/Westsahara (vgl. Gmür 2012). Man schätzt jedoch, dass heute 70 % der nutzbaren Phosphatlager der Welt im Raum Marokko und Westsahara liegen. Völlig von Phosphatimporten abhängig sind die europäischen Länder, Indien (27 % der weltweiten Phosphatimporte) und Brasilien (10 % der Phosphatimporte), sowie eine ganze Anzahl kleinerer Länder (vgl. Gmür 2012).

Dazu kommt, dass verschiedene Bio-Rohstoffe als Energieträger und für die industrielle Produktion eingesetzt werden. Damit konkurrieren sie die Nahrungsmittel zunehmend – was gerade für arme Länder sehr problematisch ist (Unterernährung und Hunger).

1.6 Arbeitsmarkt

Menschen sind gezwungen, ihre Arbeitskraft zu verkaufen, um lebensnotwendige Güter und Dienstleistungen zu bekommen. Somit besteht nicht nur ein Markt für Produkte und Dienstleistungen, sondern auch für Arbeit. Wie bei jeder anderen Ware wird auch der Preis der Arbeitskraft durch die kurzfristige Nachfrage bestimmt, aber auch durch die Konkurrenzangebote auf dem Markt und durch das Gesamtvolumen der benötigten Arbeitskraft.

Dabei sollte nicht vergessen werden, dass es nicht für jede Art von Arbeit einen Arbeitsmarkt gibt: Nur wenn auf dem Markt eine Nachfrage nach bestimmter – und bezahlter – Arbeit besteht, entsteht ein Arbeitsmarkt.

Die Nachfrage nach Arbeitskräften richtet sich unter anderem nach dem Preis der Arbeit. Dabei gilt im Allgemeinen – d. h. innerhalb bestimmter Parameter – folgendes Gesetz: Je tiefer der zu zahlende Lohn, desto größer die Nachfrage nach Arbeitskräften durch den Arbeitgeber. Von Seiten der Arbeit Suchenden gilt das umgekehrte Gesetz: Je höher der angebotene Lohn, desto mehr Stellensuchende bieten ihre Arbeit an.

Der Theologe Hans Küng bemerkte einmal über die Verunsicherung von Menschen, welche Arbeit haben, Folgendes: „Sie haben Arbeit, aber keine Vision, Beschäftigung, aber keine Ideale, Reglementierung, aber keine Orientierung" (zitiert nach Wielens 2004, S. 54). Auf der anderen Seite gibt es viele Arbeits- oder besser Erwerbslose, die Visionen haben, aber keine (bezahlte) Arbeit, Ideale, aber keine finanziellen Mittel, um diese zu verwirklichen. Wenn dies auch etwas hart formuliert ist – es besteht zweifellos heute nicht selten das Problem, dass (lohn)arbeitende Menschen ihre Arbeit als wenig visionär und ideell nicht sehr befriedigend erleben, während Arbeitsuchende und Erwerbslose zwar gute Ideen und Visionen hätten, diese aber aufgrund eines fehlenden Jobs kaum einbringen können.

Amartya Sen (2003, S. 43) verweist auf die Unterscheidung von Karl Marx, der zwischen der formalen Freiheit der Arbeiter im Kapitalismus und der realen Unfreiheit der Arbeiter in vorkapitalistischen Produktionsweisen unterschied. Weil vorkapitalistische Produktionsweisen wie etwa der Feudalismus mit einer starken Verschuldung der Bauern einherging, erschien die kapitalistische Produktionsweise mit einem – zumindest formal freien – Arbeitsmarkt als Fortschritt.

Die Arbeitslosigkeit ist je nach Land sehr unterschiedlich hoch, wobei die **Höhe** des durchschnittlichen Stundenlohns bzw. **der Arbeitskosten je Stunde nicht mit** der **Höhe der Arbeitslosigkeit korreliert** (vgl. Bofinger 2007, S. 72).

Der Vorstellung, dass tiefere Löhne zu geringerer Arbeitslosigkeit führen, widerspricht der Ökonom James Galbraith (2012) vehement. In einem Interview sagte er dazu: „Das Konzept der flexiblen Löhne ist eines dieser Ammenmärchen. Was ist mit den Löhnen in der Krise tatsächlich geschehen? Am unteren Ende sind die Löhne in ganz Europa scharf gefallen. Das ergab eine enorme Zunahme von Flexibilität auf dem Arbeitsmarkt. Doch die Arbeitslosigkeit nahm nicht ab, sie nahm zu". Vielmehr entscheidender Faktor für die Höhe der Arbeitslosigkeit sei die Ungleichheit in der Lohnstruktur. Nach Galbraith haben Länder mit geringerer Lohn**un**gleichheit nachweislich weniger Arbeitslosigkeit als Länder mit sehr großen Unterschieden zwischen den höchsten und den tiefsten Löhnen (vgl. Galbraith 2012). Für Wirtschaftsräume mit sehr ungleich entwickelter Lohnstruktur wie die Europäische Union gebe es nur zwei Möglichkeiten: Entweder stabilisieren die reichen Länder die armen Länder durch massive Investitionen und Strukturförderungsmaßnahmen, oder die Menschen aus den armen Ländern migrieren in großer Zahl in die reichen Länder.

Die Finanzkrise 2008–2009 zeigte deutliche Auswirkungen auf die Arbeitslosigkeit. So stieg die **Arbeitslosenquote** in den USA 2009 auf knapp 10 %, um bis 2015 wieder auf 5,5 % zu fallen. Im August 2015 fiel die Arbeitslosenquote in den USA sogar auf 5,1 %. Allerdings blieb die Erwerbsquote unter den 25- bis 54-Jährigen in den USA deutlich tiefer als in europäischen Ländern, nämlich bei 62,6 % (vgl. Lanz 2015, S. 31).

2012 waren laut Angaben der Internationalen Arbeitsorganisation ILO weltweit 202 Mio. Menschen arbeitslos (vgl. Neue Zürcher Zeitung vom 3.5.2012). Allerdings ist diese Zahl mit Vorsicht zu genießen, da ein erheblicher Teil der Menschheit – vor allem auf der Südhalbkugel – in informellen Bereichen tätig ist, was bedeutet, dass deren Arbeit – und deren Arbeitslosigkeit – statistisch nicht erfasst wird. Außerdem sind die Methoden zur Messung der Erwerbslosigkeit sehr unterschiedlich.

In der Europäischen Union war und ist die Arbeitslosenquote sehr unterschiedlich, aber – mit Ausnahme weniger EU-Länder – deutlich höher als in den USA.

Laut OECD stieg die Arbeitslosigkeit in den OECD-Ländern seit der Finanzkrise um über 50 %. Zählte man 2007 in der OECD noch 30 Mio. Stellenlose, waren es 2012 bereits 48 Mio. (Rist 2012). In den südlichen Euro-Ländern zeigt sich immer mehr das Bild einer „lost generation". Während vor der Krise nur 2,6 Mio. Personen länger als zwei Jahre arbeitslos waren, lag die entsprechende Zahl 2012 bei 8 Mio., wobei die Spanne der Jugendarbeitslosigkeit von einem 8 %-Anteil in Deutschland bis zu einem Jugendarbeitslosigkeitsanteil von 50 % in Spanien und Griechenland reichte (Rist 2012).

Dabei war der Stellenabbau laut Internationale Arbeitsorganisation ILO sogar noch weniger hoch ausgefallen als befürchtet, weil viele Unternehmen versuchten, solange wie möglich Jobs zu erhalten (vgl. Neue Zürcher Zeitung vom 11.7.2012). Sollte jedoch die Krise anhalten, dürften viele weitere Stellen abgebaut werden. Aus dieser Sicht ist die in den Euro-Schulden-Ländern propagierte Austeritätspolitik (=rigide Sparpolitik) das Dümmste, was man tun kann, weil damit die Rezession und somit die Arbeitslosigkeit noch zusätzlich verstärkt wird. Laut OECD ergab sich außerdem in den vergangenen Jahren eine weitere, entscheidende Verschiebung im Arbeitsmarkt: Der Fokus liegt heute nicht mehr auf einer lebenslangen Anstellung, sondern auf der Vermittelbarkeit. Das bedeutet: Der Arbeitsmarkt wurde immer mehr von einem Anbieter- zu einem Nachfragermarkt, mit allen damit verbundenen Nachteilen für die Stellensuchenden.

Bedenklich ist die Tatsache, dass auch zwischen 2011 und 2013 die Arbeitslosigkeit in der EU und in der Eurozone weiter anstieg. Im November 2014 lag die Arbeitslosenquote in den EU-Ländern saisonbereinigt zwischen 4,9 % (Österreich) und 25,7 % (Griechenland).

Diachronisch, also über einen längeren Zeitraum betrachtet, entwickelte sich die Arbeitslosigkeit zwischen 2005 und 2015 in den drei großen Wirtschaftsräumen EU, USA, Japan und in der Schweiz sehr unterschiedlich, wie die Abb. 1.6 zeigt.

Von besonderer staatspolitischer Brisanz ist auch, dass im Mai 2013 die Jugendarbeitslosigkeit in der Gesamt-EU bei 23 % lag. In Frankreich, Polen, und wahrscheinlich auch Zypern waren ein Viertel oder mehr Jugendlich arbeitslos, und in Portugal, Spanien und Italien sogar über ein Drittel aller Jugendlichen.

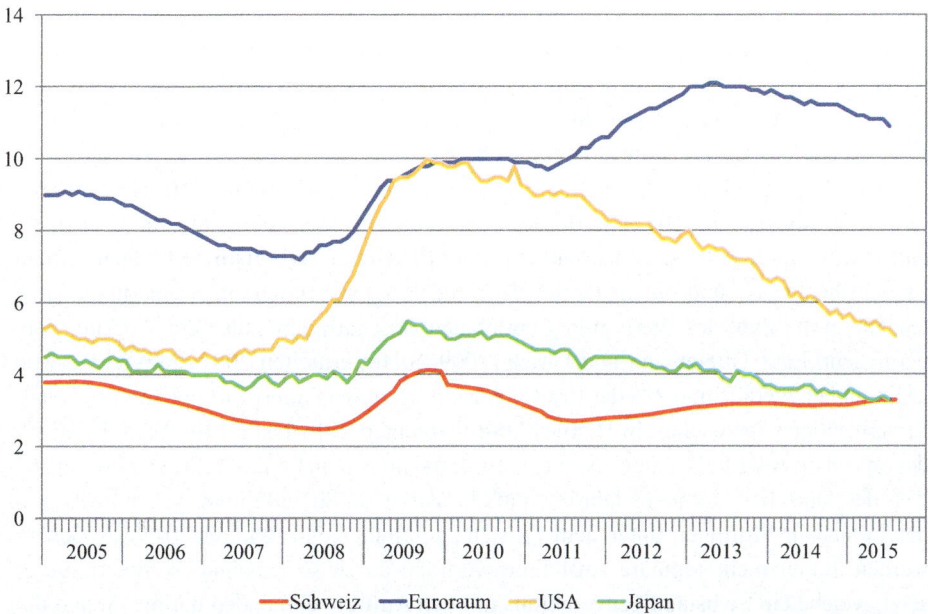

Abb. 1.6 Arbeitslosenquoten im Euro-Raum, in den USA, in Japan und in der Schweiz 2005–2015: Arbeitslosenquote in %, saisonbereinigte Werte. (Quelle: SECO 2015, S. 5 und Eurostat)

Obwohl die Gesamt-Arbeitslosigkeit im Euro-Raum und in der EU im August 2013 stabil blieb, verharrte sie im Euro-Raum bei 12 % und in der EU-28 bei rund 11 % (Höltschi 2013). Eurostat schätzte die Zahl der arbeitslosen Personen in der EU auf 26,6 Mio. Menschen, davon 19,2 Mio. im Euro-Raum. Die Arbeitslosen-Zahlen sanken im August 2013 nur marginal, nämlich um rund 7000 in der EU-28 und um 5000 in der Euro-Zone (Höltschi 2013). Allerdings waren die Unterschiede zwischen den einzelnen Staaten enorm. Die Arbeitslosenzahlen schwankten zwischen 4,9 % in Österreich, 5,3 % in Deutschland und 5,8 % in Luxemburg bis 26,2 % in Spanien und 27,9 % (Juni) Griechenland (vgl. Höltschi 2013 und Müller 2014, S. 29).

Dabei fällt aus schweizerischer Sicht auf, dass die Arbeitslosenquote in einigen Teilen der Schweiz heute höher liegt als in Teilen Deutschlands oder Österreichs.

Zwischen 2012 und 2014 entwickelte sich in der Schweiz die Arbeitslosenquote bei den Schweizern und den einzelnen ausländischen Bevölkerungsgruppen sehr unterschiedlich.

Dabei fällt Folgendes auf: Schweizer Bürgerinnen und Bürger sind weniger häufig arbeitslos als Ausländerinnen und Ausländer (vgl. Gemperli 2015, S. 11). Je schlechter der Aufenthaltsstatus ist, desto höher ist die Arbeitslosigkeit bei Ausländern: Bei den Portugiesen und bei den aus dem Westbalkan stammenden Personen gibt es überdurchschnittlich viele Jahresaufenthalter und Kurzaufenthalter, weshalb die Arbeitslosigkeit saisonal stark schwankt. Je besser die betreffende Ausländergruppe qualifiziert ist und je besser die betreffende Gruppe integriert ist (C-Aufenthaltsstatus bzw. Niederlassungsbewilligung), desto geringer ist ihre Arbeitslosigkeit.

Laut Robert Castel (2000, vgl. auch Dörre 2012, S. 31) können die Arbeitsmärkte in drei Zonen unterteilt werden: In eine schrumpfende „Zone der Integration" mit formal gesicherten Normarbeitsverhältnissen, in eine „Zone der Prekarität", mit heterogenen, ungesicherten und sehr unterschiedlichen Arbeitsverhältnissen, oft im Tiefstlohnbereich, und in eine „Zone der Entkoppelung", in welcher sich alle auf Dauer von der regulären Erwerbsarbeit ausgeschlossenen Personen befinden.

In den letzten Jahren hat der Anteil der so genannten **„atypischen" Beschäftigungen oder „prekären" Arbeitsverhältnisse** – also Teilzeitstellen, befristete Anstellungsverhältnisse, temporäre Jobs, Leiharbeit usw. – im **deutschen Arbeitsmarkt zugenommen.** Er liegt heute bei rund einem Drittel der Beschäftigten. Außerdem wuchs in den letzten Jahren die Zahl der „geringfügig entlohnten Beschäftigten", also der Working Poor, permanent. Laut Thielemann und Ulrich (2009, S. 46) erhielten 2007 die rund 6,2 Mio. „Minijobber" gerade mal 2 % der Bruttolohnsumme, obwohl diese Gruppe rund 16 % aller Erwerbstätigen ausmachte. In **Deutschland** verdienten 2013 fast 5 Mio. Erwerbstätige – davon fast zwei Drittel Frauen – weniger als 450 € im Monat (Wuhrer 2013). Man schätzt, dass der deutsche Staat jedes Jahr mehr als 11 Mrd. € an Sozialhilfe ausgeben muss, weil der Lohn von Millionen unter dem Existenzminimum liegt (Wuhrer 2013). Außerdem werden immer mehr reguläre Anstellungsverträge durch so genannte Werkverträge ersetzt, welche ein Selbständigenverhältnis mit den Auftragnehmenden definieren und diesen sämtliche Sozialversicherungskosten aufbürdet (vgl. Wuhrer 2013).

1.6 Arbeitsmarkt

In **Großbritannien** sorgte 2013 ein neues Phänomen für einen Skandal: In so genannten „Zero hour contracts", also in Arbeitsverhältnissen, die die Beschäftigten vertraglich an ein Unternehmen band, ohne dass den Arbeitnehmerinnen und -nehmern ein Anspruch auf eine bestimmte Arbeitszeit und damit auf einen Lohn zugesichert wurde, mussten die Betroffenen zu jeder Tageszeit für den Abruf ihrer Arbeitskraft zur Verfügung stehen (Wuhrer 2013). Zu Recht verglich der Journalist diese Praxis mit der Situation der Taglöhner in den britischen Häfen des 19. Jahrhunderts, wo die Arbeitssuchenden jeweils frühmorgens vor den Heuerbüros standen und um Arbeit bettelten. Entgegen der Behauptung der britischen Regierung, dass diese „Zero hour contracts" eine Randerscheinung seien, wies ein unabhängiges Forschungsinstitut nach, dass Mitte 2013 rund eine Million Erwerbstätige durch solche Verträge gebunden oder besser geknebelt waren. Wuhrer (2013) sprach in diesem Zusammenhang von „Leibeigenschaft".

In der Krise 2008/2009 zeigte sich, dass Temporärangestellte jeweils die ersten Opfer der Krise sind, und dass bei einem Aufschwung nicht feste Stellen, sondern vorwiegend temporäre Jobs geschaffen werden.

Von 1995 bis 2006 ging in Deutschland der Anteil der sozialversicherungspflichtigen Beschäftigten von 75 % auf 67,5 % zurück (Thielemann und Ulrich 2009, S. 47). Thielemann und Ulrich (2009, S. 49) kommentieren diese Entwicklung wie folgt: „Die Verschiebungen der Beschäftigung hin zu einem gewachsenen Niedriglohnsektor finden ihren Niederschlag in einer Spreizung der Einkommen, d. h. einer schrumpfenden Mittelschicht. Der Anteil mittlerer Einkommen ist in Deutschland in den vergangenen Jahren deutlich geschrumpft und ging von 62 % im Jahr 2000 auf 54 % im 2006 zurück" (Grabka und Frick 2008, S. 101). Entsprechend gibt es immer mehr Bezieher sehr tiefer und sehr hoher Einkommen. Die Hartz-IV-Reform in Deutschland hat die meisten Beschränkungen bei der Leiharbeit aufgehoben, wodurch Arbeitslose gezwungen waren und sind, (fast) jede Stelle anzunehmen. Unter anderem als Folge von Lohndumping ist in Deutschland ein riesiger Niedriglohnsektor entstanden, der sich auch auf die normalen Löhne auswirkte. So fielen etwa zwischen 2000 und 2010 die Nettolöhne in Deutschland um 4,2 % (vgl. Herrmann 2013, S. 6).

Vergleicht man den Tieflohnanteil, definiert als weniger als 2/3 des Brutto-Medianlohns, in den einzelnen Ländern (Stand 2010), befindet sich Deutschland heute im oberen Mittelfeld, was angesichts der hohen Wirtschaftsleistung erstaunt. Etwas tiefer liegt der Tieflohnanteil in Österreich und deutlich tiefer in der Schweiz, wie Abb. 1.7 zeigt.

Es stellt sich die Frage, ob gesetzliche Mindestlöhne dieser Entwicklung entgegensteuern können. Unter den Ökonomen ist diese Frage stark umstritten. Laut Eisenring (2011b und 2013) ergab eine Analyse 2008, dass rund zwei Drittel von knapp 100 Studien in den USA zum Ergebnis kamen, dass Mindestlöhne Arbeitsplätze kosten. Laut Eisenring (2013) kamen sogar 85 % der „handwerklich vertrauenswürdigen Studien" zum Ergebnis, dass Mindestlöhne die Beschäftigungschancen schlecht qualifizierter Arbeitnehmer verringerten. Allerdings kamen immerhin 8 Studien zum Ergebnis, dass die Beschäftigung bei der Erhöhung der Mindestlöhne zunahm. Bereits 1994 kam eine Studie der beiden Ökonomen David Card und Alan Krueger bei Beschäftigten in Fastfood-Restaurants zum

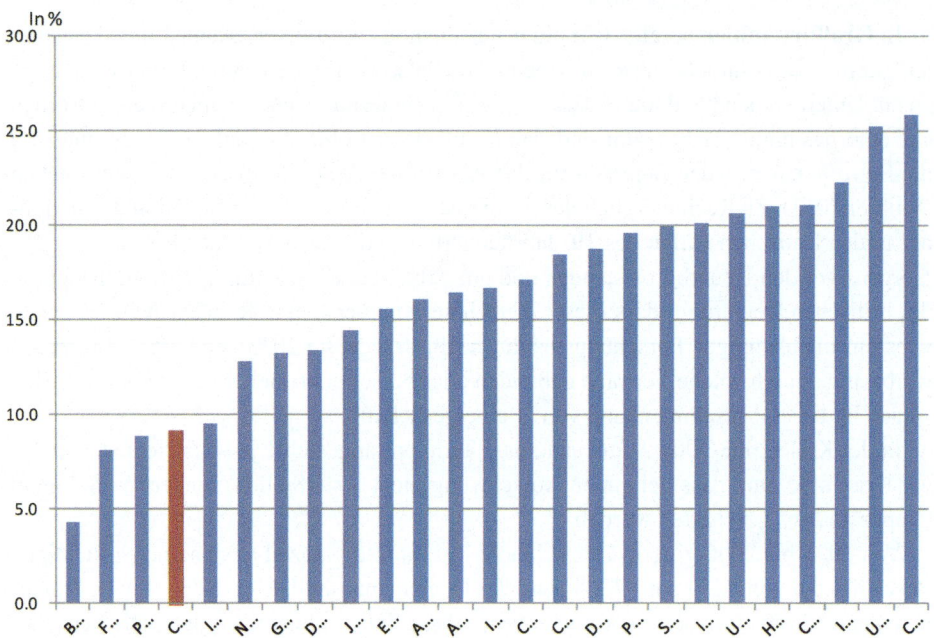

Abb. 1.7 Tieflohnanteile (<2/3 des Brutto-Medianlohns) in den einzelnen Ländern. (Quelle: Baumberger und Weber 2013, S. 55.)

Schluss, dass ein erhöhter Mindestlohn zu keinem Rückgang der Beschäftigten führte, ganz im Gegenteil – tendenziell sogar zu einer Zunahme (vgl. Müller 2013a). Der Chefökonom des Schweizerischen Gewerkschaftsbundes, Daniel Lampart, war – möglicherweise nicht ganz uneigennützig angesichts der gewerkschaftlichen Mindestlohninitiative in der Schweiz – der Meinung, dass „die Wirkung von Mindestlöhnen auf die Arbeitslosigkeit … weitgehend neutral [sei], also weder positiv noch negativ" (zitiert nach Müller 2013a).

Einige der 2008 überprüften Studien kamen zum Schluss, dass eine Erhöhung der Mindestlöhne um 10 % zu einem Arbeitsplatzverlust im Niedriglohnbereich von 1–3 % bewirkte. Andere Studien kam zum Ergebnis, dass bei einer Erhöhung der Mindestlöhne mehr Haushalte durch den Verlust eines Arbeitsplatzes unter die Armutsgrenze fielen, als Haushalte dank dem Mehreinkommen über die Armutsgrenze hinausgelangten (Eisenring 2011b). Dabei ist allerdings zu bedenken, dass die (relative) Armutsgrenze nur eine rechnerische Größe darstellt, z. B. 50 oder 66 % des Pro-Kopf-Einkommen eines Landes. Auch in Frankreich, das in Europa die wohl rigidesten Bestimmungen im Arbeitsrecht kennt, führte der 2011 geltende Mindestlohn von 9 € in der Stunde zum Wegbrechen von Jobs für gering Qualifizierte und Berufseinsteiger/innen (vgl. Rist 2011). Demgegenüber zeigten rund 130 von der britischen Low Pay Commission in Auftrag gegebenen Studien in Großbritannien, dass der 1997 eingeführte Mindestlohn in Großbritannien kaum zu

1.6 Arbeitsmarkt

Vernichtung von Arbeitsplätzen führte (vgl. Rásonyi 2014, S. 25). Vielmehr zeigte sich in Großbritannien, das heute als das am besten untersuchte Land zu den Auswirkungen der Einführung eines Mindestlohns gilt, dass die negativen Auswirkungen durch „intelligente" Strategien wie Preiserhöhungen, zusätzliche Investitionen und andere Mittel zur Steigerung der Produktivität, aber auch durch geringere Gewinnmargen sowie eine verringerte Personalfluktuation weitgehend kompensiert werden konnten. Gleichzeitig ist der Anteil extrem niedriger Löhne massiv gesunken, obwohl immer noch 21 % aller Arbeitnehmer im sehr großen Niedriglohnsektor tätig ist (vgl. Rásonyi 2014, S. 25).

Obwohl nicht alle Studien zum gleichen Ergebnis kommen, dürfte die Einführung oder Erhöhung von Mindestlöhnen dazu führen, dass das Einkommen in den untersten Lohnsegmenten steigt, dass aber auch ein Teil der – vor allem jugendlichen – Berufseinsteiger die Stelle oder den Nebenjob verlieren können (vgl. Gemperli 2011). Dabei dürften die positiven und negativen Auswirkungen nicht zuletzt auch von der Höhe des Mindestlohns abhängen.

Zweifellos ist es richtig, dass durch die Globalisierung vermehrt wenig qualifizierte Arbeitskräfte auf den europäischen Arbeitsmarkt gelangt sind. In diesem Segment besteht die Gefahr, dass Mindestlöhne Arbeitsstellen weg brechen lassen. Das kann auch ein Grund für die vielerorts deutlich höhere Arbeitslosigkeit unter Jungen sein, die über wenig Berufspraxis und mangelhafte berufliche Qualifikationen verfügen (vgl. Müller 2011b). Möglicherweise sind – anstelle eines Mindestlohns – andere Instrumente besser geeignet, ein minimales Einkommensniveau zu garantieren, z. B. Lohnzuschüsse (vgl. Eisenring 2011b) oder – radikaler – ein erwerbsunabhängiges Mindesteinkommen.

Auch in Japan hat die Zahl der kleinen Einkommen zugenommen, insbesondere unter den jungen Arbeitnehmern. 2010 verdiente mehr als die Hälfte der arbeitenden jungen Japanerinnen und Japaner zwischen 15 und 34 Jahren nicht genug, um ihr Leben selbst zu finanzieren. Laut einer Studie des japanischen Arbeitsministeriums waren 56 % dieser Altersgruppe auf die Unterstützung ihrer Eltern oder auf ein zusätzliches Nebenerwerbseinkommen angewiesen, um zu überleben. Auch die Arbeitslosigkeit war – und ist – unter den Jungen sehr hoch, sie lag im Juni 2010 bei 11,1 % (Neue Zürcher Zeitung vom 6.9.2010).

Allgemein kann man vier Arten von Arbeitslosigkeit unterscheiden:

- die saisonale und friktionale Arbeitslosigkeit,
- die konjunkturelle Arbeitslosigkeit,
- die strukturelle Arbeitslosigkeit und
- die Sockelarbeitslosigkeit.

Die saisonale Arbeitslosigkeit ist unproblematisch, weil sie nur den je nach Jahreszeit schwankenden Bedarf an Arbeitskräfte ausdrückt, z. B. in der Landwirtschaft, im Tourismus oder im Baugewerbe.

Die konjunkturelle Arbeitslosigkeit ist eine Folge wirtschaftlichen Abschwungs, Rezession oder Depression und entsteht als Folge des konjunkturbedingten Rückgangs der gesamtwirtschaftlichen Nachfrage. Die konjunkturelle Arbeitslosigkeit ist zwar auch ein zeitlich begrenztes Phänomen, aber sie dauert zwischen mehreren Monaten und Jahren, weshalb man im Allgemeinen dagegen etwas unternehmen will.

Die strukturelle Arbeitslosigkeit ist die Folge von strukturellen Änderungen in der Volkswirtschaft, die nichts mit den Konjunkturphasen zu tun hat. So verlor etwa die Landwirtschaft im Laufe der Jahre sukzessive an Bedeutung und beschäftigte deshalb immer weniger Arbeitskräfte. Umgekehrt nahm die Bedeutung der Dienstleistungen zu und absorbierte immer mehr Arbeitskräfte. Strukturelle Arbeitslosigkeit ist ein lang dauerndes Phänomen, bei dem die Arbeitnehmerseite an die neuen Marktbedingungen angepasst werden muss – z. B. über veränderte Qualifikationen, erhöhte Flexibilität und Mobilität. Strukturelle Arbeitslosigkeit zeigt sich oft nach Beginn einer konjunkturellen Arbeitslosigkeit.

Eine besondere Art der Arbeitslosigkeit ist die Sockelarbeitslosigkeit. Diese entspricht der Arbeitslosigkeit, die bei konjunkturneutralen Phasen auftritt. Man bezeichnet sie auch als natürliche oder gleichgewichtige Arbeitslosigkeit. Sie tritt auf, wenn die Arbeitsmärkte im Gleichgewicht sind – also in konjunkturneutralen Phasen –, obwohl ein bestimmtes Maß an unfreiwilliger Arbeitslosigkeit besteht (vgl. Eisenhut 2012, S. 183). Das bedeutet, auch in Zeiten der Vollbeschäftigung existiert die Sockelarbeitslosigkeit, die je nachdem 1 bis 2 % umfassen kann. Allerdings hat sich – auch in der Schweiz – in den letzten Jahren die Sockelarbeitslosigkeit nach oben verschoben.

Es ist jedoch nicht immer klar, ob eine bestimmte Arbeitslosenquote strukturell, konjunkturell ist oder sogar eine Sockelarbeitslosigkeit darstellt. So stagnierte etwa im März 2011 im Euro-Raum die Arbeitslosigkeit bei 9,9 % und lag damit auf der gleichen Höhe wie im Februar. Dies, nachdem die Arbeitslosigkeit in den Monaten zuvor zaghaft zu sinken begonnen hatte. Auch in der gesamten EU (EU-27) blieb die Arbeitslosigkeitsquote gegenüber Februar 2011 unverändert bei 9,5 %. Zwischen März 2010 und März 2011 verzeichneten beide Räume einen Rückgang der Arbeitslosigkeit – der Euro-Raum von 10,1 auf 9,9 % und die EU-27 von 9,7 auf 9,5 % (Neue Zürcher Zeitung vom 30.4.2011).

Ein besonderes Problem stellen die Schwarzarbeit und die Schattenwirtschaft dar. Nicht nur in Entwicklungsländern, sondern auch in hoch industrialisierten Ländern wird ein nicht unerheblicher Teil des Bruttoinlandsprodukts in Form von Schwarzarbeit in der Schattenwirtschaft produziert. So wurde sogar in der Schweiz – in einem der Länder mit der kleinsten Schattenwirtschaft – 6,5 % des Bruttoinlandsprodukts, also gegen 30 Mrd. Franken in Form von Schwarzarbeit erbracht – in den Ländern Südeuropas sogar zwischen 17 und 22 % des Bruttoinlandsprodukts (vgl. Gratwohl 2015, S. 30). Die Abb. 1.8 zeigt den Anteil der Schattenwirtschaft in den wichtigsten Industriestaaten.

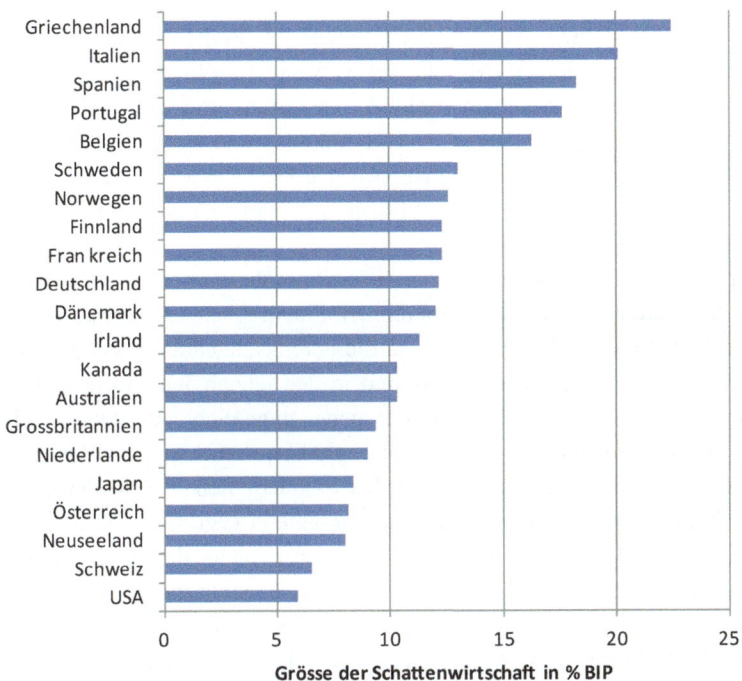

Abb. 1.8 Größe der Schattenwirtschaft. (Quellen: Gratwohl 2015, S. 30 und eigene Berechnungen)

1.7 Internationale Investitionen

In Form von bilateralen Investitionsabkommen wurden in den letzten Jahren weitgehende Rechte der transnationalen Unternehmen in denjenigen Ländern festgehalten, wo sie Investitionen tätigen. Dabei lag das Hauptaugenmerk darauf, den transnationalen Unternehmen besondere internationale Rechte und Rechtsmittel gegenüber dem Investitionsstaat zuzugestehen, um die Investitionen im betreffenden Staat – z. B. vor Verstaatlichungen – zu schützen. Die Rechte der Investoren umfassen folgende Punkte:

1. „die Maßgabe, ausländische Investoren im Gastgeberland wie inländische Investoren zu behandeln;
2. die Maßgabe, ausländischen Investoren den Status der Meistbegünstigung zu gewähren, also dem Investor eines Heimatstaates, für den das Abkommen gilt, die im Vergleich zu allen anderen Investoren bestmögliche Behandlung im Gastgeberland zu gewähren;
3. eine faire und gleichberechtigte Behandlung, auch als International Minimum Standard of Treatment des Gastgeberlandes bekannt, und
4. das Verbot der Enteignung ohne Entschädigung" (Yupari Aguado 2009, S. 129).

Seit Mitte der 1990er-Jahre gab es auf OECD-Ebene eine Reihe von Versuchen, ein Multilaterales Investitionsabkommen (Multilateral Agreement on Investment, MAI) zu schaffen. Aufgrund interner Meinungsunterschiede der Befürworter und insbesondere wegen des Widerstandes in einigen Ländern, so in Frankreich und in Australien, scheiterte das MAI 1998 vorerst einmal. Bereits damals warnten kritische Stimmen vor neuen Versuchen, Investitionsabkommen auf anderer Ebene, zum Beispiel im Rahmen der WTO, abzuschließen.

Das große Problem der multilateralen Investitionsabkommen liegt darin, dass diese weit über die bilateralen Investitionsabkommen hinausgehen sollen und den Investoren quasistaatliche Rechte einräumen, während die unterzeichnenden Staaten wichtige Teile ihrer Souveränität verlieren würden. So sind in den letzten Jahren die von transnationalen Firmen angestrebten Schiedsverfahren gegen angebliche oder tatsächliche Diskriminierung von Unternehmen durch Staaten explodiert. Laut der UNO-Organisation für Handel und Entwicklung – Unctad – gab es bis 1996 lediglich 38 Schiedsverfahren. Seither ist die Zahl der Verfahren auf 518 emporgeschnellt (vgl. Claasen 2013). Klassisch ist das Beispiel von Chevron in Ecuador: Nachdem Ecuador den Konzern zu Schadenersatzzahlungen für angerichtete Umweltschäden im Amazonasgebiet verurteilt und diese auch eingetrieben hatte, erhielt der Konzern vor internationalen Schiedsgerichten in allen Punkten Recht. In Europa forderte der schwedische Konzern Vattenfall von Deutschland 3,7 Mrd. € Schadenersatz für „entgangenen Gewinn" für nach der Atomkatastrophe in Fukushima stillgelegte Atomkraftwerke in Deutschland (vgl. Claasen 2013). Allein gegen EU-Staaten wurden 84 Schiedsverfahren angestrengt.

Ein weiteres Beispiel für die Problematik eines absoluten Investitionsschutzes ist Peru. So hat der Konzern Doe Run Perú, ein Tochterunternehmen des US-amerikanischen Bergbaukonzerns gleichen Namens, die peruanische Regierung auf Schadenersatz verklagt, nachdem Doe Run Perú jahrelang vertraglich festgelegte Umweltmaßnahmen hinausgezögert hatte und die Regierung in Lima Druck gemacht hatte. Dabei beriefen sich die Anwälte von Doe Run Perú auf einen Artikel im Freihandelsabkommen Perus mit den USA, der eine indirekte Enteignung ausländischer Investitionen verbietet. Dabei verlangte der Konzern US$800 Mio. (Henkel 2014, S. 7). Doch das war bei weitem nicht die einzige Klage. So reichten zwischen 2001 und 2013 Konzerne insgesamt 23 Klagen im Streitwert von US$5,829 Mrd. beim Internationalen Zentrum zur Beilegung von Investitionsstreitigkeiten (ICSID) gegen den peruanischen Staat ein, 13 davon allein zwischen 2011 und 2013. Ähnliche Klagen wurden gegen Ecuador, Bolivien und Mexiko eingereicht, meistens von Bergbaukonzernen. Von insgesamt 169 Klagen beim ICSID bis März 2013 stammten 58 % aus Lateinamerika (vgl. Henkel 2014, S. 7). Dabei ist auffällig, dass vor allem gegen schwache Staaten bzw. Regierungen geklagt wurde. Dass dabei die Nationalstaaten gezielt ausgehebelt werden sollen, scheint offensichtlich.

Ab ungefähr Mitte 2013 ergab sich weltweit eine neue Situation: Aufgrund der Blockierung der WTO-Verhandlungen gaben auf der einen Seite die USA und die EU bekannt, dass sie eine transatlantische Freihandelszone aufbauen wollten, während ungefähr gleichzeitig – am 21. November 2013– in Peking der Startschuss für ein Investitionsabkommen zwischen der EU und China fiel (vgl. Berger 2013). Im Gegensatz zu früheren Investitionsabkommen, die vor allem dazu dienten, westliche Investitionen in Entwicklungsländern abzusichern, strebten die neuen Investitionsabkommen eine Öffnung der Märkte und die Abschaffung der Diskriminierung von Investitionen in anderen Ländern an. Während China durch ein Investitionsabkommen in Europa wenig gewinnt – Chinas Schwierigkeiten in Europa sind eher die Folge mangelnder Erfahrungen in einem fremden, stark regulierten Markt – erhofft sich die EU durch das Abkommen weitere Reformen in China. Allerdings hat Axel Berger (2013) zu Recht darauf hingewiesen, dass das Investitionsabkommen mit China ein zweiseitiges Schwert ist, weil Europa schon lange nicht mehr nur Kapitalexporteur ist, sondern weil zunehmend auch chinesische Firmen in Europa investieren. Deshalb muss ein Investitionsabkommen auch Spielraum für politische Maßnahmen im öffentlichen Interesse ermöglichen, etwa sozialpolitische und umweltbezogene Regelungen.

Schweizerischerseits waren 2013 116 zwischenstaatliche bilaterale Abkommen über den gegenseitigen Schutz von Investitionen in Kraft (vgl. Neue Zürcher Zeitung vom 27.2.2013). Darin werden unter anderem ein Schutz gegen Diskriminierung sowie gegen willkürliche Enteignung sowie ein Schiedsverfahren im Falle von Streitigkeiten fest geschrieben. In den letzten Jahren hat die Zahl der Streitfälle im Zusammenhang mit Investitionen weltweit deutlich zugenommen. 2011 erreichte die Zahl der Streitfälle mit 46 einen Rekord. Neuestens kommt es auch zu Streitigkeiten gegen europäische Staaten. Bis Ende 2012 wurden 244 Fälle entschieden, davon 42 % Prozent zugunsten der Staaten, 31 % endeten mit einem Sieg der Inverstoren und in 27 % der Fälle wurde ein Vergleich abgeschlossen – also zahlten die Länder an die Investoren (vgl. Bréville und Bulard 2014, S. 19).

Auch Europa ist davon nicht ausgenommen. So klagte etwa der schwedische Energiekonzern Vattenfall 2009 gegen deutsche Umweltvorschriften sowie gegen den von der Berliner Regierung beschlossenen Atomausstieg Schadenersatzforderungen in Milliardenhöhe (vgl. Bréville und Bulard 2014, S. 19). Demgegenüber sind der Schweiz bis Frühjahr 2013 Klagen erspart geblieben (vgl. Neue Zürcher Zeitung vom 27.2.2013), allerdings wird das nicht so bleiben.

Im Sommer 2014 verurteilte das Oberste Gericht der USA Argentinien zu einer Zahlung von US\$1,5 Mrd. an den Hedge Fonds NML Capital – also an US-Investoren –, weil diese zwischen 2005 und 2010 nicht an den Schuldenumstrukturierungen teilgenommen hatten (vgl. Busch 2014 und Brühl 2014, S. 13). Dabei steht die argentinische Regierung vor einem Dilemma: Zahlt sie den Hedge Fonds aus, drohen weitere Klagen so genannter Hold-Outs, also von nicht an den Umschuldungen beteiligten Gläubigern, über mehr als US\$65 Mrd. – und das bei Devisenreserven von gerade mal US\$28,5 Mrd. 2014! Weigert sich das Land, zu bezahlen, dann wird es zu einem finanzwirtschaftlichen „Out-Law" und das von einer Wirtschaftskrise gebeutelte Land muss mit weiteren Sanktionen rechnen. Nach Bekanntwerden des Urteils brachen die Kurse an der argentinischen Börse um 10 % ein und die Kosten für Kreditausfallversicherungen (CDS) auf argentinische Staatsanleihen schnellten in die Höhe (vgl. Brühl 2014, S. 13).

Ausländische Direktinvestitionen, bilaterale Investitionsabkommen und internationale Investitionsstreitigkeiten

Seit einigen Jahren steigt die Zahl der Klagen vor internationalen Schiedsgerichten zur Beilegung von Investitionsstreitigkeiten beträchtlich an. Die auf dieses Gebiet spezialisierten internationalen Anwaltskanzleien sprechen von dem „hot issue" der Zukunft, und auch die UN-Wirtschaftskommission für Lateinamerika CEPAL spricht von einem regelrechten Boom derartiger Verfahren, die hauptsächlich beim internationalen Schiedsgericht der Weltbank ICSID (International Centre for the Settlement of Investment Disputes) eingereicht wurden. Andere Organisationen, die die Schlichtung von Investitionsstreitigkeiten anbieten, sind neben anderen die International Chamber of Commerce (ICC), die UN-Commission on International Trade Law (UNCITRAL) sowie die Handelskammer von Stockholm. Während das 1965 gegründete ICSID zunächst nur jährlich einen Fall registrierte, wurde seit 1998 bereits monatlich eine neue Klage seitens transnationaler Konzerne eingereicht. Seit 2001 nahmen die Fälle abermals zu. Sie stehen damit in direktem Zusammenhang zu den seit den 1990er-Jahren ansteigenden ausländischen Direktinvestitionen in Schwellen- und Entwicklungsländern.

Die Zunahme der Klagen vor internationalen Gerichten ist ebenfalls eine Folge der in den letzten Jahren sprunghaft angestiegenen bilateralen Investitionsabkommen (Bilateral Investment Treaty – BIT), die vielfach anstelle von Verfahren vor nationalen Gerichten den Gang vor ein internationales Tribunal wie das ICSID vorsehen. Hauptsächlich Industrieländer, allen voran die Bundesrepublik, schlossen derartige Abkommen mit den Zielländern ihrer im Ausland tätigen Unternehmen ab. Existierten 1989 lediglich 400 bilaterale Investitionsabkommen, kletterte laut UNCTAD World Investment Report ihre Zahl gegen Ende des Jahres 2005 weltweit auf 2495 bilaterale Investitionsverträge.

Wie sich nun zeigt, nahmen viele südliche Regierungen mit der leichtfertigen Unterzeichnung dieser Verträge einen empfindlichen Souveränitätsverlust hinsichtlich der entwicklungspolitischen Steuerung ausländischer Direktinvestitionen in Kauf.

Die in den betroffenen Ländern beginnende öffentliche Auseinandersetzung mit der Rolle der internationalen Investitionstribunale sowie der bilateralen Investitionsabkommen förderte bisher folgende Kritikpunkte zutage:
1. Die bedenkliche Leichtigkeit, mit der Unternehmen Klagen bei den internationalen Streitschlichtungsorganen wie dem ICSID oder dem ICC u. a. einreichen konnten und diese akzeptiert wurden;
2. Der Konflikt zwischen dem privaten Charakter internationaler Streitschlichtung in Investitionsfragen und dem öffentlichen Charakter der vorgebrachten Fälle. Private Unternehmen können gegen souveräne Staaten klagen. Anders als bei nationaler Gerichtsbarkeit berücksichtigen die internationalen Tribunale aber nicht, dass Staaten gänzlich andere Verpflichtungen haben (z. B. gegenüber ihren Staatsbürgern) als Konzerne;
3. Die beschränkten Revisionsmöglichkeiten;
4. Die „Privatisierung der Justiz", nach welcher bei privatrechtlichen Institutionen (bspw. ICC) Klage gegen Staaten eingereicht werden kann, anstatt die Beurteilung dieser nicht zuletzt auch öffentliche Interessen berührenden Streitigkeiten von Gremien unter demokratischer Kontrolle durchführen zu lassen;
5. Die dem privaten Charakter der Tribunale geschuldeten intransparenten Verfahren. Meistens besteht nicht einmal die Verpflichtung zur Veröffentlichung von Klageschriften oder Urteilen und Betroffene werden nicht gehört;
6. Das Fehlen eines vereinheitlichenden Fallrechts. Das ICSID beispielsweise setzt auf Initiative einzelner Unternehmen ad hoc-Tribunale ein, die – was bereits vorkam – zu ein und derselben Regierungsmaßnahme einander widersprechende Urteile fällten.
7. Nicht zuletzt konkurrieren die verschiedenen existierenden Schlichtungsstellen um Streitfälle. Dieser Wettbewerb ermöglicht es den Konzernen, sich das für sie vorteilhafteste Gremium aus-

1.7 Internationale Investitionen

zusuchen. Vielfach eröffnen die bilateralen Investitionsabkommen explizit diese Wahlmöglichkeit.
8. Und nicht zuletzt die diese Investitionsstreitigkeiten vor internationalen Tribunalen erst ermöglichenden bilateralen Investitionsabkommen, die im Interesse des „Schutzes" der Konzerne letztlich auch die demokratische Souveränität der beteiligten Staaten zu unterhöhlen drohen, indem ganze Politikbereiche im Sinne der „Regulierung der Deregulierung" in einem grenzübergreifenden Netz dem Diktat der Profitinteressen der Konzerne unterworfen werden (vgl. FDCL 2015).

Benoît Bréville und Martine Bulard haben (2014, S. 19) zu Recht darauf hingewiesen, dass die Investitionsschutzabkommen nicht selten die nationale Gesetzgebung aushebeln: „Damit haben die nationalen Regelungsinstanzen und lokalen Gerichte nicht mehr das letzte Wort, vielmehr geht die Entscheidungsgewalt auf supranationale Schiedsgerichte über, die ihre neue Macht dem Rechtsverzicht der Staaten verdanken".

Die Abb. 1.9 zeigt das Ausmaß und die Zahl der Klagen von Investoren in den einzelnen Nationalstaaten.

Benoît Bréville und Martine Bulard (2014, S. 19) vermerkten dazu: „In diesem Spiel stehen die Gewinner oft schon vorher fest: Die Multis setzen hohe Entschädigungen durch, oder zwingen die Staaten zu einem Kompromiss, der ihre Standards opfert".

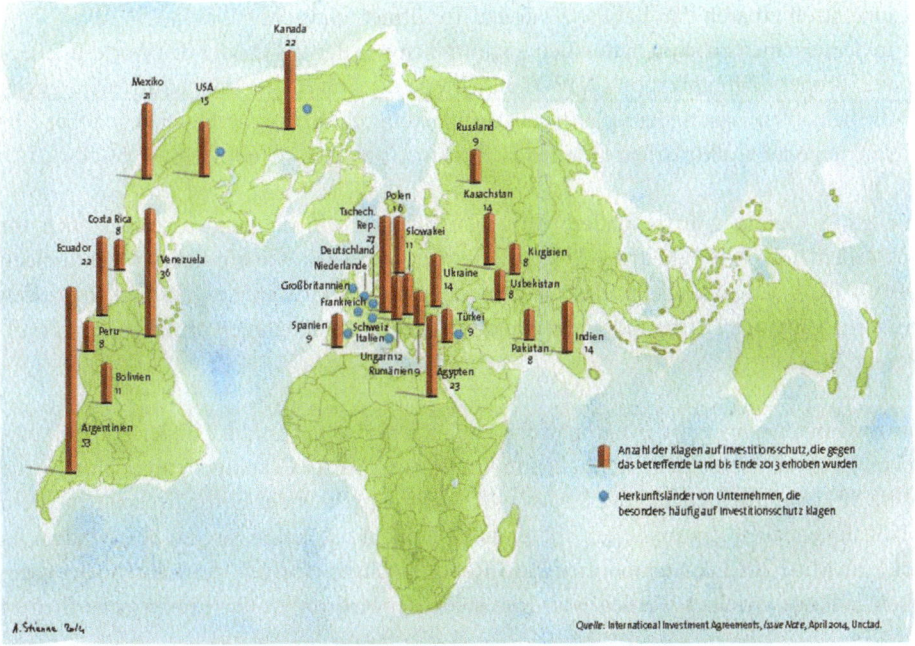

Abb. 1.9 Klagen von Investoren. (Quelle: Bréville und Bulard 2014, S. 19)

Man geht also nicht falsch, wenn man die aktuelle Situation als eine Art Krieg großer Investoren und auch multinationaler Unternehmen gegen die Nationalstaaten sieht. Dabei sind jedoch die Klagen der Hedge Fonds und Investoren gegen die Regierungen nur die Spitze des Eisbergs. In vielen Ländern – wahrscheinlich in der großen Mehrheit der Nationalstaaten – läuft so etwas wie ein versteckter (Um-)Verteilungskampf zwischen Unternehmen und Staat.

Im Zusammenhang mit den laufenden Verhandlungen zur Transatlantischen Handels- und Investitionspartnerschaft (TTIP) zwischen den USA und der EU wurde besonders kritisiert, dass

1. Streitigkeiten zwischen internationalen Investoren und Regierungen der Investitionsländer nicht vor öffentlich bestellten Richtern, sondern vor Privaten ausgetragen werden, wodurch die öffentliche bzw. staatliche Gerichtsbarkeit und letztlich die nationale Souveränität ausgehebelt wird,
2. sowohl Prozessunterlagen als auch Verhandlungen nicht öffentlich sind und oft der parlamentarischen Kontrolle entzogen sind,
3. die Anspruchsgrundlagen, auf deren Basis Investoren Schadenersatz verlangen können, sehr schwammig formuliert sind („fair and equitable treatment") und das Verbot der „indirekten Enteignung" viel zu weit gefasst ist, und vor allem
4. gegen Schiedssprüche keine Revision möglich ist, weder im Rahmen von übergeordneten Schiedsgerichten noch im Rahmen der nationalen Rechtsprechung, was einer unkontrollierbaren Paralleljustiz Tür und Tor öffnet, und schließlich
5. im Unterschied zu supranationalen Institutionen wie der WTO oder der World Intellectual Property Organization (WIPO) die Urteile der Schiedsgerichte unmittelbar gegen die beklagten Gastländer vollstreckbar sind, wodurch die Regierungen gegenüber einseitigen oder willkürlichen Urteilen hilflos sind (vgl. dazu Klodt 2014, S. 59 ff.).

Die große Gefahr – insbesondere für kleine Staaten wie die Schweiz, aber auch für Schwellenländer wie Südafrika – liegt darin, dass so etwas wie ein neues Machtdreieck USA – EU – China entsteht, das den anderen Ländern ihre Spielregeln und Interessen diktieren kann, im Extremfall sogar protektionistische Maßnahmen ergreifen kann (vgl. Berger 2013).

Im Zusammenhang mit der europäischen Schuldenkrise haben die Länder der Europäischen Union de facto einen staatlichen Investitionsschutz für Gläubiger eingerichtet. Ende März 2011 verabschiedeten die Staats- und Regierungschefs der Europäischen Union ein Maßnahmenpaket, das mithelfen sollte, die Schuldenkrise langfristig zu überwinden. Es sollte ab Mitte 2013 den temporären Euro-Rettungsschirm ersetzen, der während der Griechenlandkrise errichtet worden war. Kernstück der Reform ist der Europäische Stabilitätsmechanismus (ESM), der mit einem Eigenkapital von 700 Mrd. € ausgestattet wird, wovon 620 Mrd. € in Form von abrufbarem Kapital und Bürgschaften. Ab Juli 2013 werden außerdem die EU-Länder in fünf Jahresraten insgesamt 80 Mrd. € einzahlen (Höltschi 2011).

Obwohl in den europäischen Verträgen explizit vereinbart ist, dass die Europäische Union nicht für die Schulden ihrer Mitglieder haftet, übernahmen 2010 die Europäische Union und der Internationale Währungsfonds de facto unbeschränkte Garantien für die Schuldnerländer der Euro-Zone, insbesondere Griechenland, Irland und Portugal – und richteten damit einen faktischen Investoren- und Gläubigerschutz ein. Milliardenpakete von Krediten und Garantien wurden geschnürt, um den verschuldeten Ländern unter die Arme zu greifen. Anstatt eine Umschuldung mit einem entsprechenden Schuldenschnitt („Haircut") bei den Gläubigern vorzunehmen – wie seinerzeit bei Russland und Argentinien – pumpen die EU-Staaten und der IWF Milliarden in die Wackelkandidaten. Warum? Ganz einfach, weil die Banken der großen EU-Länder Deutschland, Frankreich und Großbritannien Milliarden-Gläubiger dieser Staaten sind: Laut der Bank für Internationalen Zahlungsausgleich BIZ hatten im März 2011 deutsche und britische Banken gegenüber Irland je US$ 200 Mrd. ausstehend, französische Banken gegenüber Griechenland US$ 90 Mrd. und spanische Banken gegenüber Portugal über US$ 100 Mrd. (Fischer 2011b). Damit wurden die Steuerzahlerinnen und -zahler der EU sozusagen von den Banken in Geiselhaft genommen, während die Investorenbanken gleichzeitig horrende Zinsen von 7–11 % auf Staatsanleihen kassierten, bei einem gleichzeitig gegen null tendierenden Verlustrisiko.

Angeblich weil die EU fürchtete, dass bei einer Umschuldung mit entsprechenden Zahlungsausfällen durch die verschuldeten EU-Länder massive Auswirkungen auf das Bankensystem oder sogar der Zusammenbruch der größten Banken in den großen EU-Ländern drohte, pumpte sie Milliarden in diese Länder. Hätte die EU nach der Finanzkrise punkto Banken ihre Aufgaben gemacht, dann würde sich dieses unabsehbare Risiko für die Steuerzahler erübrigen. Ein solcher „Schutz" ausländischer Investitionen in hoch verschuldeten Ländern kann weder die Aufgabe der EU noch des IWF sein. Insbesondere, weil damit das Risiko von riskanten Hochzinsinvestitionen faktisch dem Staat und dem Steuerzahler auferlegt wird, während die Investoren auf Kosten der Allgemeinheit große Gewinne erzielen.

1.8 Der Anarchismus der nationalen Steuersysteme

Ein Vergleich der wichtigsten Industriestaaten Europas und Nordamerikas in Abb. 1.10 zeigt, dass einzig in der Schweiz die reichsten 10 % der Bevölkerung einen Steueranteil aufweisen, der geringer ist als ihr Einkommensanteil.

Dabei ist zu bedenken, dass im Prinzip der Steueranteil der Reichsten deutlich höher sein müsste als ihr Einkommensanteil am Gesamteinkommen des Landes, weil sonst die

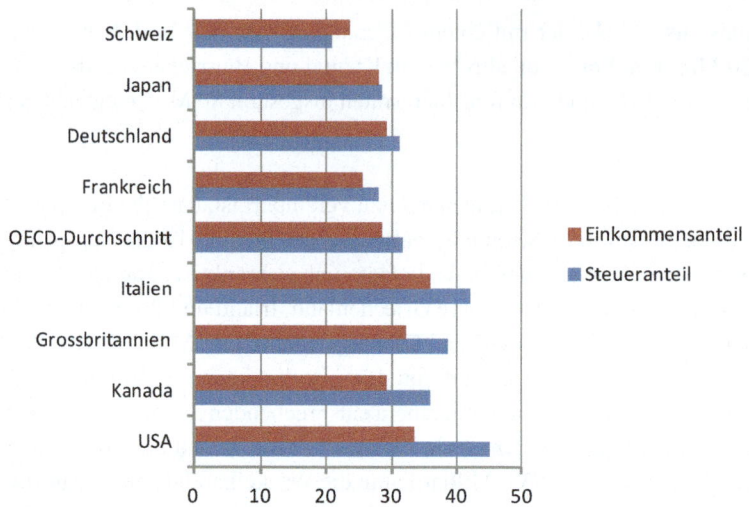

Abb. 1.10 Steueranteile der obersten 10% der Einkommen. (Quellen: Growing Unequal, OECD, Eisenring 2011a und eigene Recherchen)

Umlagerung von Reichtum von den Armen zu den Reichen und Reisten nicht kompensiert, geschweige denn umgekehrt werden kann.

Zweifellos ist der Aufbau eines nach oben begrenzten Vermögens volkswirtschaftlich wünschenswert und legitim. Erst durch eine Begrenzung der großen und megagroßen Vermögen nach oben wird eine (beschränkte) Umverteilung von Vermögen unter mehr Menschen erst möglich. Zweifellos macht es Sinn, dass die Menschen ein Vermögen aufbauen, das es ihnen ermöglicht, aus dessen Erträgen zu leben. Dagegen stellen Milliardenvermögen eine nicht zu unterschätzende Bedrohung der wirtschaftlichen und politischen Freiheit dar – es entstehen Abhängigkeiten, Einflussmöglichkeiten und im Extremfall Oligarchien.

Eine Möglichkeit der Einkommens**um**verteilung liegt in den direkten Steuern, insbesondere in den Einkommens- und Vermögenssteuern. Allerdings führen Steuern nur dann zu einer Umverteilung, wenn sie progressiv, also mit einem entsprechend der Einkommenshöhe steigenden Steuersatz, erhoben werden. In nicht wenigen Ländern – teilweise auch in der Schweiz – ist man in den letzten Jahren und Jahrzehnten dazu übergegangen, die obersten Einkommen steuerlich zu entlasten. Mit dem Argument, Menschen mit hohen Einkommen anzuziehen, werden die Einkommenssteuern für die größten Einkommen gesenkt, was statt zu progressiven – also mit der Höhe des Einkommens steigenden – zu degressiven – also mit wachsendem Einkommen sinkenden – Einkommenssteuern führt. Allerdings hat das schweizerische Bundesgericht vor einigen Jahren dem Kanton Obwalden untersagt, nach oben einen abnehmenden Steuersatz einzuführen. Dies mit der Begründung, dass die Steuerpflicht gemäß Art. 127, Abs. 2 der Schweizerischen Bundesverfassung nach wirtschaftlicher Leistungsfähigkeit definiert werden muss. Während nach

1.8 Der Anarchismus der nationalen Steuersysteme

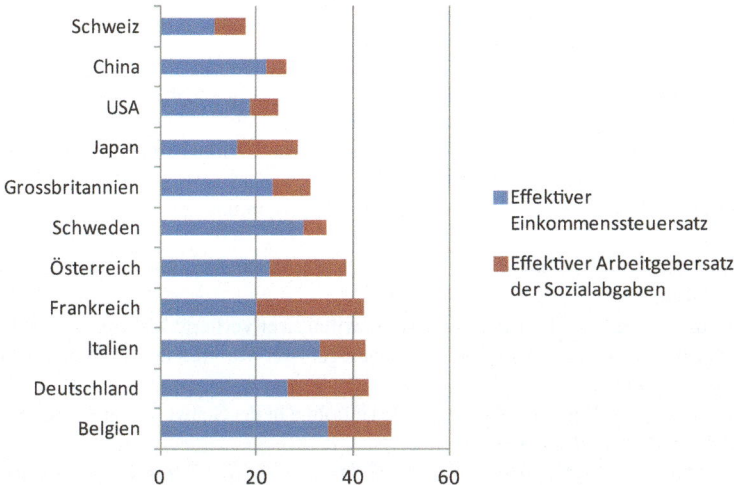

Abb. 1.11 Belastung der Lohneinkommen von US$100.000 nach Land in %, Neue Zürcher Zeitung vom 20.11.2010 und eigene Recherchen

Meinung des Bundesgerichts eine degressive Steuer diesem Prinzip widerspricht, sei eine lineare Steuer, also eine so genannte „Flat Tax", akzeptabel.

Dabei ist die Belastung der einzelnen Einkommensgruppen je nach Land sehr unterschiedlich. Die Abb. 1.11 zeigt die Höhe der Belastung eines Arbeitnehmers 2011 durch Einkommenssteuern und Sozialabgaben bei einem Einkommen von US$100.000 im Jahr.

Das bedeutet, dass es zwischen den einzelnen Ländern – und oft auch innerhalb der einzelnen Länder zwischen verschiedenen Standorten – einen heftigen Steuerwettbewerb gibt. Viele Länder versuchen, durch Steueranreize gute Steuerzahler zu gewinnen. Das kann zu erheblichen Ungerechtigkeiten führen.

Ein Beispiel dafür ist die Tatsache, dass in der Schweiz gegen 20.000 Angestellte internationaler Organisationen keine Steuern bezahlen (vgl. Vonplon 2013). Laut einer internen Liste des Eidgenössischen Departementes des Äußern EDA sind die Mitarbeiter von mehr als 60 internationalen Institutionen von der Steuerpflicht befreit, und zwar nicht nur von UNO-Unterorganisationen und gemeinnützigen Organisationen, sondern auch von Institutionen wie der BIZ (Bank für Internationalen Zahlungsausgleich), des Weltpostvereins, des Internationalen Luftfahrtverbands IATA oder der Société Internationale de Télécommunications Aéronautiques Sita, die einer Unternehmensgruppe vorsteht, die einen Umsatz von $1,5 Mrd. erzielt (Vonplon 2013). Absurderweise sind bei einigen dieser Organisationen nur die ausländischen Mitarbeiter, bei anderen sämtliche Mitarbeiter – auch die Schweizerinnen und Schweizer – steuerbefreit. Eine Reihe dieser Organisationen – wie z. B. die IATA oder die Sita – hätten von Gesetz wegen gar keinen Anspruch auf Steuerbefreiung.

Literatur

Adler, Oliver. 2011. Wann ist es des Schlechten zu viel? Überlegungen zur Ausfallwahrscheinlichkeit staatlicher Schuldner. In: Die Volkswirtschaft 3-2011. 59 ff.

Adler, Oliver, und Marcel Thieliant. 2011. Staatsschulden und Wirtschaftswachstum – Theorie und Empirie. In: Die Volkswirtschaft 6-2011. 27 ff.

Altvater, Elmar. 2011. Die Vielfachkrise: Warum der Wahnsinn um sich greift. In: WochenZeitung. 11.8.2011

Baader, Roland. 2005. *Geld, Gold und Gottspieler. Am Vorabend der nächsten Weltwirtschaftskrise.* Gräfelfing: Resch Verlag.

Bangemann, Andreas. 2014. Minuszinsen – Wer gewinnt, wer verliert? Mythos vom „Kleinen Sparer" – Warum niedrige Zinsen für viele Geldanleger von Vorteil sind. In: Humane Wirtschaft. Juli/August 2014. 13 ff.

Baumberger, Daniel, und Bernhard Weber. 2013. Tieflöhne in der Schweiz – eine Situationsanalyse. In: Die Volkswirtschaft 9-2013. 53 ff.

Beck, Hanno, und Aloys Prinz. 2014. *Die große Geldschmelze. Wie Politik und Notenbanken unser Geld ruinieren.* München: Carl Hanser.

Berger, Axel. 2013. Wem nützt das EU-China-Investitionsabkommen? In: Neue Zürcher Zeitung. 21.11.2013.

Berger, Wolfgang, und Hermann Schmauder. 2009. Neu und exklusiv für regionale Banken: Ein nachhaltig tragfähiges Geschäftsmodell. In: Humane Wirtschaft. Sept./Okt. 2009. 8 ff.

Bichlmaier, Simon. 2009. *Zu Geld und Ökonomie.* Gelnhausen: Wagner-Verlag.

Bichlmaier, Simon. 2010. Umlaufsicherung vs. Niedrig-Zins-Politik und Inflationsstrategie der Notenbank. In: Humane Wirtschaft: März/April 2010. 4 ff.

Binswanger, Daniel. 2012a. Schleusen auf! In: Moneta 2/2012.

Binswanger, Mathias. 2012b. Wirtschaftswachstum und Nachhaltigkeit: Ein Widerspruch? In: Die Volkswirtschaft 5-2012. 26 f.

Bloss, Michael, Dietmar Ernst, Joachim Häcker, und Nadine Eil. 2009. *Von der Wall Street zur Main Street. Die Weltwirtschaft nach der Finanzkrise.* München: Oldenbourg Verlag.

Bofinger, Peter. 2007. *Grundzüge der Volkswirtschaftslehre. Eine Einführung in die Wissenschaft von Märkten.* München et al.: Pearson Studium.

Bréville, Benoît, und Martine Bulard. 2014. Profit als höchstes Rechtsgut. In: Le Monde Diplomatique (deutsche Ausgabe). Juni 2014. 19.

Broer, Wolfgang. 2009. Vor 75 Jahren endete das Wörgler Schwundgeldexperiment. Ein Lösungsansatz in Zeiten der Krise. In: Zeit-Fragen. 12.1.2009.

Brühl, Jannis. 2014. Argentinien treibt auf Staatsbankrott zu. In: Neue Luzerner Zeitung. 18.6.2014. 13.

Buiter, Willem. 2009. In eine bessere Zukunft mit negativen Zinsen. In: Humane Wirtschaft. Juli/Aug. 2009. 3 ff.

Busch, Alexander. 2014. Alte Schulden bringen Argentinien in Nöte. In: Neue Zürcher Zeitung. 18.6.2014.

Busch, Roman. 2011. Eurokrise stellt die EU auf eine Zerreissprobe. In: Die Volkswirtschaft 11-2011. 9 ff.

Busscher, Peter, und Christophe Churet. 2011. Nachhaltigkeit ist nicht gleich Nachhaltigkeit. In: Swiss Sustainability Guide 2011. Eine gemeinsame Beilage der Schweizerischen Handelszeitung, der Bilanz und Stocks.

Castel, Robert. 2000. *Die Metamorphosen der sozialen Frage. Eine Chronik der Lohnarbeit.* Konstanz: UVK Universitätsverlag.

Claasen, Heimo. 2013. Die Millionenklagen der Multis. In: WochenZeitung. 6.5.2013.

Literatur

Creutz, Helmut. 1994. *Das Geld-Syndrom. Wege zu einer krisenfreien Marktwirtschaft.* Frankfurt/Main/Berlin: Ullstein.
Dahrendorf, Ralf. 1992. *Der moderne soziale Konflikt. Essay zur Politik der Freiheit.* Stuttgart: Deutsche Verlags-Anstalt.
Dörre, Klaus. 2012. Prekäre Arbeit und gesellschaftliche Integration. Empirische Befunde und integrationstheoretische Schlussfolgerungen. In *Desintegrationsdynamiken. Integrationsmechanismen auf dem Prüfstand,* Hrsg. Wilhelm Heitmeyer und Peter Imbusch, 30 ff. Wiesbaden: VS Verlag für Sozialwissenschaften/Springer.
Eichler, Martin, Max Künnemann, und Alessandro Torti. 2013. Finanzsektorgrösse und Volkswirtschaft: Zu viel des Guten? In: Die Volkswirtschaft 5-2013. 6 ff.
Eisenhut, Peter. 2006. *Aktuelle Volkswirtschaftslehre.* Zürich: Somedia Buchverlag. (Edition Rüegger).
Eisenhut, Peter. 2012. *Aktuelle Volkswirtschaftslehre.* Zürich: Somedia Buchverlag. Edition Rüegger.
Eisenring, Christoph. 2011a. Wie viel die Reichen bezahlen. In: Neue Zürcher Zeitung. 1.11.2011.
Eisenring, Christoph. 2011b. Den Schaden haben die schlecht Qualifizierten. In: Neue Zürcher Zeitung. 13.7.2011.
Eisenring, Christoph. 2013. US-Kontroverse um Mindestlöhne. In Neue Zürcher Zeitung. 9.3.2013.
Elsässer, Jürgen. 2009. Über Ursachen und Konsequenzen der aktuellen Finanz- und Weltwirtschaftskrise. Die Diskussion der deutschen Linken. In: Zeit-Fragen. 5.1.2009.
FDCL. 2015. Ausländische Direktinvestitionen, bilaterale Investitionsabkommen und internationale Investitionsstreitigkeiten. Ein Projekt des FDCL. http://fdcl-berlin.de/projekte/fdcl-projektuebersicht/fdcl-bilaterale-investitionsabkommen-und-internationale-investitionsstreitigkeiten/. Zugegriffen 12. Nov. 2015.
Fischer, Marc. 2011a. Unternehmen meiden immer öfter die Banken. In: Neue Luzerner Zeitung. 17.12.2011.
Fischer, Peter A. 2011b. Der Euro in Geiselhaft ungelöster Schuldenprobleme. In: Neue Zürcher Zeitung. 2.4.2011.
Fischer, Peter A. 2013. Schuldenberge wachsen noch. In: Neue Zürcher Zeitung. 17.4.2013.
Fuders, Felix. 2010. Warum der Zins auch moralisch nicht zu rechtfertigen ist. In: Humane Wirtschaft. März/April 2010. 26 ff.
Fuders, Felix. 2011. Wie Zerstörung von Sachkapital dem Finanzsystem in die Hände spielt. In: Humane Wirtschaft. März/April 2011. 34 ff.
Galbraith, James. 2012. „Unsere Banken sind Motoren des Niedergangs". Interview. In: Wochen-Zeitung. 27.9.2012.
Gärtner, Edgar L. 2012. „Green Economy" – nur aufgewärmter Malthusianismus. In: Neue Zürcher Zeitung. 23.8.2012.
Gemperli, Simon. 2011. Das Ende der Sozialpartnerschaft. In: Neue Zürcher Zeitung. 19.11.2011.
Gemperli, Simon. 2015. Wieder knapp 80.000 Zuwanderer. In: Neue Zürcher Zeitung. 24.4.2015. 11.
Gmür, Heidi. 2012. Dünger fürs Leben. In: Neue Zürcher Zeitung. 15.10.2012.
Gmür, Heidi. 2013. Das globale Geflecht. In: Neue Zürcher Zeitung. 1.6.2013.
Gorz, André. 2009. *Auswege aus dem Kapitalismus. Beiträge zu einer politischen Ökologie.* Zürich: Rotpunktverlag.
Grabka, M. M., und J. R. Frick. 2008. Schrumpfende Mittelschicht – Anzeichen einer dauerhaften Polarisierung der verfügbaren Einkommen? In: DIW-Wochenbericht. Nr. 10/2008. http://www.diw.de/documents/publikationen/73/79586/08-10-1.pdf. Zugegriffen: 18. Nov. 2015.
Gratwohl, Natalie. 2010. Schuldenberge hemmen Wachstum. In: Schweizerische Handelszeitung. 9.-15.6.2010.
Gratwohl, Natalie. 2015. Arbeiten im Verborgenen. In: Neue Zürcher Zeitung. 10.6.2015. 30.

Hannich, Günter. 2002. *Börsenkrach und Weltwirtschaftskrise. Der Weg in den Dritten Weltkrieg.* Rottenburg: Kopp Verlag.
Heinsohn, Gunnar, und Otto Steiger. 2006. *Eigentumsökonomik.* Marburg: Metropolis-Verlag.
Henkel, Knut. 2014. Muss Peru 800 Millionen an einen Konzern bezahlen? In: WochenZeitung. 13.2.2014. 7.
Herrmann, Ulrike. 2012. Das Gesetz der Wall Street. In: Le Monde Diplomatique (deutsche Ausgabe). Dezember 2012. 3.
Herrmann, Ulrike. 2013. Die vier Krisen des Euro. In: Le Monde Diplomatique (deutsche Ausgabe). September 2013. 1/6.
Herrmann, Ulrike. 2015. Über das Ende des Kapitalismus. In: Le Monde Diplomatique (deutsche Ausgabe). April 2015. 3.
Hofmann, Markus. 2013. Bannt die grüne Bevormundung. In Neue Zürcher Zeitung. 2.2.2013.
Höltschi, René. 2011. Ein EU-Paket zur Reform der Währungsunion. In: Neue Zürcher Zeitung. 26.3.2011.
Höltschi, René. 2013. Die Arbeitslosigkeit in der EU stagniert auf hohem Niveau. In: Neue Zürcher Zeitung. 2.10.2013.
Höltschi, René. 2015. Staatsverschuldung im Euro-Raum erneut gestiegen. In: Neue Zürcher Zeitung. 22.4.2015. 24.
Huffschmid, Jörg. 2002. *Politische Ökonomie der Finanzmärkte.* Hamburg: VSA-Verlag.
Jackson, T. 2009. Prosperity without Growth. Economics for a Finite Planet. London.
Jordan, Thomas J. 2012. Die Auswirkungen der Staatsverschuldung auf die Unabhängigkeit der Geldpolitik. In: Agenda 2011– II Schweiz – Europa: Wege aus der Schuldenkrise. Herausforderungen und Perspektiven für Europa und die Schweiz. 21. Internationales Europa Forum Luzern vom 7./8. November 2011. Luzern: Europa Forum Luzern.
Kellermann, Kersten, und Carsten-Henning Schlag. 2013. Wird die Kreditschöpfung der Kreditinstitute zu hoch ausgewiesen? In: Die Volkswirtschaft 5-2013. 12 ff.
Klodt, Henning. 2014. Transparenz verbessern, Missbrauch erschweren. In: Wirtschaftsdienst – Zeitschrift für Wirtschaftspolitik. 7/2014. 459 ff.
Lagneau-Ymonet, Paul, und Angelo Riva. 2011. Jenseits der Börse. Unkontrollierte Transaktionen sind längst die Regel. In: Le Monde Diplomatique (deutsche Ausgabe). Oktober 2011. 6.
Lanz, Martin. 2015. Die grosse Sorge um das zarte Pflänzchen. In: Neue Zürcher Zeitung. 5.9.2015. 31.
Leisinger, Christof. 2015a. Schuldeninflation – das wahre Monster. In: Neue Zürcher Zeitung. 16.2.2015. 21.
Leisinger, Christof. 2015b. Spätreifer Finanzboom auf fragwürdiger Basis. In: Neue Zürcher Zeitung. 9.5.2015. 25.
Leuschel, Roland, und Claus Vogt. 2009. *Die Inflationsfalle. Retten Sie ihr Vermögen!* Weinheim: Wiley-VCH Verlag.
Liebert, Nicola. 2012. Fataler Reichtum. In: Le Monde Diplomatique (deutsche Ausgabe). August 2012. 1/10.
Lorenz-Meyer, Andreas. 2013. Das geht garantiert kaputt. In: Neue Luzerner Zeitung. 18.9.2013.
Lüscher-Marty, Max. 2012. *Theorie und Praxis der Geldanlage. Bd. 1: Traditionelle Investments und Fundamentalanalyse.* Zürich: Verlag Neue Zürcher Zeitung.
Maniera, Martin. 2013. Wachsende Bedeutung von Islamic Finance. In Neue Zürcher Zeitung. 2.7.2013.
Meng, Marco. 2011. Wie Spekulanten die Preise treiben. Lebensmittelpreise steigen dank Finanzbranche. In: Humane Wirtschaft. Juli/August 2011. 2 ff.
Meyer, Bernd. 2010. Ressourceneffiziente Wirtschaftsentwicklung unter dem Primat ökologischer Ziele. In *Postwachstumsgesellschaft. Konzepte für die Zukunft,* Hrsg. Irmi Seidl und Angelika Zahnt. Marburg: Metropolis-Verlag.

Miegel, Meinhard. 2010. *Exit. Wohlstand ohne Wachstum*. Berlin: Ullstein Buchverlag/List.
Moewes, Günther. 2009. Die Milliardenvermögen sind das Problem. In: Humane Wirtschaft. Mai/Juni 2009. 6 ff.
Moneta. 2012. „Reparatur und möglich".
Morosini, Marco. 2012. Wachstum – Natur zerstören, Geld retten? In: Neue Zürcher Zeitung. 17.9.2012.
Müller, Michael. 2009. Vorwort. In *Globale Rohstoffpolitik. Herausforderungen für Sicherheit, Entwicklung und Umwelt*, Hrsg. Raimund Bleischwitz und Florian Pfeil. Baden-Baden: Nomos.
Müller, Giorgio V. 2011a. Wenig elastische Stromnachfrage. In: Neue Zürcher Zeitung. 24.5.2011.
Müller, Matthias. 2011b. Die Mär vom „gerechten" Mindestlohn. In: Neue Zürcher Zeitung. 13.7.2011.
Müller, Armin. 2013a. Rennen gegen Roboter. In: Schweizerische Handelszeitung. 18.4.2013.
Müller, Armin. 2013b. Das Rätsel der Inflation. In: Schweizerische Handelszeitung. 26.9.2013.
Müller, Matthias. 2014. Die Schweiz einmal im Hintertreffen. In: Neue Zürcher Zeitung. 14.5.2014. 29.
Neue Zürcher Zeitung. 15.2.2010. Schuldenabbau durch Inflation?
Neue Zürcher Zeitung. 27./28.3.2010. Aufschwung des Welthandels. Die Dauha-Runde in der Warteschleife.
Neue Zürcher Zeitung. 28.4.2010a. Bauen gegen die Krise. China wird die Rechnung für die staatliche Konjunktursimulierung später zu zahlen haben.
Neue Zürcher Zeitung. 28.4.2010b. Boomendes Indien kämpft gegen hohe Inflation. Regierung und Zentralbank geben Gegensteuer.
Neue Zürcher Zeitung. 28.4.2010c. Starkes Wachstum in Brasilien. Angst vor einer Überhitzung der Wirtschaft.
Neue Zürcher Zeitung. 6.9.2010. Unbefriedigende Löhne für Japans Jugendliche. Abhängigkeit von den Eltern.
Neue Zürcher Zeitung. 30.4.2011. Die Inflation im Euro-Raum erneut gestiegen.
Neue Zürcher Zeitung. 11.7.2011. Die Schuldenkrise hat ernste Konsequenzen.
Neue Zürcher Zeitung. 20.10.2011. Westeuropa belastet den oberen Mittelstand am stärksten.
Neue Zürcher Zeitung. 3.5.2012. Weltweit hohe Arbeitslosigkeit.
Neue Zürcher Zeitung. 11.7.2012. ILO warnt vor längerer Rezession auf dem Arbeitsmarkt.
Neue Zürcher Zeitung. 27.2.2013. Investitionen unter Kritik.
Neue Zürcher Zeitung. 18.7.2015. Edelmetalle mit mattem Glanz. 31.
Östensson, Olle. 2009. Internationaler Rohstoffhandel und seine Wirkung auf Entwicklungsländer. Eine günstige Situation für Entwicklung. In *Globale Rohstoffpolitik. Herausforderungen für Sicherheit, Entwicklung und Umwelt*, Hrsg. Raimund Bleischwitz und Florian Pfeil. Baden-Baden: Nomos.
Otte, Max. 2006. *Der Crash kommt. Die neue Weltwirtschaftskrise und wie Sie sich darauf vorbereiten*. Berlin: Ullstein/Econ.
Radkau, Joachim. 2010. Wachstum oder Niedergang: ein Grundgesetz der Geschichte? In *Postwachstumsgesellschaft. Konzepte für die Zukunft*, Hrsg. Irmi Seidl und Angelika Zahnt. Marburg: Metropolis-Verlag.
Rásonyi, Peter. 2014. Erfolg dank Masshalten. Der Mindestlohn in Grossbritannien ist heute politisch unbestritten. 25. In: Neue Zürcher Zeitung. 13.4.2014.
Reuss, Jürgen, und Cosima Dannoritzer. 2013. *Kaufen für die Müllhalde. Das Prinzip der geplanten Obsoleszenz*. Saarbrücken: Verlag Orange Press.
Rist, Manfred. 2011. Hürden für Berufseinsteiger. In: Neue Zürcher Zeitung. 13.7.2011.
Rist, Manfred. 2012. Der hässliche Warteraum der Wirtschaftskrise. In: Neue Zürcher Zeitung. 11.7.2012.

Rutz, Samuel, und Gerhard Schwarz. 2013. Wachstum – ein natürliches Phänomen. In: Neue Zürcher Zeitung. 22.7.2013.
Schwager, Gery. 2015. Üppiger Geldsegen für Elektrizitätskonzerne. In: K-Tipp. 21.10.2015. 8–9.
Schweizerische Elektrizitätsstatistik. 2014. Bern: Bundesamt für Energie. http://www.bfe.admin.ch/themen/00526/00541/00542/00630/index.html?lang=de&dossier_id=00765. Zugegriffen: 20. Okt. 2015.
Schweizerische Handelszeitung. 24.-30.3.2010. Fast die Hälfte des Vermögens steckt in Immobilien.
Schwöb, Ronnie et al. 2015. Mehr ist besser als weniger. In: Neue Zürcher Zeitung. 18.2.2015. 29.
SECO. 2015. Konjunkturdaten Sommer 2015. Bern: Sekretariat für Wirtschaft SECO. Beilage von Die Volkswirtschaft. 8-9/2015.
Seidl, Irmi, und Angelika Zahnt. 2010. Argumente für einen Abschied vom Paradigma des Wirtschaftswachstums. In *Postwachstumsgesellschaft. Konzepte für die Zukunft,* Hrsg. Irmi Seidl und Angelika Zahnt. Marburg: Metropolis-Verlag.
Seidl, Irmi, und Angelika Zahnt. 2013. Die Wachstumsgesellschaft ist ein Auslaufmodell. In: Neue Zürcher Zeitung. 22.7.2013.
Sen, Amartya. 2003. *Ökonomie für den Menschen. Wege zu Gerechtigkeit und Solidarität in der Marktwirtschaft.* München: Deutscher Taschenbuch Verlag.
Shiller, Robert J. 2011. Der Wahnsinn mit der Verschuldungsquote. In: Schweizerische Handelszeitung. 28.7.2011.
Thielemann, Ulrich, und Peter Ulrich. 2009. *Standards guter Unternehmensführung. Zwölf internationale Initiativen und ihr normativer Orientierungsgehalt.* Bern: Haupt Verlag.
Uhlig, Andreas. 2013. Unklare Schulden-Wachstum-Kausalität. In: Neue Zürcher Zeitung. 22.4.2013.
Uhlig, Andreas. 2015. Umstrittene Negativzinsen. In: Neue Zürcher Zeitung. 27.4.2015. 21.
Vonplon, David. 2013. Oase der Funktionäre. In: Schweizerische Handelszeitung. 3.1.2013.
Wielens, Hans. 2004. Im Brennpunkt: Geld & Spiritualität. Ist die Krise der materiellen Welt überwindbar? Petersberg: Verlag Via Nova.
Willemsen, Klaus. 2011. Stabiles Geld muss neutral sein. In: Humane Wirtschaft. März/April 2011. 2 ff.
Wuhrer, Pit. 2013. Die Rückkehr der Leibeigenschaft. In: WochenZeitung. 22.8.2013.
Yupari Aguado, Anida. 2009. Spielregeln im Wandel. Die Investitionsbeziehungen zwischen Rohstoffindustrien und Entwicklungsländern. In *Globale Rohstoffpolitik. Herausforderungen für Sicherheit, Entwicklung und Umwelt,* Hrsg. Raimund Bleischwitz und Florian Pfeil (Hrsg.): Baden-Baden: Nomos.
Zinn, Karl Georg. 2009. Sättigung oder zwei Grenzen des Wachstums. John Maynard Keynes hat über die kleine Not des Augenblicks hinausgedacht. In: Le Monde Diplomatique (deutsche Ausgabe). Juli 2009.

Szenarien 2

Zusammenfassung

Um besser abschätzen zu können, wie sich die Situation in den einzelnen volkswirtschaftlichen Bereichen – oder „Baustellen" – weiter entwickelt, ist es hilfreich, unterschiedliche Kennwerte bei wichtigen Variablen anzunehmen und zu überprüfen, wie sich diese auf die Gesamtsituation auswirken. Dabei entstehen so genannte Szenarien, aus denen weitere Zusammenhänge erschlossen und Erkenntnisse gewonnen werden können.

In der heutigen Situation ist eine Fortsetzung der Niedrig- oder Negativzinspolitik bei gleichzeitiger Aufblähung der Geldmenge am wahrscheinlichsten. Alternativen sind heute schwierig zu erkennen, und nicht umsonst hat das amerikanische Fed die Heraufsetzung der Zinsen von Monat zu Monat verschoben.

In Bezug auf die Inflation stellt sich die Frage, wie verlässlich die offiziellen Inflationsberechnungen überhaupt sind. Je nachdem kann sie aktuelle Situation als Vermögens- und Sachwertinflation gesehen werden – bei Null- oder Negativteuerung im Konsumgüterbereich – oder als einzig durch die expansive Geldpolitik kompensierte und damit sozusagen verdeckte Deflation, die sonst deutlich stärker wäre. Auch hier scheint eine Alternative schwierig, weil einerseits mit einer längeren Wachstumsphase infolge gesteigerten Nachfrage kaum zu rechnen ist, und andererseits nicht wenige Regierungen eine extensive Sparpolitik betreiben.

An der Schuldenfront hat sich seit der Wirtschafts- und Finanzkrise nur wenig geändert. Die staatlichen Schulden bleiben hoch und in einer Reihe von Ländern wächst auch die private Verschuldung.

Vorausgesetzt, es kommt nicht zu einem größeren Krieg oder zu flächendeckenden Umweltkatastrophen, welche anschließend zu einem massiven Wiederaufbaubedarf führen, dürften ein langfristig sinkendes oder stagnierendes Wirtschaftswachstum zur Regel werden, gerade auch in den emerging states. Dazu kommt, dass das Wirtschaftswachstum durch verstärkte Nutzung natürlicher Ressourcen früher oder später an sein Ende kommen wird – auch wenn Substitutionsprozesse und technische Innovationen diesen verzögern oder zeitweise umkehren können.

Die nationalen Arbeitsmärkte werden tendenziell weniger Arbeitskräfte absorbieren können, was zu verstärkter Konkurrenz unter den Arbeitsuchenden und Arbeitnehmern führen wird, und zu tendenziell sinkenden Löhnen sowie zunehmend prekäreren Arbeitsbedingungen. Diese Entwicklung ist bereits voll im Gang und wird durch die großen Migrationsbewegungen noch verstärkt.

Im Bereich der internationalen Investitionen werden sich die Auseinandersetzungen zwischen Investoren und nationalen Regierungen eher verstärken, wobei die Position der internationalen Investoren eher stärker wird und die der nationalen Regierungen eher schwächer. Die Bemühungen um transatlantische und transpazifische Handelsräume sowie neue Investitionsschutzabkommen dürften kleinen und mittleren Unternehmen zunehmend zu schaffen machen, aber auch vielen Nationalstaaten.

Schließlich könnte sich der internationale Steuerwettbewerb dermaßen verschärfen, dass viele Peripheriestaaten und arme Länder zunehmend marginalisiert werden und die einfachsten Staatsaufgaben nicht mehr finanzieren können, während die transnationalen Unternehmen nach wie vor ihre Steuern optimieren können und aufgrund eines fehlenden globalen Steuerregimes von Niedrigsteuerländern profitieren. Das wirkt sich angesichts der weltdemografischen Entwicklung und der Zunahme von kriegerischen Hotspots sowie des globalen Terrorismus verheerend aus.

2.1 Finanzwirtschaft versus produktive Wirtschaft

In Deutschland kreuzten sich die Wachstumskurven der Finanzwirtschaft und der Realwirtschaft bereits 1993. Bichlmaier (2009, S. 47) schreibt zu den daraus entstehenden Folgen: „Entweder muss auch die Volkswirtschaft selbst exponentiell wachsen (was unmöglich ist) oder die Geldwerte [müssen]immer schneller real an Wert verlieren, da den wachsenden Beträgen nur eine relativ immer kleiner werdende Menge an Gütern und Dienstleistungen gegenüberstehen kann". Laut Bichlmaier (2009, S. 47) lässt sich der unausweichliche Zusammenbruch nur durch eine exponentiell steigende Verschuldung hinauszögern, was mit immer horrenderen Zinszahlungen an die Vermögenden verbunden ist. Gleichzeitig nimmt die Verarmung der übrigen Bevölkerung zwangsläufig zu.

Im Prinzip sind folgende Szenarien möglich:

1. Wachsende Verschuldung, steigende Zinskosten und überproportionales Wachstum der Vermögen der Reichen und Reichsten.
2. Steigende Inflation mit kürzeren oder längeren Phasen der Hyperinflation mit steigenden Konsumgüterpreisen wie Lebensmittel, Mietzinse usw., die von immer weniger Menschen bezahlt werden können. Nach Auslaufen der Aufschwungphasen kommt es zu Nachfrage- und Produktionseinbrüchen, Rezessionen und Arbeitslosigkeit.

3. Aufblähung der Geldmenge über eine Niedrig-, Null- oder Negativzinspolitik der Zentralbanken mit einer künstlichen Verhinderung einer Deflation und zunehmender Enteignung von kleinen und mittleren Sparern.
4. Flächendeckende Zerstörung von Produktionskapazitäten und von Finanzkapital durch einen umfassenden Krieg oder durch mehrere regionale Kriege.

So stellen etwa die beiden Weltkriege zweifellos Variationen des Szenarios 4 dar, die Zwischenkriegszeit (Depression) und die 1960er- und 1970er-Jahre entsprachen dem Szenario 2 und die 1990er-Jahre bis zur Finanzkrise 2008, aber auch in der Zeit danach, dem Szenario 1.

Im Augenblick (2015) scheint das dritte Szenario am nächsten an der Wirklichkeit zu sein. allerdings sind auch Kombinationen aller vier Szenarien möglich.

Allen diesen Szenarien ist gemeinsam, dass sie darauf abzielen, das immer mehr aus dem Gleichgewicht geratene Verhältnis zwischen Finanzvermögen bzw. großen Vermögen auf der einen Seite und der produktiven Wirtschaft und den Alltagsbedürfnissen der großen Mehrheit auf der anderen Seite wieder in ein Gleichgewicht zu bringen. In allen Fällen wird dabei Geldvermögen zerstört – allerdings mit dem Unterschied, dass die armen und reichen Bevölkerungsgruppen unterschiedlich stark davon betroffen sind – bzw. dass sie diesem Prozess der Zerstörung von Geldvermögen und teilweise von realen wirtschaftlichen Werten (Szenario 4, sowie teilweise 3 und 2) unterschiedlich gut ausweichen können.

Solange das Wirtschaftssystem auf einer maximalen Vermögensakkumulation beruht, wird solche Zyklen von wirtschaftlichem Aufschwung und Zerstörung wirtschaftlicher Werte unvermeidbar.

Es gäbe allerdings noch ein fünftes Szenario:

5. Eine systemische Wachstumsbremse im Finanzbereich, welche das nach oben unbeschränkte Wachstum beschränkt – oder zumindest an das reale Wirtschaftswachstum bindet. Anders gesagt: Das Wachstum im Finanzbereich und bei den Finanzvermögen wird an das reale Wirtschaftswachstum angebunden. Das bedeutet: Wenn das Wirtschaftswachstum der realen Produktion bei – sagen wir – 0,5 % liegt, ist auch das Wachstum des Finanzbereichs auf 0,5 bis 1 % zu beschränken.

2.2 Inflation

In Bezug auf die Inflation gibt es grundsätzlich folgende Szenarien:

1. Keine bis eine sehr geringe Inflation von < 2 %.
2. Eine moderate Inflation im Bereich von 2–5 %.
3. Eine hohe Inflationsrate von > 5 % bis 15 %
4. Hyperinflation von > 15 %

5. Eine reine Sachwert- oder Vermögenswertinflation, bei 0%-Inflation oder gar negativer Teuerung bei den Konsumgütern

Szenario 1: keine/sehr geringe Inflation In Österreich bewegte sich die Inflation 1986–1987, 1996–1999, 2000–2003, 2006, 2009–2010 sowie 2014 in diesem Bereich. In der Schweiz galt dieses Szenario in den Jahren 1976–1978, 1986–1988, 1994–1997, 1999–2006 sowie 2008–2010. In Deutschland lag die Inflationsrate in den Jahren 1995–1996, 1998–2000, 2002–2006, 2009–2010 sowie 2013–2014 unter 2%.

Je nachdem, welchem Ökonom man die Aufmerksamkeit schenkt, befinden wir uns heute (2015) entweder im Szenario 1 oder im Szenario 5. Allerdings ist dabei zu bedenken, dass infolge der ungeheuren Aufblähung der Geldmengen eigentlich die heutige Situation eine künstliche ist: Sowohl die Sachwertinflation als auch die 0%-Inflation sind nur deswegen (noch) nicht in eine Deflation gekippt, weil das Verhältnis von Geldmenge und produzierten Gütern/Dienstleistungen massiv zugunsten ersterer vergrößert wurde.

Szenario 2: Moderate Inflation (2–5%) Dieses Szenario spielte im Euro-Raum in der Zeit von 2008–2011, als die Inflationsrate zwischen 2 und 3,2% lag. In Österreich lief dieses Szenario 1988–1995, 2000–2001, 2004–2005, 2007–2008 sowie 2011–2013. In Deutschland lagen die Inflationsraten in den folgenden Jahren zwischen 2 und 5%: 1993–1994, 1997, 2001, 2007–2008, 2011–2012. In der Schweiz bewegte sich die Inflation 1983–1985, 1992–1993 sowie 2007 in diesem Bereich.

Szenario 3: Hohe Inflationsrate (>5–15%) In den 1970er- und wiederum Anfang der 1980er-Jahre sowie 1992 lag in Deutschland die Jahresinflation bei über 5%. In der Schweiz lag die Inflationsrate zwischen 1970 und 1974 in diesem Bereich, außerdem 1979 sowie 1989–1991.

Szenario 4: Hyperinflation Diese Situation erlebte Deutschland in der Zwischenkriegszeit, und insbesondere zwischen Januar und November 1923, als die Mark um den Faktor von 4,2 Mrd. abgewertet wurde, vgl. Tab. 2.1:

Nach der Finanzkrise von 2008–2009 haben Volkswirtschaftler den Vorschlag gemacht, die Zentralbanken sollten – anstatt Preisstabilität – eine etwas höhere, aber moderate Inflationsrate anstreben. Eine – sagen wir bei 3–6% liegende – Teuerung würde den Wert des umlaufenden Geldes sukzessive verringern und damit auch den realen, wenn auch nicht nominalen Wert der Schulden sinken lassen.

Gemäß Berechnungen der Ökonomen Joshua Aizenman und Nancy Marion könnte durch eine Inflationsrate von 6% während vier Jahren die Verschuldungsquote der USA um 20% gesenkt werden. So hätten die USA bereits in den Jahren 1946–1955 die reale Verschuldung durch eine Teuerungsrate von 4% ungefähr halbiert (vgl. Neue Zürcher Zeitung vom 21.12.2009). Doch auch eine solche Strategie bevorzugt die Vermögenden: Sie können durch rechtzeitige Umlagerung ihrer Vermögen auf Sachwerte einen realen

2.2 Inflation

Tab. 2.1 Wertverfall der deutschen Währung 1914–1923. (Quelle: Bente 1926, S. 134)

1 Goldmark = Papiermark	Datum	Dollarkurs in Mark	Zeitraum
1	Juli 1914	4 20	k. W.
10	Januar 1920	41 98	5 1/2 Jahre
100	3. Juli 1922	420 00	2 1/2 Jahre
1.000	21. Oktober 1922	4.430 00	108 Tage
10.000	31. Januar 1923	49.000 00	101 Tage
100.000	24. Juli 1923	414.000 00	174 Tage
1.000.000	8. August 1923	4.860.000 00	13 Tage
10.000.000	7. September 1923	53.000.000 00	30 Tage
100.000.000	3. Oktober 1923	440.000.000 00	26 Tage
1.000.000.000	11. Oktober 1923	5.060.000.000 00	8 Tage
10.000.000.000	22. Oktober 1923	40.000.000.000 00	11 Tage
100.000.000.000	3. November 1923	420.000.000.000 00	11 Tage
1.000.000.000.000	20. November 1923	4.200.000.000.000 00	17 Tage

Wertverlust umgehen. Demgegenüber haben kleine und mittlere Sparer das Nachsehen, weil sie zusehen müssen, wie der Wert ihres Vermögens laufend geringer wird.

Allerdings spricht einiges dafür, dass dieser Prozess bereits begonnen hat. Wenn auch noch nicht als steigende Inflationsraten erkennbar, zeigen sich doch erste Anzeichen bei den massiven Zunahmen der Geldmengen, die über kurz oder lang zu einer größeren Inflation führen dürften: Bereits seit einiger Zeit wachsen die Geldmengen M3 in den USA und im Euro-Raum zweistellig. Trotz eines Zielwerts für die Geldmenge M3 der Europäischen Zentralbank von 4,5 %, wuchs diese bereits 2007 um 11,5 %. Bezeichnenderweise werden die Zahlen für das Wachstum der Geldmenge M3 in den USA seit 2006 nicht mehr publiziert. Anhand von öffentlich zugänglichen Zahlen berechnete John Williams ein M3-Wachstum von über 15 % für die USA (vgl. Bichlmaier 2009, S. 268). Laut anderen Quellen waren es sogar 16 % (vgl. Bichlmaier 2009, S. 275). Einige Ökonomen glauben, dass sich dieses Geldmengenwachstum bereits deutlich auf die Preisentwicklung in vielen Ländern ausgewirkt hat – und nicht wenige Wirtschaftswissenschaftler halten bereits heute die Inflation für deutlich höher als in offiziellen Statistiken angegeben. So vertrat der schon zitierte US-amerikanische Statistiker John Willliams die Ansicht, dass bereits 2008 die Inflation in den USA bei 12 % gelegen hätte, wenn die Inflationsrate immer nach der bis 1980 geltenden Praxis berechnet worden wäre (vgl. Bichlmaier 2009, S. 269).

Damit hätte 2008 in den USA die Inflation bereits im Bereich des Szenarios 3 gelegen.

Angesichts dieser Entwicklung kann man sich schon fragen, wie verlässlich überhaupt die offiziellen Inflationszahlen sind – und ob diese nicht einfach ein Instrument für das öffentliche „mood making" darstellen.

2.3 Deflation

Es ist schon erstaunlich, wie tunlichst öffentliche und private Exponenten der Wirtschaft und der Politik es vermeiden, von Deflation zu sprechen.

In Österreich und in Deutschland lag bis 2014 die Teuerungsrate nie bei oder unter 0%. Dagegen gab es in der Schweiz 1998, 2011–2012 sowie 2014 negative Teuerungsraten.

Nachdem sich Japan zwischen 1989 und 2009 in einem 20jährigen Deflationszyklus befand, zog die japanische Wirtschaft 2015 wieder an und bewegte sich auf eine Wachstumsrate von 1% zu (vgl. Neue Zürcher Zeitung vom 9.6.2015, S. 26). Allerdings war dieses Wachstum nicht Ausdruck einer erhöhten Nachfrage, sondern resultierte aus einem erhöhten Lageraufbau der Unternehmen.

Grundsätzlich sind folgen Deflations-Szenarien möglich:

1. Über längere Zeit auf breiter Front – also etwa im Bereich der Lebensmittel, der Energie, der elektronischen Geräte und der Mieten – sinkende Preise.
2. Über längere Zeit sinkende Preise in einzelnen Wirtschaftsbereichen – etwa im Energiebereich oder bei den Nahrungsmitteln.
3. Kurzfristig – zum Beispiel während einem oder zwei Jahre – sinkende Preise.
4. Kurzfristig – zum Beispiel während einem oder zwei Jahre – fallende Preise in einzelnen Bereichen.

Szenario 1: Langfristige und auf breiter Front sinkende Preise Dieses Szenario ist in der Regel mit einem wirtschaftlichen Rückgang bzw. einer Rezession verbunden, die in der Regel eine Folge einbrechender Nachfrage ist. Beispiele für dieses Szenario waren die große Depression 1929–1932 oder Japan 1989–2009.

Szenario 2: langfristig sinkende Preise in einzelnen Bereichen Beispiele dafür sind etwa die über Jahre fallenden Nahrungsmittelpreise oder auch längerfristig fallende Energiepreise. Allerdings können Preissenkungen infolge technischer Innovation nicht als deflationär eingestuft werden, besonders wenn damit neue Märkte erschlossen werden (z. B. die jahrelang sinkenden Preise bei elektronischen Geräten, die gleichzeitig immer multifunktioneller wurden).

Szenario 3: Kurzfristig fallende Preise auf breiter Front Dieses Szenario traf für die Schweiz in den folgenden Jahren zu: 1998, 2011–2012 sowie 2014. Allerdings kann in diesem Fall nicht von Deflation gesprochen werden.

Szenario 4: Kurzfristig fallende Preise in einzelnen Wirtschaftsbereichen So sanken etwa zwischen ungefähr Mitte 2011 und 2012 die Maispreise weltweit. Nach Mitte der 1990er-Jahre bis 2002 sanken die Sojapreise auf dem Weltmarkt. In den Jahren 2013 und 2014 sanken die Preise für viele Grundnahrungsmittel erneut deutlich.

Ende 2014/Anfang 2015 gingen die Preise für Nahrungsmittel – übrigens analog zum Erdölpreis – stark zurück. Ende Dezember 2014 sank der Preisindex der FAO auf den tiefsten Stand seit 2010 (vgl. Gmür 2015, S. 37). Seit dem Hoch im Juli 2012 brach der Mais-Preis bis Ende 2014 um fast 50 % auf rund 180 US-Dollar pro t ein, zwischen Juni und Dezember 2014 fiel der Weizenpreis um 20 % und der Preis für Sojabohnen um 30 % (vgl. Gmür 2015, S. 37). Allerdings sind nicht alle diese Preiseinbrüche Ausdruck deflationärer Entwicklungen – sie können auch eine Folge anderer Faktoren sein (z. B. Spekulationsblasen auf den Rohstoffmärkten).

2.4 Verschuldung

Es versteht sich, dass eine Regierung, die mehr Geld ausgeben will, als sie einnimmt, sich dieses Geld irgendwoher beschaffen muss. Laut Leuschel und Vogt (2009, S. 132 f.) bestehen dafür prinzipiell vier Möglichkeiten:

1. Die Regierung kann **Steuererhöhungen** beschließen, die allerdings sehr unpopulär sind und zu ihrem Sturz oder gar zu politischen oder sozialen Unruhen führen können.
2. Die Regierung kann einen **Raubkrieg** anzetteln, um sich zum Beispiel reiche Regionen, Gebiete mit Bodenschätzen oder andere Reichtümer einzuverleiben. Obwohl dieser Weg in der Geschichte bis heute immer wieder beschritten wurde – vgl. z. B. die Verscherbelung von Antiquitäten und der Verkauf von Rohstoffen durch den „Islamischen Staat" in Syrien und Irak 2014 und 2015 – ist dieser Weg heute den westlichen Demokratien weitgehend verschlossen.
3. Die Regierung kann **Kredite** aufnehmen: So kann sich die Regierung Geld über die Emission von Staatsanleihen beschaffen. Allerdings kosten solche Kredite Zinsen, und in aller Regel – außer bei einem Staatsbankrott oder „haircut" – müssen die Kredite wieder zurückbezahlt werden. Je nach Kreditmarkt kann dieser Weg sehr teuer sein, oder sehr verführerisch – wie heute bei den äußerst tiefen Zinsen.
4. Die Regierung kann Geld drucken, oder moderner: durch Knopfdruck erzeugen. Heute nutzen sehr viele Staaten diese Möglichkeit, sogar die USA und die EU. Letztlich ist auch die heutige Politik des „Quantitative Easings" zu dieser Form von Geldbeschaffung zu zählen.

In nicht wenigen Ländern funktioniert das System heute so: Geschäftsbanken kaufen Schrott-Staatsanleihen und hinterlegen diese bei den Zentralbanken als Sicherheit für (Geld-)Kredite. Damit landen die Schrottpapiere in der Bilanz der Notenbanken – bei gleichzeitiger Ausweitung der Geldmenge: „Das Fed [= amerikanische Notenbank] hat derart massiv Staatsanleihen des eigenen Landes aufgekauft, dass der größte Gläubiger der Vereinigten Staaten mittlerweile nicht mehr China, sondern die Vereinigten Staaten sind" (Beck und Prinz 2014, S. 52). Das ist faktisch die heutige Variante, neues Geld drucken zu lassen.

Bichlmaier (2009, S. 47) prognostizierte einen unausweichlichen Zusammenbruch der Wirtschaft aufgrund des zunehmenden Auseinanderklaffens von Real- und Finanzwirtschaft. Dieser Zusammenbruch könne nur noch durch eine exponentiell steigende Verschuldung verzögert werden. Was bedeutet dies längerfristig? Spätestens wenn der Staat die wachsende Schuldenlast nicht mehr aufbringen kann oder wenn ein Großteil der Bevölkerung dermaßen verarmt ist, dass sie sich die zum Überleben notwendigen Güter wie Nahrung, Strom, Unterkunft usw. nicht mehr leisten kann, wird eine grundlegende Währungsreform unausweichlich sein, um soziale Unruhen zu verhindern. Wie das Beispiel Deutschlands nach dem Zweiten Weltkrieg zeigt, wird dann das ganze Spiel von Neuem beginnen. Den Vermögenden wird es ein Leichtes sein, sich den Auswirkungen der Währungsreform rechtzeitig durch die Flucht in Sachwerte zu entziehen. Bereits 2010 konnten in den USA nur noch 60–67 % der laufenden Ausgaben des Staatshaushalts durch laufende Einnahmen gedeckt werden, der Rest musste über Schulden finanziert werden (Meier 2010).

Was bedeutet es, wenn ein Staat zahlungsunfähig wird? In der Regel kommt es dann zu einer Umschuldung. Dabei werden Staatsanleihen heruntergestuft, das heißt der Käufer der Staatspapiere erhält nur noch einen Teil des nominalen Wertes der Anleihe zurück. Fachleute sprechen in diesem Fall von einem „Haircut".

Vor allem in südamerikanischen Ländern sowie in Russland, der Ukraine und in Pakistan kam es zu größeren Abschlägen auf Staatsanleihen. Laut der Schweizerischen Handelszeitung vom 5.-11.5.2010 kamen dabei folgende Schuldenschnitt-Quoten zur Anwendung: In Russland betrug der Abschlag 69,2 %, in Argentinien 67 %, in Ecuador 60 %, in der Ukraine kam es zu einem Schuldenschnitt von 59,2 %, in Uruguay verloren die Anleger 36,2 % und in Pakistan 30,4 %.

Paradoxerweise rentieren dabei diejenigen Staatsanleihen am meisten, die von verschuldeten Staaten herausgegeben werden – das war etwa auch im Falle Griechenlands so. Zinsen von 7 % oder mehr sind dabei keine Seltenheit. Dies ist deshalb so, weil hohe Risiken – also ein drohender Staatsbankrott oder eine drohende Umschuldung – sich in hohen Zinsen ausdrücken. Entsprechend profitierten viele Großanleger und Banken von der Griechenlandkrise, vor allem dann, wenn Sie die Staatsanleihen rechtzeitig abstießen.

Dass das Thema Staatsbankrotte und Umschuldungen überhaupt nicht vom Tisch ist – wie man noch vor wenigen Jahren glaubte –, zeigte das Beispiel Griechenlands 2011–2015. Allerdings sollte – wie Carstensen (2011, S. 24) betonte – mit dem Grundsatz „Haircut vor Hilfe" sichergestellt werden, dass einer allfälligen zwischenstaatlichen Hilfe immer zuerst eine Beteiligung privater Investoren vorausgeht.

Allerdings kann es bei einem drohenden oder akuten Staatsbankrott auch zu einer Teil-Enteignung zum Beispiel über Zwangsabgaben an den Staat kommen. Solche Maßnahmen können in unterschiedlichsten Situationen vorkommen, sie sind in der Regel durch ihre überraschende Inkraftsetzung gekennzeichnet (vgl. Fehr et al. 2013, S. 66). In der Geschichte gab es sehr verschiedene Formen von Teil-Enteignungen:

2.4 Verschuldung

- 1933 verbot die USA Privaten den Besitz von Gold aufgrund der Weltwirtschaftskrise und der hohen Inflation. Das Gold musste binnen 14 Tagen gegen Auszahlung eines offiziellen Preises an Regierungsbeauftragte abgeliefert werden.
- 1936 erhob Norwegen ohne Vorwarnung eine Steuer von 25 % auf sämtliche Zinserträge.
- 1968 beschränkte Großbritannien den Besitz von Gold auf maximal vier Goldmünzen. Die englische Zentralbank verwendete die übrigen Goldmünzen zur Deckung des Pfund Sterling.
- 1992 führte die italienische Regierung zur Sanierung der öffentlichen Finanzen eine Steuer von 6‰ auf Bankeinlagen ein.
- 2008 verstaatlichte die isländische Regierung die drei größten Banken, die wegen der Finanzkrise vor dem Bankrott standen. Die Regierung lehnte es jedoch ab, die Einlagen ausländischer Kontoinhaber zurückzubezahlen (vgl. Fehr et al. 2013, S. 66).

Doch welche Szenarien sind bei hoher Staatsverschuldung unter den heutigen Bedingungen denkbar?

1. Nach oben unbegrenztes Schuldenwachstum: Die staatlichen Schulden wachsen weiterhin an und steigen auf 200, 300 oder 400 % oder ein noch höheres Vielfaches des Bruttoinlandsprodukts.
2. Überleben von verschuldeten Staaten allein durch Finanzhilfen Dritter.
3. Sukzessiver Abbau der Schulden in Kombination mit einer rigiden Spar- und Austeritätspolitik.
4. Schuldenschnitte oder
5. Staatsbankrott hoch verschuldeter Staaten.

Szenario 1: Nach oben unbegrenztes Schuldenwachstum Dieses Szenario scheint heute (2015) bei einer ganzen Reihe von Ländern im Norden und Süden vorzuherrschen.

Szenario 2: Überleben von verschuldeten Staaten aufgrund Finanzhilfe Dritter Ein bereits klassisches Beispiel dafür ist Griechenland 2011–2015.

Szenario 3: Sukzessiver Schuldenabbau mittels rigider Spar- und Austeritätspolitik Zumindest bis zur Regierung Tsipras bis Januar 2015 scheint Griechenland diesem Szenario – wenn auch zögerlich – gefolgt zu sein.

Szenario 4: Schuldenschnitte Jüngste Beispiele dafür waren Ende der 1990er-Jahre Russland und 2005 Argentinien. 2012 akzeptierten private Gläubiger Griechenlands einen Schuldenschnitt in der Höhe von 50 % des griechischen Bruttoinlandsprodukts. Aber auch die Bundesrepublik Deutschland hatte nach dem zweiten Weltkrieg im Rahmen des Marshall-Plans einen Schuldenerlass von insgesamt 50 % seiner Schulden, inklusive der Vorkriegsschulden, erhalten (vgl. Eisenring 2015, S. 19).

Szenario 5: Staatsbankrott Beispiele dafür waren etwa der Staatsbankrott Deutschlands 1932, oder im 19. und im 20. Jahrhundert mehrmals in Venezuela, Chile und in Griechenland.

Dabei ist zu bedenken, dass ein Schuldenschnitt auch vorgenommen werden kann, um einen Staatsbankrott zu vermeiden.

Zum Zinsproblem

Ein systemimmanentes – und wahrscheinlich mittelfristig sehr gefährliches – Problem stellt die Nullzinspolitik und die Überschwemmung der Finanzmärkte mit Liquidität durch die Zentralbanken dar. Obwohl die riesige Geldmenge bisher – also bis Mitte 2015 – noch nicht auf die reale Wirtschaft in Form von Inflation durchschlug – und dies nur, weil sich die zusätzliche Liquidität nicht auf die Geldmengen M1 und M2 auswirkte –, stehen die nationalen Wirtschaften mit großer Wahrscheinlichkeit vor einer massiven Geldentwertung. Dies, sofern es den Zentralbanken nicht gelingen wird, die überzählige Liquidität effektiv und rechtzeitig abzuschöpfen, was insbesondere im Euroraum eher zweifelhaft sein dürfte. Sollte es zu einer Geldentwertung und damit zu einer Vermögensvernichtung kommen, dann dürfte das vor allem die kleinen und mittleren Sparer treffen, also die private Altersvorsorge, die auf dem Kapitaldeckungsverfahren und damit auf dem privaten Alterssparen beruht, aber auch die kleinen und mittleren Sparvermögen. Indirekt werden aber alle betroffen sein, weil sich der Vermögensverlust früher oder später zu einem Konsumverlust führen wird, der zu Rezession, Arbeitslosigkeit und letztlich Verarmung eines großen Teils der Bevölkerung führen dürfte, und dies nicht nur in den eigentlichen Krisenländern, sondern auch weit darüber hinaus. Wie immer werden die ganz Großen relativ ungeschoren davon kommen – und können aufgrund ihrer großen Kapitalmacht in der Krise Fabriken, Liegenschaften usw. zu Spottpreisen kaufen. Die Geschichte der 1930er-Jahre dürfte sich einmal mehr wiederholen. Binswanger (2012, S. 15) ist zweifellos zuzustimmen, dass dann nicht „nur" – wie heute in Griechenland und Spanien – eine ganze Generation geopfert wird, sondern dass dann politische und soziale Verwerfungen an der Tagesordnungen sein werden – also Streiks, soziale Unruhen, politische Umwälzungen und sogar Bürgerkriege oder zwischenstaatliche Kriege.

Doch selbst wenn es gelingt, eine massive Geldentwertung zu vermeiden, kann es sein, dass – ähnlich wie Japan während mehr als 20 Jahren, nur viel schlimmer – ganze Länder und Kontinente in die Deflation abrutschen, deren Folgen noch problematischer sein könnte.

Grundsätzlich sind folgende Zinsszenarien möglich:

1. Hochzinsphasen
2. Moderater Zins bis 5 %
3. Nullzins
4. Negativzins

Tab. 2.2 Rendite eidgenössischer Obligationen und durchschnittliche Verzinsung in %. (Quelle: Bundesamt für Statistik 2015a)

	1996	2000	2004	2008	2010	2013
Eidgenössische Obligationen	4,3	3,55	2,38	2,15	1,67	1,25
Auf Schweizer Franken lautende inländische Verpflichtungen in Spar- und Anlageform	2,48	1,88	0,72	1,18	0,68	0,43
Kassenobligationen	5,02	3,73	2,57	2,68	2,12	1,52
Hypothekarforderungen	4,93	4,32	3,07	3,33	2,58	2,02

Szenario 1: Hochzinsphasen Dieses Szenario spielte etwa in den 1970er-Jahren und in der Boomphase der 1980er-Jahre, aber auch wieder vor der Finanzkrise 2007/2008.

Szenario 2: Moderater Zins Außer in ausgesprochenen Boomphasen und in Null- und Negativzinsperioden war – und ist – dieses Szenario das häufigste.

So lagen die Zinsen in der Schweiz seit 1996 überwiegend in diesem Bereich, wie Tab. 2.2 zeigt.

Szenario 3: Nullzins Diese Situation kündigte sich in der Schweiz bereits ab 2013 an – um dann zwei Jahre später in das Szenario 4 überzugehen.

Szenario 4: Negativzins Dieses Szenario wurde seit längerem erstmals wieder 2012 Wirklichkeit, als die dänische Notenbank einen Negativzins von 0,2 und später von 0,1 % einführte. Mitte 2014 führte die Europäische Zentralbank Negativzinsen ein, und im Januar 2015 die Schweizerische Nationalbank, und zwar in der Höhe von 0,75 %. Letztmals hatte die Schweizerische Nationalbank 1971 einen Negativzins erhoben, um den Zustrom von ausländischem Kapital zu bremsen. Zu Negativzinsperioden kommt es vor allem dann, wenn die Märkte mit Geld geflutet sind (z. B. „Quantitative Easing") oder wenn der Zustrom von Kapital gebremst werden soll.

2.5 Wachstum

Der ehemalige Finanzminister unter Bill Clinton und spätere Direktor des Nationalen Wirtschaftsrates NEC unter Barack Obama, Lawrence Summers vertrat 2013 – zum nicht geringen Erstaunen einer ganzen Reihe von Wirtschaftswissenschaftlern – die Meinung, dass die US-amerikanische Wirtschaft in den vergangenen Jahren stark hinter ihrem eigentlichen Potenzial geblieben sei. Summers begründete diese Meinung mit vier Argumenten: Erstens nehme der „inflationsbereinigte" Zins seit mehr als 30 Jahren ab, was sich in einem sinkenden Gewinn von Investitionen ausdrücke. Zweitens sinke die Arbeitsproduktivität seit 13 Jahren. Drittens nehme in den USA die Binnennachfrage seit den 1980er-Jahren ab. Und viertens sei seit 2001 eine Stagnation – wenn nicht ein Rückgang

– produktiver Investitionen und der Bruttoinvestitionen festzustellen (vgl. Vergopoulos 2014, S. 3). Darum, so die Argumentation von Summers, setzten die Unternehmen nicht mehr auf eine Ausweitung der Produktion mit entsprechenden Investitionen. Vielmehr würden die Unternehmen größere Teil der Wertschöpfung einbehalten. Deshalb stecke das marktwirtschaftliche System in einem Teufelskreis: Infolge der wachsenden sozialen Ungleichheit und der Massenarbeitslosigkeit verlieren die unteren und mittleren Einkommensgruppen an Kaufkraft, wodurch die potenziellen Gewinne der Unternehmen weiter zurückgingen (vgl. Vergopoulos 2014, S. 3) – also ein Szenario, das man aus Deflationszyklen kennt. Entsprechend könnte man die wechselnden Finanzblasen auch vor diesem Hintergrund sehen – und als verzweifelter Versuch, neue Anlagefelder und Renditemöglichkeiten zu finden. Man könnte aber diese Entwicklung auch als Auslaufen der Wachstumswirtschaft verstehen.

Ist damit also – wie Summers meint – „der Engelskreis des Wachstums" (vgl. Vergopoulos 2014, S. 3) durchbrochen? Ist damit das Wirtschaftswachstum und letztlich das marktwirtschaftliche System an seine endgültigen Grenzen gestoßen? Hier müsste man kritisch einwenden, dass schon viele den Kapitalismus totgesagt haben – und jedes Mal ist er neu erstanden. Doch geht man wohl kaum falsch, wenn man heute das Wachstumssystem in einer tiefen Krise sieht.

Dieser Eindruck wird zusätzlich verstärkt, wenn man bedenkt, dass viele große Firmen heute Cash horten und große Liquidität halten. So hielten Anfang 2014 US-Unternehmen ohne Finanzdienstleister und Finanzwirtschaft zu Beginn des Jahres 2014 über 2800 Mrd. US-Dollar an Liquidität (vgl. Vergopoulos 2014, S. 3). Der Journalist James Saft meinte dazu: „Die Unternehmen ziehen es offenbar vor, ihr Geld zu horten oder für Aktienrückkäufe zu verwenden, als es für den Aufbau neuer Produktionskapazitäten zu nutzen" (zitiert nach Vergopoulos 2014, S. 3). Die einzige Frage, die sich stellt, ist, ob dies Ausdruck einer vorübergehenden Wachstumskrise ist oder auf ein Ende des wirtschaftlichen Wachstums selbst hinweist.

Zwischen 1997 und 2010 wuchs das offizielle Bruttoinlandsprodukt in der Schweiz real – also inflationsbereinigt – um 28,2 %. Dieses scheinbare Wachstum ging jedoch zum Teil darauf zurück, dass bisher unbezahlte Arbeiten abgenommen und durch entsprechende bezahlte Dienstleistungen ersetzt worden sind. Wenn der Anteil der unbezahlten Arbeit immer noch gleich wie 1997 wäre, hätte laut Neue Zürcher Zeitung (vom 29.9.2012) das BIP-Wachstum in der Zeitspanne von 1997 bis 2010 nur 20,9 % betragen – ein Viertel des Wachstums des Bruttoinlandsprodukts war also unecht, bzw. nur statistischer Natur.

Doch wie entwickelte sich das Wirtschaftswachstum in der Schweiz und international über längere Zeit? Die Abb. 2.1 zeigt das (reale) Wirtschaftswachstum in der Schweiz seit 1960.

Die Abb. 2.1 zeigt, dass in der Schweiz und in der EU6 sich seit 1960 das Wirtschaftswachstum deutlich abflachte.

2.5 Wachstum

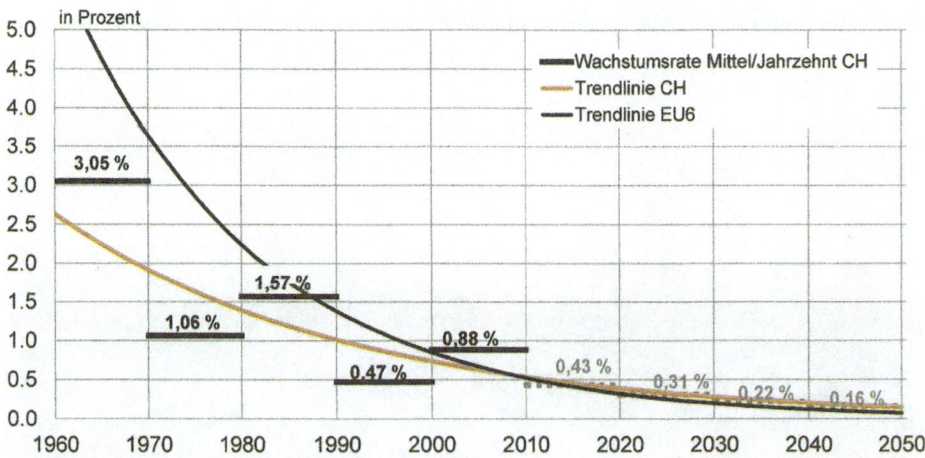

Abb. 2.1 Reales Wirtschaftswachstum in der Schweiz seit 1960. (Quelle: Denkwerkzukunft 2012, S. 10)

Nominal, also ohne Abrechnung der Inflation, stieg – wie Abb. 2.2 zeigt – in den westlichen Ländern das Wirtschaftswachstum bis 2008 an, allerdings auf sehr niedrigem Niveau:

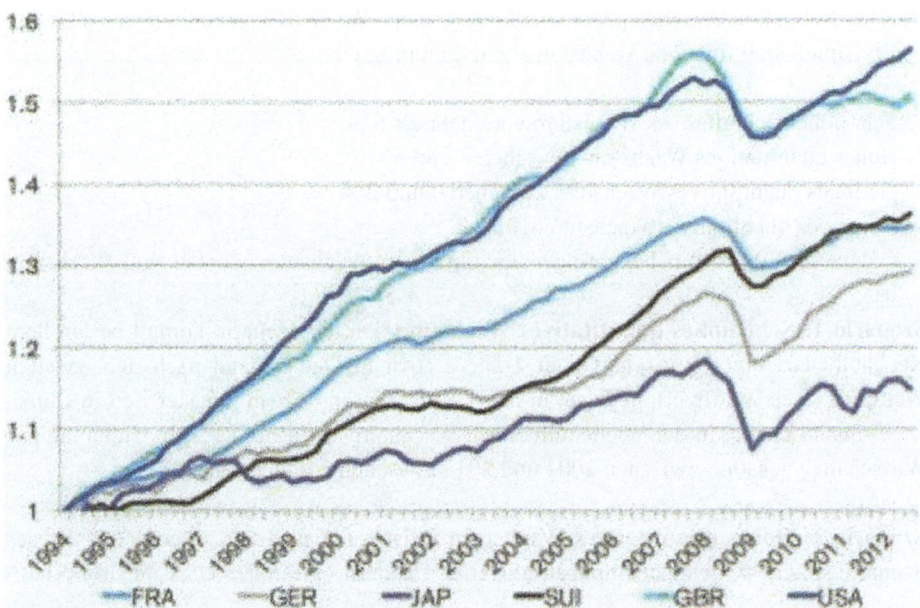

Abb. 2.2 BIP-Wachstum im internationalen Vergleich. (Quelle: Vimentis 2015)

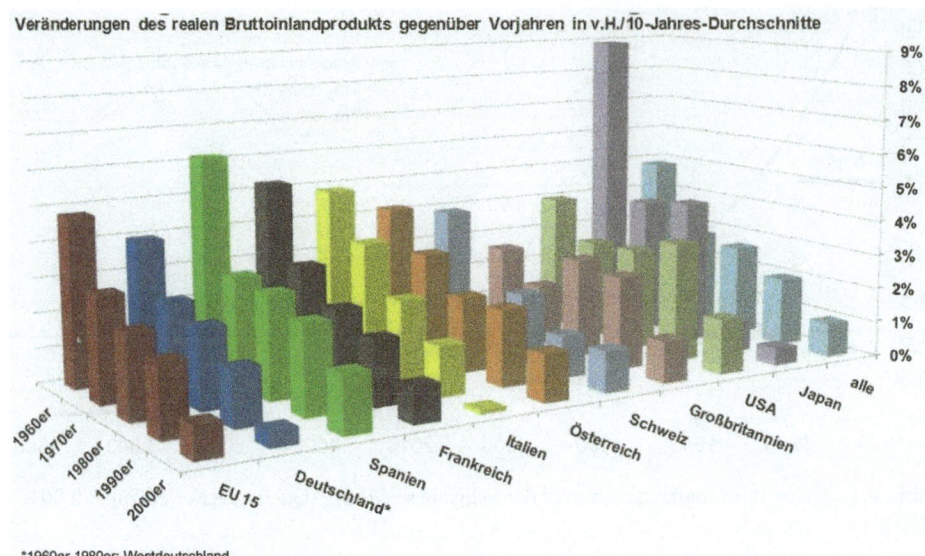

Abb. 2.3 Rückläufiges Wirtschaftswachstum seit den 1960er-Jahren. (Quelle: Seidl 2013, S. 6)

Insgesamt hat das Wirtschaftswachstum in den meisten hoch entwickelten Ländern – so in den EU-Staaten, in der Schweiz, in den USA und auch in Japan – seit 1960 kontinuierlich abgenommen, vgl. Abb. 2.3.

Deshalb ist schon von der effektiven Entwicklung des (quantitativen) Wirtschaftswachstums ein Fragezeichen gegenüber unbegrenzten Wachstumsvorstellungen zu setzen.

Prinzipiell sind folgende Wachstumsszenarien möglich:

1. Sehr hohes quantitatives Wachstum von mehr als 6 %
2. Hohes quantitatives Wachstum zwischen 2 und 6 %
3. Geringes quantitatives Wachstum zwischen 0 und 2 %
4. Negatives quantitatives Wachstum < 0 %
5. Qualitatives Wachstum bei geringem quantitativem Wachstum oder bei Null-Wachstum

Szenario 1: Sehr hohes quantitatives Wachstum Dieses Szenario kommt bei großem Nachholbedarf einer Wirtschaft zum Tragen, etwa in Deutschland nach dem zweiten Weltkrieg (Wiederaufbau), in Japan in den 1960er-Jahren oder in jüngster Zeit in China. Deutschland kannte in der Wiederaufbauzeit Wachstumsraten bis 12 %. In China lag das Wirtschaftswachstum zwischen 2004 und 2014 zwischen 7 und 14 %.

Szenario 2: Hohes quantitatives Wachstum zwischen 2 und 6 % oder höher Dieses Szenario spielte in vielen hochindustrialisierten Ländern – so in den USA, in Großbritan-

2.6 Arbeitsmarkt

nien, in Deutschland und Frankreich sowie in Österreich – zwischen den 1960er- und den 1990er-Jahren oder in der Schweiz zwischen den 1960er- und den 1980er-Jahren.

Szenario 3: Geringes quantitatives Wachstum zwischen 0 und 2 % Diese Situation traf in den meisten hoch entwickelten Ländern Westeuropas und Nordamerikas in den 2000er-Jahren zu. Das war etwa der Fall für Deutschland, Frankreich, Großbritannien, die USA, Japan und die Schweiz zwischen 1995 und 2012.

Szenario 4: Negatives quantitatives Wachstum Diese Situation war während Wirtschaftskrisen und Rezessionen festzustellen.

So gab es auch in Deutschland immer wieder vereinzelte Jahre mit einem negativen Wirtschaftswachstum wie etwa 1975, 1982, 1993, 2003 und 2009.

Szenario 5: Qualitatives Wachstum bei geringem quantitativem Wachstum oder bei Null-Wachstum Dieses Szenario ist naturgemäß am schwierigsten zu verifizieren, weil sich qualitatives Wachstum nur schwer messen lässt. Allerdings scheint dieses Szenario auf längere Frist das wahrscheinlichste zu sein – wenn man einmal von Wiederaufbauphasen nach Kriegen oder anderen Katastrophen absieht.

2.6 Arbeitsmarkt

Auf dem Arbeitsmarkt sind grundsätzlich folgende Szenarien möglich:

1. Ausgetrockneter Arbeitsmarkt: Arbeitskräftemangel

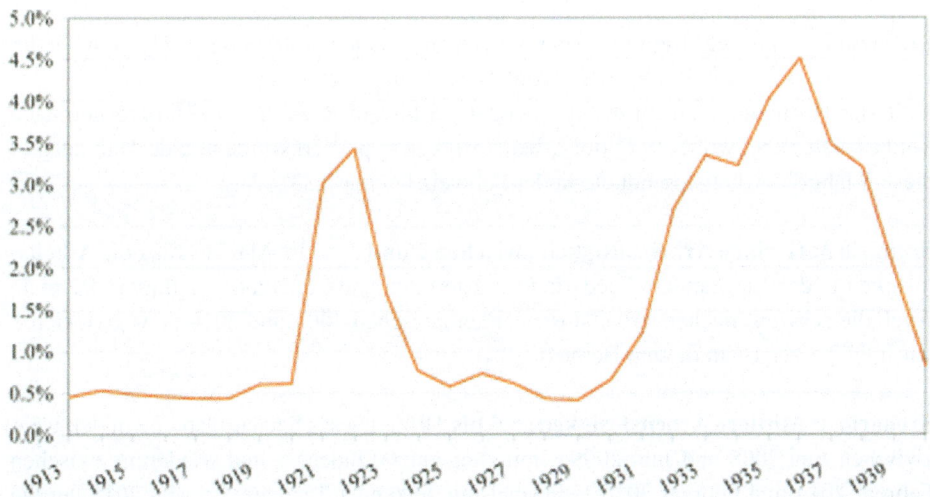

Abb. 2.4 Arbeitslosenquote in der Schweiz 1913–1940. (Quelle: ESO – Economic and Social History online)

Tab. 2.3 Schweiz: Registrierte Arbeitslose und Arbeitslosenquote nach Geschlecht. (Quelle: Bundesamt für Statistik 2015b)

	Registrierte Arbeitslose			Arbeitslosenquote in %[1)]		
	Total	Männer	Frauen	Total	Männer	Frauen
2004	153.091	83.551	69.541	3,9	3,8	4,0
2005	148.537	78.824	69.713	3,8	3,6	4,0
2006	131.532	68.136	63.396	3,3	3,1	3,6
2007	109.189	56.276	52.913	2,8	2,6	3,0
2008	101.725	53.454	48.272	2,6	2,4	2,8
2009	146.089	82.224	63865	3,7	3,7	3,7
2010	151.986	84.031	67.955	3,5	3,6	3,4
2011	122.892	65.982	56.910	2,8	2,8	2,9
2012	125.594	69.044	56.550	2,9	2,9	2,9
2013	136.524	76.279	60.245	3,2	3,2	3,1
2014	136.764	76.679	60.085	3,2	3,3	3,0

2. Vollbeschäftigung: Arbeitslosenquote von <2 %
3. Geringe Arbeitslosigkeit: 2–5 %
4. Mittlere Arbeitslosigkeit: >5 bis 10 %
5. Hohe Arbeitslosigkeit: >10 %
6. Massenarbeitslosigkeit

Szenario 1: Arbeitskräftemangel Arbeitskräftemangel herrscht jeweils in extremen Boomphasen, also wenn sich die Wirtschaft in einem deutlichen Aufschwung befindet. Das war in der Schweiz und in anderen europäischen Ländern ab den 1950er-Jahren bis Ende der 1960er-Jahre der Fall.

Szenario 2: Vollbeschäftigung In der Schweiz herrschte von 1913 bis 1921, dann wieder von 1925 bis Ende der 1920er-Jahre Vollbeschäftigung, vgl. Abb. 2.4.

In der Hochkonjunktur in den 1960er-Jahren bis zur Rezession 1974/1975 herrschte Vollbeschäftigung, wobei 1974 die Arbeitslosigkeit exportiert wurde und deshalb auch in diesem Jahr die Arbeitslosenquote in der Schweiz bei nur 0,33 % lag:

Szenario 3: Geringe Arbeitslosigkeit zwischen 2 und 5 % Im Mai 2011 lag die Arbeitslosigkeit in den EU-Ländern Niederlande, Österreich und Luxemburg in diesem Bereich. Auch die schweizerischen Arbeitslosenzahlen zwischen 2004 und 2014 bewegten sich – wie Tab. 2.3 zeigt – in diesem Bereich.

Szenario 4: Mittlere Arbeitslosigkeit: >5 bis 10 % Dieses Szenario spielte in den USA zwischen Juni 2008 und Juni 2009 – mit steigender Tendenz – und wiederum zwischen Februar 2014 und Februar 2015 – diesmal mit sinkender Tendenz. Im Mai 2011 lag die Arbeitslosenquote der meisten EU-Länder in diesem Bereich, nämlich in Deutschland,

2.7 Investitionen

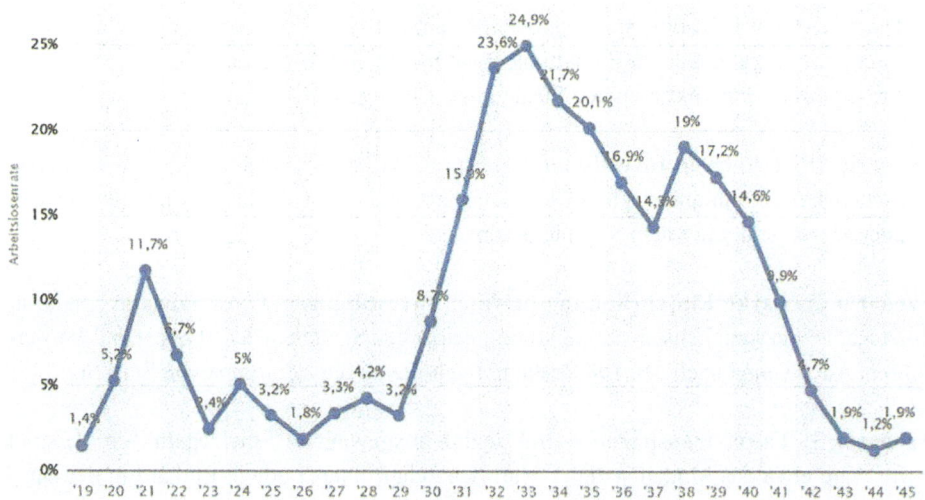

Abb. 2.5 Arbeitslosenquote in den USA zwischen 1919 und 1945. (Quelle: Statista 2015)

Malta, Tschechien, Rumänien, Belgien, Dänemark, Zypern, Großbritannien, Schweden, Finnland, Italien, Slowenien, Polen, Frankreich und Ungarn.

Szenario 5: Hohe Arbeitslosigkeit: >10% Zu den Ländern mit hoher Arbeitslosenquote gehörten im Mai 2011 Bulgarien, Portugal, Slowakei, Estland, Irland, Griechenland, Lettland, Litauen und Spanien. Im November 2014 herrschte neben Griechenland, Spanien, Zypern, und Portugal auch in Kroatien, Bulgarien, Italien, der Slowakei, in Irland, Lettland und Frankreich eine hohe Arbeitslosigkeit von über 10%.

Wie Abb. 2.5 zeigt, bewegte sich in den USA die Arbeitslosenquote zwischen 1920/1921 und zwischen 1930 und 1941 auf diesem Niveau.

Szenario 6: Massenarbeitslosigkeit Klassisches Bespiel dafür waren die 1920er-Jahre und besonders die Jahre 1931 bis 1935.

2.7 Investitionen

In Bezug auf das Verhältnis von (internationalen) privaten Investoren und dem Staat gibt es grundsätzlich folgende Möglichkeiten:

1. Der Staat verhindert private Investitionen.
2. Der Staat schränkt private Investitionen stark ein.
3. Der Staat gibt faire und transparente, und sozialverträgliche Spielregeln vor, deren Einhaltung er kontrolliert – und beide Seiten halten sich daran.

4. Der Staat lässt Privatinvestoren großen Spielraum und beschränkt sich auf ein Minimum von Vorgaben, deren Einhaltung er oft nicht einmal überprüft.
5. Private Investoren diktieren den Staaten ihre Bedingungen.

Szenario 1: Verbot von Investitionen Beispiele dafür wären strikte Formen der sozialistischen bzw. kommunistischen Planwirtschaft, wie etwa in der Sowjetunion in den 1920er-Jahren und unter dem Regime Stalins.

Szenario 2: Starke Einschränkung privater Investitionen Dieses Szenario spielte in einer Reihe von sozialistischen bzw. kommunistischen Staaten in den 1960er- und 1970er-Jahren. Auch China nach den 1980er-Jahren gehörte zu dieser Gruppe von Staaten.

Szenario 3: Faire, transparente und sozial ausgewogene Spielregeln Ein Beispiel dafür wäre etwa das Modell sozialer Marktwirtschaft unter Ludwig Ehrhard in der Bundesrepublik Deutschland. Auch einige liberale Staaten wie etwa die Schweiz können diesem Szenario zugerechnet werden – allerdings mit weit weniger sozialen Minimalstandards für die Investoren.

Szenario 4: Großer Spielraum für die Investoren bei geringen oder fehlenden Kontrollen durch den Staat Dieses Szenario spielte und spielt in vielen Entwicklungsländern und emerging states, wobei Kontrollen oft durch Korruption und Klientelismus verhindert werden.

Szenario 5: Private Investoren diktieren den Staaten ihre Bedingungen Dieses Szenario ist heute in vielen Ländern des Südens Wirklichkeit, aber infolge der internationalen Investitionsschutzabkommens könnten künftig mehr und mehr auch Bereiche der reifen Industrieländer darunter fallen.

Die aktuelle Situation (2015) zeichnet sich dadurch aus, dass Hedge Fonds, welche ihr Geschäftsmodell darauf ausrichten, Staatsanleihen maroder Staaten aufzukaufen und diese über die Gerichte zu zwingen, diese zurückzuzahlen, mit enormen Gewinnen rechnen können – und zwar auf Kosten der betreffenden Staaten und ihrer Bevölkerung, wie zum Beispiel aufgrund des Gerichtsentscheids von 2014 NML Capital auf Kosten Argentiniens.

Gleichzeitig verhandeln die USA, die EU und asiatischen Staaten über die Errichtung von Freihandelszonen, welche internationale Investitionen ohne Rücksicht auf deren volkswirtschaftliche Qualität weitestgehend schützen wollen.

All dies führt dazu, dass das Szenario eines immer größeren Verlusts nationaler Souveränität gegenüber transnationaler Unternehmen das wahrscheinlichste ist.

2.8 Steuern

Es gibt für den Staat folgende Möglichkeiten, Steuereinnahmen zu erzielen:

- Direkte Steuern auf Einkommen,
- direkte Steuern auf Vermögen,
- indirekte Steuern (Konsumsteuern, z. B. Mehrwertsteuer) sowie
- Sondersteuern und besondere Abgaben.

Gleichzeitig können bestimmte Bereiche von der Einkommenssteuer ausgenommen – z. B. Finanzeinkommen – oder andere Bereiche zusätzlich besteuert werden – z. B. zusätzlich zur Vermögenssteuer eine besondere Liegenschaftssteuer, die Unterstellung der Nutzung einer Wohnung oder Liegenschaft unter die Einkommenssteuer, wobei der Mietwert der selbst genutzten Wohnung als fiktive Einnahme angesehen und als Einkommen besteuert wird, z. B. im Rahmen der Eigenmietwertbesteuerung in der Schweiz.

Grundsätzlich bevorzugt die indirekte Steuer die Reichen und Superreichen, während die direkten Steuern – vorausgesetzt es gibt einen nach oben wachsenden Steuersatz, also eine Progression nach oben – eher die Einkommens- und Vermögensschwachen bevorzugen. Heute ist es allerdings – so zum Beispiel in einzelnen Kantonen in der Schweiz – so, dass es sogar einen nach oben abnehmenden Steuersatz gibt (Degression), welcher die hohen Einkommen und Vermögen zusätzlich bevorzugt. Dabei hat das Bundesgericht im Falle Obwaldens klar festgehalten, dass die in der Verfassung vorgeschriebene Steuerpflicht nach wirtschaftlicher Leistungsfähigkeit (Art. 127, Abs. 2 BV) mindestens einen linearen Steuersatz verlangt.

Im Sinne größerer Steuergerechtigkeit müssten die Steuereinnahmen vor allem auf direkten Steuern beruhen und zwar bei wachsender Steuerprogression nach oben („Reichtumssteuer").

Faktisch ist es aber so, dass heute in der Schweiz vor allem die indirekten Steuern ausgebaut und angehoben werden, während nicht wenige Kantone die direkten Steuern (für Privatpersonen und/oder für Unternehmen) senken. Das ist ethisch problematisch und sozial ungerecht.

Literatur

Beck, Hanno, und Aloys Prinz. 2014. *Die große Geldschmelze. Wie Politik und Notenbanken unser Geld ruinieren*. München: Carl Hanser.

Bente, Hermann. 1926. Die deutsche Währungspolitik von 1914–1924. *Weltwirtschaftliches Archiv* 25 (1): 134. http://www.uni-protokolle.de/Lexikon/Deutsche_Inflation_1914_bis_1923.html#Das_Jahr_1923. Zugegriffen: 13. Okt. 2015.

Bichlmaier, Simon. 2009. *Zu Geld und Ökonomie*. Gelnhausen: Wagner-Verlag.

Binswanger, Daniel. 2012. Schleusen auf! In: Moneta. 2/2012.

Bundesamt für Statistik. 2015a: Rendite eidgenössischer Obligationen und durchschnittliche Verzinsung. http://www.bfs.admin.ch/bfs/portal/de/index/themen/12/03/blank/kennzahlen/zinssaetze__bankeinlagen__hypotheken_.html. Zugegriffen: 13. Okt 2015.

Bundesamt für Statistik. 2015b. Schweiz: Registrierte Arbeitslose und Arbeitslosenquote nach Geschlecht. http://www.bfs.admin.ch/bfs/portal/de/index/themen/03/03/blank/key/registrierte_arbeitslose/entwicklung.html. Zugegriffen: 13. Okt 2015.

Carstensen, Kai. 2011. Wie viel Rettung verträgt der Euro? In: Die Volkswirtschaft. 11–2011. 21 ff.

Denkwerkzukunft. 2012. Wachstumstrends in der EU6 und anderen früh industrialisierten Ländern 1960 bis 2050. www.denkwerkzukunft.de/downloads/Wachstumstrends.pdf. Zugegriffen: 15. Sept 2015.

Eisenring, Christoph. 2015. Als Deutschland Schulden erlassen wurde. In: Neue Zürcher Zeitung. 21.7.2015.19.

ESO – Economic and Social History. online. Arbeitslosenquote in der Schweiz 1913–1940. http://www.eso.uzh.ch/modul2/9.html?lesson.section=unit&section.label=Entwicklung_3. W Zugegriffen: 13. Okt 2015.

Fehr, Robert, Christoph Kley, und Nicole Jordan. 2013. Finanzplatz Schweiz – für Enteignungen ungeeignet. Schweizerische Handelszeitung/Bilanz: Private Banking Guide 2013. 66–67.

Gmür, Heidi. 2015. Agrargüter werden billiger – Spekulanten haben Ruhe. In: Neue Zürcher Zeitung. 24.1.2015. 37.

Leuschel, Roland, und Claus Vogt. 2009. *Die Inflationsfalle. Retten Sie ihr Vermögen!* Weinheim: Wiley-VCH Verlag.

Meier, Walter. 2010. Den USA droht der wirtschaftliche Abstieg. In: Neue Zürcher Zeitung. 6./7.2.2010.

Neue Zürcher Zeitung. 21.12.2009. Vorbereitung auf den Ausstieg.

Neue Zürcher Zeitung. 29.9.2012. Unbezahlt heisst unsichtbar.

Neue Zürcher Zeitung. 9.6.2015. Japans Wirtschaft überrascht. 9.

Seidl, Irmi. 2013. Ist eine Zukunft ohne Wirtschaftswachstum möglich? Senioren-Universität 11.4.13. http://www.seniorenuni.uzh.ch/aktuelles/2011/Wirtschaftswachstum.pdf.

Statista. 2015. Arbeitslosenquote in den USA in den Jahren 1919 bis 1945. http://de.statista.com/statistik/daten/studie/276006/umfrage/historische-arbeitslosenquote-in-den-usa/. Zugegriffen: 13. Okt 2015.

Vergopoulos, Kostas. 2014. Der rostende Kapitalismus. In: Le Monde Diplomatique (deutsche Ausgabe). März 2014. 3.

Vimentis. 2015. BIP-Wachstum im internationalen Vergleich. http://www.vimentis.ch/d/publikation/313/Das+Wirtschaftswachstum.html. Zugegriffen: 13. Okt 2015.

Strategien 3

Zusammenfassung

Jede Strategie bezweckt, längerfristig durch geeignete Maßnahmen einen gewünschten Zustand herzustellen. Auch volkswirtschaftliche Strategien versuchen, unvorhersehbare aber auch wahrscheinliche Entwicklungen vorweg zu nehmen und die künftige Entwicklung durch geeignete Maßnahmen soweit als möglich zu steuern. Dazu braucht es neben der Extrapolation vertrauter Entwicklungen Kreativität, Flexibilität und die Bereitschaft, Brüche und Überraschungen vorherzusehen und sozusagen antizipatorisch darauf zu reagieren.

In diesem Kapitel werden die Zielrichtungen formuliert, in welche konkrete Maßnahmen, die im Kap. 4 konkretisiert werden, gehen müssten.

3.1 Finanzwirtschaft

Regelungen im Finanzbereich sollten darauf abzielen, eine systemische Wachstumsgrenze im Finanzbereich einzurichten, welche das Wachstum der Finanzwirtschaft und ihrer Teilbereiche auf höchstens 0,5 bis 1 % über dem Wachstum der realen Wirtschaft begrenzen.

Der Finanzbereich hat als Hauptaufgabe eine Dienstleistungsfunktion für die reale Wirtschaft, er sollte nicht zum Vehikel für möglichst hohe Renditen großer Vermögen oder hochspekulative Gewinne werden – was er leider heute mehrheitlich ist.

Die Erträge und Gewinne im Finanzbereich sollten auf ein moderates Niveau zurückgebunden werden – und hochriskante Anlagen und Finanzoperationen gehören nicht in das Tätigkeitsfeld normaler Geschäftsbanken.

So sind hochriskante Tätigkeiten konsequent auszulagern und der staatliche Schutz muss sich auf die volkswirtschaftlich relevanten Bereiche beschränken: Zahlungsverkehr,

Kreditvergabe und Schutz für kleine Sparguthaben – z. B. bis 100.000 €. Mit anderen Worten: Trennung des Bankengeschäfts in Kommerzbanken – also für Privatkunden und realwirtschaftliche Aktivitäten der Firmenkunden – und Investmentbanken – Handel mit Währungen, Wertpapieren, Rohstoffen und Unternehmen (vgl. die fünf Thesen des Föhrenberg Kreises 2010)

Der Wirtschaftsethiker Peter Koslowski (2009, S. 40) hat völlig zu Recht betont, dass innerhalb jeder Bank ein Konflikt zwischen den Interessen der Aktivseite der Bilanz und der Passivseite der Bilanz mottet: „In ihren Handlungen und Einstellungen gegenüber dem Kunden als Inhaber von Girokonten oder Sichteinlagen muss die Bank risikofeindlich und vorsichtig sein, gegenüber dem industriellen Kreditnehmer hingegen muss sie risikofreudig und mutig sein. Die Bank muss daher einen Weg finden, die unterschiedlichen Pflichten und Tugenden der Risikoreduktion und der Risikoübernahme auszugleichen. Sie muss zwischen den Erwartungen ihrer Einlagekunden, Risiko zu vermeiden, und den Erwartungen ihrer Kreditnehmer, Risiko zu übernehmen, vermitteln". Streng genommen müssten die Banken eine Firewall zwischen einzelnen Abteilungen errichten, etwa zwischen der Abteilung, welche Kunden bei Aktienanlagen berät, und der Abteilung, welche gerade federführend im Börsengang eines Unternehmenskunden ist. Aber allerspätestens auf der Ebene der Geschäftsleitung oder der strategischen Leitung (Verwaltungsrat) wäre jede Firewall durchlässig, weil ja diese Stellen für alle Aktivitäten der Bank verantwortlich sind. Daraus ist leicht zu erkennen, dass das Problem von Insidergeschäften latent in jeder Bank – zumindest in jeder Universalbank – besteht.

Sicherer als jede bankeninterne Firewall ist deshalb eine institutionelle Aufspaltung: So wäre zu überlegen, ob der Börsengang von Unternehmen nicht an dafür zuständige, eigenständige Banken auszulagern wäre.

Der Nobelpreisträger Paul Volcker erntete mit seinem Vorschlag, Geschäftsbanken, welche direkten Zugang zur Notenbank haben und für deren Einlagen eine staatliche Sicherheitsgarantie besteht, künftig den Eigenhandel und vergleichbare, mit eigenem Kapital finanzierte Aktivitäten zu untersagen, massive Kritik (vgl. Neue Zürcher Zeitung vom 1.3.2010). Solche Geschäfte sollten nach diesem Vorschlag künftig Institutionen des Kapitalmarktes, also Investmentbanken, Hedge Fonds, Private Equity Fonds und anderen Institutionen vorbehalten bleiben. Begründet wird dieser Vorschlag damit, dass Banken mit staatlicher Einlage-Garantie keine Risiken eingehen sollten, die letztlich von den Steuerzahlenden beglichen werden müssen. Das sollte als solchen erkennbaren Hochrisiko-Anlegern wie Investmentbanken, Hedge Fonds und Equity Fonds vorbehalten bleiben, die ihren Verlust auch selber tragen und im Extremfall auch Konkurs gehen können.

Die beiden an der Stern School of Business der New York University lehrenden Finanzprofessoren Roy C. Smith und Ingo Walter (2010) schlugen vor, dass die Banken selber in die Offensive gehen sollten, um etwas zu tun, was in der modernen Finanzwelt noch nie versucht wurde: „Eine oder mehrere der überlebenden Großbanken könnten nach vorne treten und einen ‚Vertrag' mit den Regulatoren über mustergültige

Geschäftspraktiken anbieten – und damit akzeptieren, dass Banken andere große Finanzinstitute in der Tat Risiken produzieren, die zusammengenommen für das Weltfinanzsystem und die breite Volkswirtschaft gefährlich sein können". Führende Banken sollten sich unter anderem zu Folgendem verpflichten:

- Verzicht auf jeglichen Eigenhandel und Beschränkung des Handels auf das normale „market making" und auf kundenorientierte Transaktionen. Die Rolle der Banken wäre diejenige von klassischen Finanzmediären zwischen Herausgebern von Wertpapieren und Anlegern.
- Keine Aktivitäten mehr, die nicht in diesen Kernbereich passen, um das eigene Aktienkapital zu finanzieren. Solche Geschäftseinheiten werden verkauft oder institutionell abgespalten.
- Keine Parkierung von Aktiven oder anderer risikoträchtigen Engagements außerhalb der Bankbilanz und keine Schaffung von nicht garantierten Anlagefonds mit dem Namen der Bank, wie das z. B. im Falle von Enron, AIG und Fannie Mae geschehen ist.
- Der Risiko-Chef ist in das oberste Management aufzunehmen und direkt dem Konzernchef zu unterstellen.
- Salär- und Bonus-Politik, die auch den System-Risiken Rechnung trägt.
- Als Gegenleistung Verzicht der Regulatoren auf komplexe Regulierungspraktiken und Eigenkapitalanforderungen, weil diese den Banken viele Möglichkeiten nehmen, innovativ zu sein.

3.2 Inflation

Im Unterschied zu anderen Aufgaben haben die Zentralbanken eine ihrer Hauptaufgaben, nämlich die Sicherung einer Inflationsbreite von 0 bis 2 % im allgemeinen sehr gut gemeistert. Dabei galt nach den 1970er-Jahren die Inflationsbekämpfung als Priorität – und das zu Recht. Allerdings droht diese Erkenntnis heute in Vergessenheit zu geraten, weil Währungsrisiken, Verschuldung und Aspekte der Globalisierung von Wirtschaft und Handel in den Vordergrund getreten sind.

Das könnte sich noch als Fehler erweisen – insbesondere dann, wenn sogar eine mindestens 2 %ige oder sogar höhere Inflation angestrebt wird, um den Wert der Schulden zu verringern. Eine höhere Inflation wird den Druck, in Sachwerte zu investieren, weiter erhöhen, was wiederum inflationssteigernd wirken wird.

An einem hat sich nichts geändert: Keine oder eine sehr geringe Inflation bilden immer noch eine unerlässliche Grundlage für eine prosperierende Wirtschaft.

Dabei sollte das Geldmengenwachstum längerfristig nicht massiv größer sein als das Wachstum der realen Wirtschaft (Zunahme des Bruttoinlandprodukts).

3.3 Deflation

Wenn die Politik des „Quantitative Easings" zurückgefahren würde, hätten wir heute in den meisten Ländern eine deflationäre Situation, also Preisrückgang, Schrumpfung der Produktion und geringere Nachfrage. Das bedeutet, dass ein künstliches Wachstum der Geldmenge die an sich negative Inflationsrate nach oben verzerrt und ein Wirtschaftswachstum vorgaukelt, das eigentlich gar keines ist.

Die künstliche Ankurbelung der Produktion durch Tiefst- oder Negativzinsen ist nicht nachfragegestützt, was langfristig nur zu einer weiteren massiven Verschuldung führen kann mit einem immer wahrscheinlicher werdenden späteren Zusammenbruch.

3.4 Verschuldung

Besonders von Entwicklungsökonomen und Dritte-Welt-Gruppen wurde immer wieder vorgeschlagen, einzelnen Ländern ihre Schulden ganz oder teilweise zu erlassen. Dies sollte den armen Ländern ermöglichen, aus den Schulden herauszukommen. Wie das funktionieren kann, zeigt das schweizerische Entschuldungsprogramm, das als Antwort auf die Schuldenkrise in den 1970er- und 1980er-Jahren entwickelt wurde. Zwischen 1970 und 1990 waren die Außenschulden der Entwicklungsländer um das Sechzehnfache – von 83 auf 1340 Mrd. Franken – gestiegen (Feldmann 2011, S. 13). Zahlreiche Entwicklungsländer konnten ihre Schulden nicht mehr zurückzahlen und ein immer größerer Teil des staatlichen Budgets musste für die Bedienung der Schulden aufgewendet werden. Bereits 1978 strich die Schweiz sämtliche Schulden im Rahmen der öffentlichen Entwicklungshilfe und sprach ab diesem Zeitpunkt nur noch nicht zurückzahlbare Zuschüsse. Gleichzeitig initiierte die Schweiz den Rückkauf der übrigen Schuldenkategorien, nämlich öffentlich garantierte Forderungen der schweizerischen Exportrisikoversicherung, kommerzielle und multilaterale Schulden. Durch so genannte Gegenwertfonds sollten die durch den Schuldenerlass frei werdenden Gelder direkt den ärmsten Bevölkerungsgruppen zugutekommen.

Weil die Schulden bei der Schweiz nur einen kleinen Teil der Schulden in der Dritten Welt ausmachten, initiierte die Schweiz zusammen mit anderen Geberländern 1996 die Initiative für hoch verschuldete arme Länder (HIPC) und 2006 die Bereitstellung zusätzlicher Mittel für die Milleniumsziele (MDRI). Die einzelnen Entschuldungsprogramme hatten folgende Ziele:

▶ **Gegenwertfonds** Im Rahmen des schweizerischen Entschuldungsprogramms wurden in insgesamt zwölf Ländern Gegenwertfonds geschaffen. Mit Gegenwertfonds bezeichnet man Schuldenkonversionen, in denen Schuldnerländer sich bereit erklären, im Gegenzug zum vollständigen Schuldenerlass, mit einem Teil der freiwerdenden Mittel einen Entwicklungsfonds in Lokalwährung zu schaffen. Diese Konversionsrate war Gegenstand von Verhandlungen und unterschied sich von Land zu Land stark. Sie reichte von 8 % des

3.4 Verschuldung

Schuldenvolumens in Sambia bis zu 60% in Ägypten. Mit der Lancierung der HIPC Initiative wurde die Entschuldung über Gegenwertfonds nicht weitergeführt und durch den HIPC Prozess ersetzt.

▶ **Heavily Indebted Poor Countries (HIPC) Initiative** Die HIPC Initiative wurde 1996 ins Leben gerufen mit dem Ziel, die Außenschulden von vierzig hochverschuldeten, armen Entwicklungsländern auf ein tragfähiges Maß zu reduzieren und gleichzeitig sicherzustellen, dass die so freiwerdenden Gelder für die Armutsreduktion eingesetzt werden. Dazu muss die jeweilige Regierung eine Strategie zur Armutsbekämpfung erarbeiten. In den Genuss der Schuldenreduktion kommen nur Länder, die ein Minimum an wirtschaftlicher und politischer Stabilität vorweisen können. Einbezogen werden öffentliche, multilaterale und kommerzielle Schulden.

▶ **Multilateral Debt Relief Initiative (MDRI)** Die Initiative wurde 2006 aus der Taufe gehoben mit dem Ziel, den Schuldenerlass unter der HIPC Initiative auszuweiten, um zusätzliche Mittel für die Erreichung der Milleniums-Entwicklungsziele bereitzustellen. MDRI steht allen HIPC Ländern offen, die den HIPC Prozess erfolgreich durchlaufen haben. Einbezogen werden multilaterale Schulden der Weltbank, der Afrikanischen Entwicklungsbank und des Internationalen Währungsfonds (vgl. Feldmann 2011, S. 13).

Insgesamt entschuldete die Schweiz zwischen 1991 und 2011 nominell rund 2,15 Mrd. Franken durch insgesamt 63 Maßnahmen (Feldmann 2011, S. 14).

Es gab und gibt sehr unterschiedliche Vorschläge für den Umgang mit Schulden. Sie reichten von einem Schuldenerlass für Private, über ein Schulden-Sabbat-Jahr alle 7 Jahre bis hin zu Kreditverboten und Beschränkung von Wucherzinsen. Laut Bichlmaier (2009, S. 441) sollte man alle Schulden erlassen, „die ohne ordentliche und seriös-positiv ausgefallene Bonitätsprüfung vergeben wurden". Doch Achtung: Beim Schuldenerlass ist immer zu bedenken, dass jeder Erlass einer Schuld immer auch den Darlehensgeber, also den Gläubiger betrifft. Was geschieht in diesem Fall mit ihm? Denn bekanntlich steht jeder Schuld ein Guthaben in der gleichen Höhe gegenüber. Bei einem Erlass von staatlichen Schulden gegenüber einem anderen Staat verzichtet der Geberstaat auf sein Guthaben. Das ist relativ problemlos und braucht (nur) einen entsprechenden politischen Entscheid.

Anders ist es bei privaten Schulden. Auf der einen Seite kann im Prinzip nur der Kreditgeber auf die Rückzahlung seines Darlehens verzichten. Ein entsprechender staatlicher Beschluss hätte – falls er rechtlich überhaupt möglich wäre – gravierende Folgen auf die Eigentumsfreiheit und -garantie. Bei einem staatlich verordneten privaten Schuldenerlass hätten Millionen von kleineren und mittleren Sparern das Nachsehen und außerdem würden Tausende von Finanzdienstleistern und Hunderte von Banken insolvent werden.

Darüber hinaus wäre es sehr schwierig – im Sinne des Vorschlags von Bichlmaier – eine Grenze zwischen Krediten mit seriöser Bonitätsprüfung und ohne seriöse Bonitätsprüfung zu ziehen, ganz abgesehen davon, dass die Banken dies – etwa bei der Tragbarkeitsüberprüfung von Hypothekarkrediten – längst tun. Bonität kann bekanntlich sehr unterschiedlich definiert werden, zum Beispiel nach rein betriebswirtschaftlichen Kriterien, oder auch ethisch-moralisch. Das Grundproblem ist nicht das Volumen der angehäuften Guthaben und Schulden, sondern deren extrem ungleiche Verteilung. Und genau hier muss eine Lösung ansetzen, nicht bei der Vernichtung von Guthaben und Schulden.

Deshalb hat Helmut Creutz (1994, S. 396) zu Recht darauf hingewiesen, dass dies zwar für staatliche Schulden relativ leicht möglich wäre – und übrigens wiederholt auch schon gemacht wurde –, dass aber der Erlass von privaten Schulden in der Dritten Welt problematisch sei: „Denn das Geld, das die Banken verliehen haben, gehört ja nicht ihnen, sondern den Einlegern. Der korrekte Weg wäre also, in Höhe der Schuldenverzichtssummen alle Guthabenkonten anteilig herabzusetzen. Den Banken sind jedoch solche Risikoumlagen auf die Sparer nicht gestattet" (Creutz 1994, S. 296). Somit wären also durch einen Schuldenerlass nicht die Einleger betroffen, die jahrelang Zinsen aus der Dritten Welt kassiert haben, sondern die Allgemeinheit müsste für die Schulden der Banken wie des Staates gerade stehen. Verlierer wären dabei jene Bürgerinnen und Bürger, die gerade keinen Gewinn aus diesen Krediten an die Länder der Dritten Welt gezogen haben – sei es, weil sie nachhaltige Anlagen kauften oder sei es, weil sie schlicht über zu wenig Vermögen verfügen, um solche Anlagen zu tätigen.

Einen originellen Vorschlag hat der britische Ökonom Steve Keen (vgl. Schmid 2015, S. 21) gemacht. Er schlug vor, einen modernen Schuldenerlass, ein „modern debt jubilee", vorzunehmen. Dabei sollte der Staat jedem Bürger einen Betrag auf dessen Bankkonto überschreiben, das über den Staat – z. B. über eine Schuldenaufnahme via Staatsanleihen – finanziert wird. Verschuldete Privatpersonen sollen damit ihre Schulden zurückzahlen, schuldenfreie Personen können den Betrag behalten. Dies darum, weil laut Keen (vgl. Schmid 2015, S. 23) das Risiko von Krisen massiv steigt, wenn die privaten Schulden auf über 150 % des Bruttoinlandprodukts ansteigen.

Auf jeden Fall müsste ein zwischenstaatlicher Schuldenerlass zwingend mit einer Änderung der Kreditvergabe im öffentlichen Bereich einhergehen – unter Ausschluss von Klientelismus, Korruption und Nepotismus. Dazu müssten in allen Ländern ethische Standards eingerichtet und deren Einhaltung kontrolliert werden, zum Beispiel durch entsprechende neutrale und internationale Ratingagenturen.

Zinsen
Zweifellos ist es richtig, dass sich arme oder armutsnahe Haushalte bei wachsendem Zinsanteil im Bruttoinlandprodukt zunehmend weniger leisten können und sich verschulden (vgl. Kremer 2012, S. 178). Dies darum, weil sie – im Unterschied zu Bessergestellten – kein Einkommen aus Sparanlagen und Vermögen haben. Aus diesem Grund sollten die Zinsen nach oben begrenzt werden, zum Beispiel auf 5 %.

Bereits Adam Smith (2005) hat den Vorschlag gemacht, per Gesetz eine Obergrenze Höchstzinssatz für Kredite vorzugeben (vgl. Sen 2003, S. 154): „In Ländern, die den Zins nicht verbieten, legt das Gesetz im allgemeinen den Höchstzins, der ohne Strafe noch zulässig ist, fest, um die Erpressung durch Wucher zu verhindern. …Dieser legale Satz sollte indes nicht allzu sehr über dem üblichen Marktzins liegen. Läge er in England zum Beispiel bei 8 oder 10 %, so würde das Leihgeld größtenteils an Verschwender und Plänemacher fließen, da nur sie bereit wären, diesen hohen Zins zu zahlen. So würden also solide Kaufleute, die für den Kredit nicht mehr zahlen werden als einen Teil dessen, was sie mit seiner Hilfe wahrscheinlich erwirtschaften, nicht in Wettbewerb treten können. Beträchtliches Kapital eines Landes würde auf diese Weise jenen entzogen, die es höchstwahrscheinlich mit Gewinn und Vorteil verwenden, und jenen zur Verfügung stehen, die es fast mit Sicherheit verschwenden oder vernichten" (zitiert nach Sen 2003, S. 154).

Um die überbordende Kreditverleihung einzuschränken, sollten Kapitalrenditen begrenzt werden. Das könnte ohne Probleme auf dem Gesetzesweg gemacht werden. So gab es zum Beispiel seit langem in der Schweiz eine gesetzliche Begrenzung von Zinsen auf Konsumkrediten auf 18 %. Seit dem Inkrafttreten des neuen Konsumkreditgesetzes 2003 gilt der Höchstzinssatz von 15 %: Darüber liegende Zinssätze gelten als Wucher und sind verboten. Der Bundesrat beabsichtigte im Dezember 2014, den Höchstzinssatz auf 10 % zu senken (vgl. SRF 2014). Kaum etwas spricht dagegen, die Zins-Grenze noch weiter hinabzusetzen. Dieser Zinssatz müsste für alle Kapitalanlagen gelten. So könnte die Umlaufgeschwindigkeit des Kapitals verlangsamt und auch die Zinsbelastung der Wirtschaft verringert werden. Je nach Quelle und Berechnungsart liegt die Zins- und Zinseszinsbelastung der Wirtschaft heute bereits bei 50, 60, 70 oder gar 80 % des Kaufpreises von Gütern (vgl. Bichlmaier 2009, S. 413). Eine Begrenzung des Zinses nach oben würde außerdem die Umlagerungsgeschwindigkeit der Vermögen zu den Reichen und Reichsten wenigstens etwas verlangsamen.

Deshalb wäre es sinnvoll, auf der einen Seite die Passiv- bzw. Habenzinsen für Spareinlagen oder andere Geldanlagen auf – sagen wir – höchstens 5 % zu begrenzen. Auf der anderen Seite wäre der Höchstzins, also der Aktiv- bzw. Sollzins, auf 6–7 % zu beschränken. Die Spanne von 1–2 % – also das klassische Differentengeschäft der Banken – bildet eine genügende Grundlage für das Bankengeschäft. Hochspekulative Anlagen mit Eigenkapital sind den Sparkassen und Banken zu untersagen, sie müssten an eigene Investmentbanken ausgelagert werden. Entgegen anderslautenden Äußerungen von Bankexponenten wären damit die Banken immer noch rentabel – sie waren es ja auch viele Jahrzehnte!

Allerdings müsste sichergestellt werden, dass der Markt – im vorgegebenen Rahmen – immer noch flexibel funktionieren kann.

Ein besonderes Problem besteht darin, dass ab einer gewissen Größe eines Vermögens jegliches gesunde Verhältnis zwischen dem effektiven Reichtumsertrag und dem persönlichen Verbrauch dieses Ertrags verloren geht. Und obwohl es für Multi-Milliardäre kaum mehr rationale Gründe gibt, ihr Vermögen weiter zu vergrößern – vielleicht abgesehen von der Steigerung ihres wirtschaftlichen und politischen Einflusses – wachsen die Mega-Vermögen immer schneller. Laut Piketty (2014, S. 244) ist die Ungleichheit beim Kapitaleinkommen immer größer als beim Arbeitseinkommen: „The distribution of capital ownership (and of income from capital) is always more concentrated than the distribution of income from labor" (Piketty 2014, S. 244). Man kann also in einem dreifachen Sinn von einer Ungleichheit von Vermögen und Einkommen sprechen: Innerhalb der einzelnen Ländern, zwischen den reichen und den armen Ländern und zwischen Kapital- und Arbeitseinkommen.

Umverteilung von Vermögen von oben nach unten
Es hat schon eine ganze Reihe von Vorschlägen und immer wieder neue Ideen gegeben, wie eine Umverteilung von Vermögen von oben nach unten möglich wäre. Aber in Tat und Wahrheit geschieht genau das Gegenteil: Die Umverteilung von unten nach oben nimmt zu.

Warum haben all die Umverteilungsmodelle und -bemühungen nicht funktioniert? Einmal abgesehen davon, dass viele reiche und superreiche Personen lange gegen jegliche Umverteilung von Vermögen opponierten – bei einzelnen Betroffenen scheint sich heute diese Sicht etwas verändert zu haben –, lag sicher ein Grund darin, dass diese Umverteilung von Vermögen mit repressiven Mitteln erzwungen werden sollte.

Viele der Umverteilungsmodelle waren entweder zu radikal – wie etwa marxistische oder sozialistische Vorstellungen über die Aufhebung des Privateigentums, die Verstaatlichung von Industrie, Landwirtschaft und Boden –, oder kratzten nur an der Oberfläche, wie progressive Einkommens und Vermögenssteuern, Erbschaftssteuern oder progressive Sozialversicherungsbeiträge auf Löhne und Einkommen, bzw. Leistungsbegrenzungen nach oben – wie z. B. in der Schweiz die staatliche Altersvorsorge AHV, die eine Maximalrente kennt, aber die Beiträge linear auf alle Lohneinkommen und nach oben unbegrenzt abführt.

Maßnahmen zur Vermögensumverteilung nach unten müssen effektiv, d. h. wirksam, einfach und transparent sein. Sie müssen auch größtmögliche Mitwirkung und Mitbestimmung der Vermögenden garantieren. Und sie müssen die langfristige und permanente Umverteilung sicherstellen. Und schließlich darf dadurch keine staatliche Bürokratie entstehen.

Deshalb wäre sinnvoll, für jeden einzelnen Menschen eine obere, maximale Vermögensgrenze von 5 Mio. € oder US$5 Mio. festzulegen und durchzusetzen. Geht man von einer eher bescheidenen jährlichen Rendite von 2 % aus, liegt der Vermögensertrag bei 100.000 im Jahr, wovon man in den allermeisten Ländern sehr gut leben kann. Für Kinder und Jugendliche würde der entsprechende Betrag bei 2,5 Mio. € oder US$2,5 Mio. liegen.

In der Schweiz beliefen sich die Vermögen der Privathaushalte 2011 auf 2691,2 Mrd. Franken (vgl. Lüscher-Marty 2012, S. 85), das ist mehr als fünfmal so viel wie das schweizerische Bruttoinlandprodukt. Rechnerisch ergab das – bei damals vielleicht 7 Mio. Einwohnerinnen und Einwohnern – immerhin Franken 384.442 pro Person. Rechnet man die Vermögen von Körperschaften, sofern diese nicht im Privatbesitz sind, und der – nichtstaatlichen – Non Profit-Organisationen (Vereine, Stiftungen und Genossenschaften) dazu, dann erhöht sich dieser Betrag beträchtlich. 2009 lag das Finanzvermögen der Schweiz laut der Rechnung der Schweizerischen Nationalbank bei 7430 Mrd. Franken oder bei über 1 Mio. Franken pro Einwohner/in (vgl. Lüscher-Marty 2012, S. 90).

Sollte sich längerfristig zeigen, dass eine Verzinsung von 2 % nicht (mehr) möglich sein wird, dann kann durch einen gesamtgesellschaftlichen Konsens die zulässige Vermögensgrenze auch heraufgesetzt werden, z. B. auf $10 Mio. bei einer Durchschnittsverzinsung von 1 %.

Doch was passiert mit Vermögensanteilen, die über dieser Grenze liegen? Wie wir wissen, funktioniert die Abschöpfung von Vermögen durch den Staat – z. B. über Steuern – nicht oder nur schlecht. Immer wieder kommt es vor, dass Steuergelder für Prestigeprojekte von Politikern, für ökologisch oder sozial nicht verträgliche Großprojekte oder gar für Waffenkäufe oder Kriege ausgegeben werden – oder ganz einfach in den privaten Taschen einzelner Personen oder Gruppen landen.

Deshalb ist es an den Besitzern von Vermögen über 5 Mio. selbst, zu entscheiden, wem sie diese Vermögen zukommen lassen: dem oder der Lebenspartner/in, Eltern, den Kindern, Enkelkindern, anderen Verwandten, Freunden, Bekannten oder bedürftigen Menschen im In- oder Ausland. Sollte sich jemand nicht persönlich um die Weitergabe des Vermögensüberschusses kümmern wollen, könnten besondere Gesellschaften oder Fonds gegründet werden, denen diese Aufgabe übertragen wird.

Aus volkswirtschaftlicher Sicht ist nicht von Bedeutung, wer die begünstigten Personen im Einzelfall sind, entscheidend ist, dass Vermögen – und somit auch Vermögenserträge – breiter verteilt werden und breiten Bevölkerungsgruppen einen minimalen Lebensstandard ermöglichen. Gleichzeitig ist auch die Gefahr deutlich geringer, dass diese Vermögen in hochspekulative Finanzprodukte angelegt werden – unter anderem, weil ja Vermögen, die aus hohen Gewinnen stammen, früher oder später eh weitergegeben werden müssen. Weil ein größerer Teil der Vermögenserträge in den Konsum fließen, ist auch davon auszugehen, dass damit die reale Wirtschaft gestärkt und vor allem stabiler gemacht wird.

Um Vermögen nachhaltig auf 5 Mio. € pro Person zu begrenzen, müsste eine **Reichtums- oder Vermögenssteuer** eingeführt werden, die nach einem Verzögerungseffekt von einem Jahr alle individuellen Vermögensanteile über 5 Mio. Dollar oder Euro abschöpft. Während dieses Jahres müsste der Betroffene den überzähligen Betrag an Dritte überweisen. Tut er dies nicht, wird der Betrag durch die Steuer abgeschöpft. Dagegen sind Vermögen unter 5 Mio. prinzipiell steuerfrei. Damit soll die Akkumulation von Vermögen bis zur Freigrenze gefördert werden.

Dieser Regelungsmechanismus – d. h. Umverteilung aller Vermögensanteile über 5 Mio. an eine oder mehrere Personen nach Wahl mit einer maximalen Verzögerung von einem Jahr oder anschließende 100%ige Abschöpfung der Vermögensanteile über 5 Mio. durch eine Reichtumssteuer – ist anderen Modellen aus verschiedenen Gründen überlegen: Erstens braucht es kein kompliziertes Einkommens- und Vermögenssteuersystem. Zweitens verbleibt die Handlungsgewalt beim Besitzer des Vermögens, sofern dieser das will. Drittens kann derjenige, welcher dem Staat misstraut, die Umverteilung selber vornehmen. Viertens kann der Vermögenseigentümer Dritte beauftragen – z. B. eine Gesellschaft oder einen Fonds – die Umverteilung vorzunehmen, oder dies dem Staat überlassen (Reichtumssteuer).

Im Gegensatz dazu sieht die Situation der großen Vermögen heute wie folgt aus: Gemäß dem Steuergerechtigkeitsnetzwerk (TJN) waren 2005 – also vor der Finanzkrise – bereits US$$ 11.500.000.000.000 – also $$11,5 Billionen – in ausländischen Steueroasen deponiert. Dabei schätzte das Netzwerk, dass davon 70–90 % nicht versteuert waren. Damit entgingen den Herkunftsstaaten dieser Vermögen nach sehr vorsichtigen Berechnungen mindestens US$255 Mrd. Steuern pro Jahr (vgl. Attac Schweiz 2009). Selbst wenn seither einige europäische Steueroasen und Steuernischen wie etwa in der Schweiz abgebaut oder verringert wurden, dürfte sich heute einfach mehr Steuerfluchtgeld in den asiatischen und amerikanischen Steueroasen befinden. Laut attac sollen 1995 die in der Schweiz hinterzogenen Steuergelder volle 22,3 des schweizerischen Bruttoinlandprodukts ausgemacht haben (vgl. Attac Schweiz 2009)!

Könnte längerfristig die Einführung eines erwerbsunabhängigen, staatlich garantierten Grundeinkommens zu einer Vermögensumverteilung führen? In diesem Zusammenhang hat Helmut Creutz (2009, S. 35 ff.) einen interessanten Vergleich zwischen einem staatlichen Grundeinkommen und einer Beschneidung der Kapitaleinkünfte, z. B. durch eine progressive Vermögenssteuer, gemacht. Nach seinen Berechnungen würde zwar ein erwerbsunabhängiges Grundeinkommen die wachsende ungleiche Verteilung von Vermögen (und Einkommen) zwischen Armen und Reichen leicht verbessern, aber Creutz folgert klipp und klar: „Die ... Zahlen und Vergleichsrechnungen dürften ... deutlich machen, dass mit solchen Maßnahmen [eines bedingungslosen Grundeinkommens, Anm. CJ] die Situation zwischen den Haushaltsgruppen zwar etwas entspannt, aber an den grundlegenden Problemen nichts verändert werden kann" (Creutz 2009, S. 41; zu den einzelnen Modellen eines erwerbs*un*abhängigen Mindesteinkommens vgl. auch Jäggi 1995).

Als Weg zur Umverteilung von Vermögen wurde immer wieder der Vorschlag eingebracht, so genannte „leistungslose Besitz-Einkommen" (Bichlmaier 2009, S. 321) abzuschaffen bzw. entsprechend umzuverteilen, z. B. durch eine bereits erwähnte Reichtumssteuer. Dabei werden als „leistungsloses Besitz-Einkommen" Vermögenswerte wie Immobilien oder Unternehmensanteile verstanden, die einen Zinsertrag generieren, ohne dass der Besitzer dafür arbeiten muss. Diese Sichtweise von „leistungslosem Einkommen" ist jedoch problematisch. Denn sowohl Liegenschaften (durch Vermietung von Wohnraum oder Geschäftsräumen) als auch Unternehmensbeteiligungen (durch Herstellung von Produkten oder Angebot von Dienstleistungen) generieren einen wirklichen Mehrwert, erbringen also eine Leistung – von „leistungslos" kann also nicht die Rede sein: Ein Besitzer einer Liegenschaft stellt dem Mieter seinen Besitz zur Verfügung, den dieser nutzen kann. Er selbst verzichtet auf die Nutzung seines Eigentums (zur Eigentumsökonomik vgl. auch Heinsohn und Steiger 2006). Sinngemäß gilt das auch für Vermögensanteile, die in ein Unternehmen fließen (z. B. Aktien). Das Problem entsteht nicht dadurch, dass der Eigentümer auf die Nutzung seines Eigentums oder von Teilen seines Vermögens verzichtet und diese gegen eine Entschädigung an Dritte weitergibt, sondern in der nach oben unbegrenzten Verzinsung, welche immer neue Anlagemöglichkeiten sucht und findet. Diese permanente Suche nach immer neuen und immer risikoreicheren, weil ertragskräftigeren Anlageformen führt dazu, dass in der Finanzwirtschaft wichtige Vermögensbestandteile gebunden sind, die kein produktives Gegenstück in der realen Wirtschaft mehr haben. Gleichzeitig sind damit periodische Crashs und Krisen vorprogrammiert, deren Folgen vor allem die weniger bemittelte Bevölkerung trägt, zum Beispiel in Form von Wirtschaftskrisen, Arbeitslosigkeit, privater Verschuldung usw. Erträge aus gespartem Vermögen sind auf keinen Fall „leistungsloses Besitz-Einkommen". Vielmehr sparen Menschen

– und verzichten dafür in der Gegenwart auf die direkte Nutzung ihres Vermögens – um zu einem späteren Zeitpunkt davon zu profitieren. So sind Alterssparkapital und die spätere Rente auf keinen Fall „leistungsloses Besitz-Einkommen", sondern erarbeitetes und gespartes Vermögen der Lohnabhängigen. Zugegeben: Etwas komplizierter ist die Sache bei ererbten Vermögensanteilen. Diese wurden ja ohne eigenes Dazutun, also ohne eigene Arbeit oder anderweitige Leistung erlangt. Doch wie dem auch sei: Das Erbschaftsproblem löst sich von selbst, wenn sämtliche Vermögensanteile – egal woher sie stammen – über 5 Mio. automatisch und regelmäßig anderen Personen zugeführt werden.

3.5 Wachstum

Statt eine Politik des „Quantitative Easings" zu betreiben, sollte die Gelegenheit genutzt werden, um nachhaltige Unternehmen und Wirtschaftszweige zu fördern, etwa durch behutsame und langfristige Umstellung auf erneuerbare Energie im Energiebereich wie Holz oder Solarenergie, durch Substitution nicht erneuerbarer Rohstoffe durch gezielt geförderte umweltverträgliche Rohstoffe wie Holz, Abbau der Produktion unnötiger Verschleißprodukte (geplante Obsoleszenz), Schwergewicht auf lokale Produktion und Abbau unnötiger und umweltschädlicher globaler Transporte wie etwa im Nahrungsmittelbereich, Beschränkung des globalen Handels auf ein vernünftiges Maß, Zurückfahren des globalen Tourismus und dafür vermehrter Einsatz von Ressourcen für Forschungsbereiche wie die Raumfahrt und Wissenschaft.

Es ist schlicht Unsinn, ein wachsendes BIP oder die Zunahme des Welthandels per se als „wirtschaftlichen Fortschritt" zu sehen – viel wahrscheinlicher ist es, dass diese Zahlen eine weltweite Verschleiß-Wirtschaft ausdrücken.

Nur wenn es gelingt, die Verschleiß-Marktwirtschaft auf eine nachhaltige, ökologische und nach sozialen Standards funktionierende Wirtschaft umzustellen, hat die Menschheit auf diesem Planeten eine Chance.

Auf der Ebene der Unternehmensführung hat Norbert Bernholt (2012, S. 19) vorgeschlagen, eine nachhaltige Unternehmensverfassung einzuführen, die auf drei Kriterien beruhen sollte: Erstens Partizipation, zweitens Steuerung des Unternehmens durch eine Nachhaltigkeitsbilanz und drittens eine „Neutralisierung" des erwirtschafteten Kapitals.

Mit **Partizipation** meint der Autor einen Einbezug der gesamten Gesellschaft in die Produktion und Verteilung von Gütern und Dienstleistungen, also in die strategischen Entscheidungsprozesse des Unternehmens; sozusagen eine Art stark erweiterter Stakeholder-Value-Ansatz auf der strategischen Entscheidungsebene.

Ein entscheidendes Instrument für nachhaltige Unternehmensführung sieht Bernholt (2012, S. 20) in der **Nachhaltigkeitsbilanz,** die dem Unternehmer systematische Anreize für ökologisches und nachhaltiges Wirtschaften geben soll. Zum einen soll dabei der betriebswirtschaftliche Erfolg von hohen Gewinnen abgekoppelt werden, und anderseits sind externalisierte Kosten wie Umgang mit der natürlichen Umwelt, die Sozialverträglichkeit sowie soziale Faktoren wie das Wohl der Mitarbeiter und der Kunden in die Bilanz

Tab. 3.1 Mögliche Struktur einer Nachhaltigkeitsbilanz. (Quelle: Bernholt 2012, S. 20)

Bereich/ Perspektive	Ziele	Kennziffer	Nachhaltigkeitspunkte		Geplante Maßnahmen
			Soll (Gewichtungsfaktor)	Ist	
Mitarbeiter			200	100	
Ökologie			200	100	
Kundinnen/ Kunden			200	75	
Finanzen			200	75	
Lieferanten			100	25	
Gesellschaftliches Umfeld			100	25	
Summe			1000	400	

Vereinfachte Struktur einer Nachhaltigkeitsbilanz. Die 4. und die 5. Spalte zeigen die Gewichtung der einzelnen Stakeholder, wobei die 4. Spalte den Sollzustand, also den angestrebten Zustand, und die 5. Spalte den Istzustand zeigt. Dabei sind gezielte Verschiebungen und eine Änderung der Gewichtung denkbar

und die Erfolgsrechnung einzubeziehen. Bernholt schlägt anstelle der bisherigen „eindimensionalen Erfolgsrechnung" – etwa mit Hilfe der Balanced Scorecard, der er einseitige Orientierung auf die Gewinnmaximierung vorwirft – vor, eine Nachhaltigkeitsbilanz als Steuerungsinstrument zu nutzen. Tabelle 3.1 zeigt, wie diese Nachhaltigkeitsbilanz aussehen könnte.

Dabei könnte der Staat die zu vergebenen Nachhaltigkeitspunkte als vergleichbare Größe für die Besteuerung oder Subventionierung eines Unternehmens einsetzen, oder auch als Beurteilungskriterium für die Bewertung von Offerten bei öffentlichen Ausschreibungen von Aufträgen.

Deutlich problematischer ist der dritte Vorschlag, wonach **erwirtschaftetes Kapital** – gemeint ist offenbar der Gewinn – nicht den Kapitalgebern oder dem Unternehmenseignern gut geschrieben wird, sondern als neutrales Kapital **in die Bilanz des Unternehmens eingetragen** werden soll. Diese Praxis verfolgt folgendes Ziel: „Im Laufe der Zeit wird sich dieser Anteil erhöhen und damit den Einfluss der Kapitalgeber kontinuierlich verkleinern. Irgendwann wird das Unternehmen sich praktisch selber gehören" (Bernholt 2012, S. 19). Die Tab. 3.2 zeigt, wie sich der Autor dies vorstellt.

Einmal abgesehen davon, dass diese Praxis den Rechnungsabschluss stark verkomplizieren und bürokratisieren würde, entständen so Industrie- oder Finanzkonglomerate, die niemand mehr kontrollieren würde, also sozusagen Staaten im Staat, die nicht mehr den Eigentümern (und Bürgern) Rechenschaft ablegen müssen, sondern nur sich selbst. Da hilft auch die vorgeschlagene drittelparitätische Mitbestimmung – also Kapitalgeber, Beschäftigte und Gesellschaft – nicht viel, weil diese sehr schwerfällig ist, wie gerade das Beispiel Deutschlands zeigt. Eine solche Lösung wäre wahrscheinlich der Todesstoß für das freie Unternehmertum kleinerer und mittlerer Betriebe. Selbst wenn man – wie vor-

Tab. 3.2 Gewinnzuschreibung zum Eigenkapital. (Quelle: Bernholt 2012, S. 21)

Bilanz im Jahr 1			
Anlagevermögen	70.000,00	Eigenkapital	50.000,00
Umlaufvermögen	30.000,00	Fremdkapital	50.000,00
Summe	100.000,00	Summe	100.000,00
Bilanz im Jahr 2			
Anlagevermögen	80.000,00	Eigenkapital	50.000,00
Umlaufvermögen	40.000,00	Erwirtschaftetes Kapital	20.000,00
		Fremdkapital	50.000,00
Summe	120.000,00	Summe	120.000,00

Stark vereinfachte Finanz-Bilanz

geschlagen – eine Untergrenze von 500 Mitarbeitern annimmt, bleibt dies problematisch: denn eine KMU kann diese Mitarbeiterzahl unter Umständen sehr schnell erreichen, etwa wenn ein Großauftrag hereinkommt.

Zur Förderung nachhaltigen Wirtschaftens gibt es eine ganze Reihe von Instrumenten. Dazu gehören

- **Gebote und Verbote**, also technische Vorgaben etwa in Form von Grenzwerten oder Minimalstandards, etwa im Produktionsverfahren, im Marketing und im Vertrieb (Verpackung), in der Bewirtschaftung von Abfällen usw. Der große Nachteil von Geboten und Verboten liegt natürlich im entsprechenden, und oft großen Kontrollaufwand.
- freiwillige **Selbstregulierungen,** etwa durch Branchenverbände oder Unternehmen in Form sich selbst auferlegten Standards, Zielvorgaben und Kontrollen. Der Vorteil liegt in der Effizienz, der größeren Motivation und fehlenden externen, aufwändigen Kontrollen. Doch hier liegt auch der Nachteil: Selbstregulierungen sind vom Goodwill der Unternehmensführung abhängig, gehen nicht immer weit genug und werden nicht immer von allen eingehalten.
- **Internalisierung externer Kosten**: Ökonomisch ist dieser Ansatz am erfolgversprechendsten: Denn so werden sämtliche Kosten – auch die von der Öffentlichkeit oder von Dritten getragenen Umwelt- und Sozialkosten – erfasst, ausgewiesen und in die Preiskalkulation einbezogen, also dem Verursacher auferlegt – sei das der Unternehmer selbst oder der Konsument. Die Internalisierung externer Kosten kann über den Preis geschehen, jedoch auch in Form von Handelbarkeit von Eigentums-, Nutzungs- und Klagerechten, über verursachergerechte Besteuerung, usw. (vgl. dazu Eisenhut 2012, S. 130 f.).
- Ausschließliche **Vergabe von** solchen **Aufträgen des Staates an die Wirtschaft, welche den nachhaltigen Umbau von Staat, Gesellschaft und Wirtschaft fördern**.
- Einführung von **Lenkungsabgaben** in allen ökologisch relevanten Bereichen wie Verkehr, Energie, Konsumindustrie, Baubereich, Gesundheit usw.

Allerdings müssen Lenkungsabgaben sehr fein austariert werden, sonst kann ihr Effekt sich ins Gegenteil verkehren oder es kommt zu unerwünschten Entwicklungen. Ein Beispiel dafür ist die leistungsabhängige Schwerverkehrsabgabe (LSVA) in der Schweiz, welche 2001 eingeführt wurde und alle Straßen-Transporteure zu einer Abgabe für alle Fahrten mit Nutzfahrzeugen über 3,5 t Gesamtgewicht verpflichtet. Der Betrag für die LSVA pro Fahrt ergibt sich aus den zurückgelegten Kilometern und aus den Emissionen des Fahrzeugs. Von den rund 1,5 Mrd. Franken pro Jahr, welche die Abgabe einbringt, gehen zwei Drittel an den Bund und ein Drittel an die Kantone (vgl. Schneeberger 2013, S. 42). Dabei sollte die LSVA vor allem das Wachstum des Güterverkehrs auf der Straße begrenzen und die Verlagerung des Güterverkehrs auf die Schiene fördern. Tatsächlich blieb der Güterverkehr auf der Schiene stabil und nahm seit 2008 sogar ab (vgl. Schneeberger 2013, S. 42). Von 2001 bis 2010 steigerte die Straße den Anteil am Güterverkehr von 56 % auf 62 %, vor allem aufgrund der geringeren Zahl von Leerfahrten mit Lastwagen. Dagegen – als unerwünschte Konsequenz der LSVA – wurden bis 2009 viele kleinere Transportunternehmen von den Großen geschluckt, wodurch der Markt noch stärker durch die großen Unternehmen kontrolliert wurde.

Eine besondere Form für die Internalisierung externer Kosten sind verursacherspezifische Steuern. Abbildung 3.1 zeigt, wie eine solche Umweltsteuer aussehen könnte.

Doch was geschieht, wenn – wie in der Schweiz durch die CO_2-Abgabe auf Heizöl – nur einzelne Bereiche diesen Abgaben unterstellt werden, während andere Bereiche oder Produkte – z. B. Kerosin im Flugverkehr, das mehrfach so schädlich ist – davon ausgenommen sind? Außerdem gibt es gerade bei Gebäudeheizungen älterer Häuser nicht selten Situationen, in denen gar keine andere Alternative zur Verfügung steht (z. B. aus baulichen Gründen, aus Denkmalschutzgründen usw.).

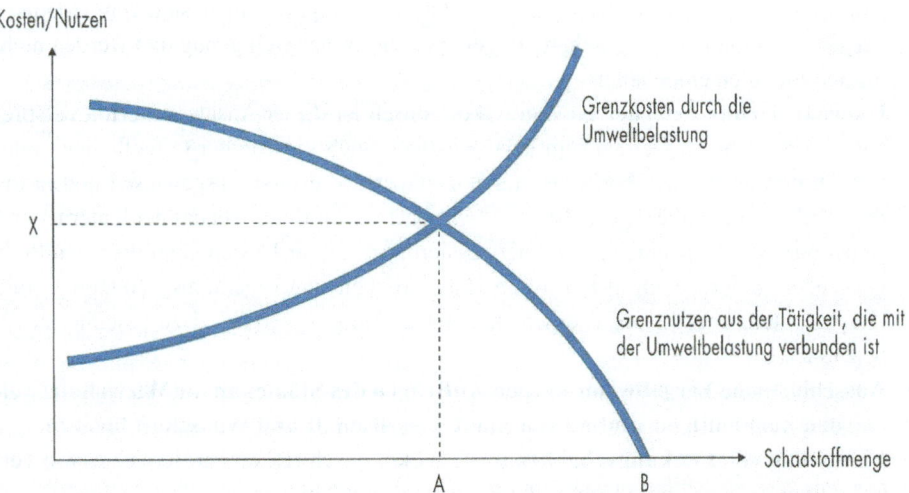

Abb. 3.1 Umweltsteuer. (Quelle: Eisenhut 2012, S. 130)

Sowohl Lenkungsabgaben als auch Umweltsteuern müssen unbedingt periodisch evaluiert und allenfalls angepasst werden.

Der Wirtschaftsethiker Johannes Wallacher (2011, S. 610) hat darauf hingewiesen, dass Wachstum niemals Selbstzweck sein sollte und auch niemals eine hinreichende Voraussetzung für mehr Wohlstand und Lebensqualität ist. Wachstum „kann durchaus ein wichtiges Mittel dafür sein, allerdings braucht es dafür ethische Leitplanken in zwei Richtungen: So muss Wachstum erstens breitenwirksam sein, das heisst in der Breite der Gesellschaft ankommen und es darf nicht die Ungleichheit immer weiter vergrößern; möglichst alle sollen vom Wachstum profitieren. Zweitens muss Wachstum umweltverträglich, ressourcenschonend beziehungsweise ressourceneffizient und klimaverträglich sein, um die Wohlstandschancen zukünftiger Generationen nicht zu mindern" (Wallacher 2011, S. 610). Und drittens sollten auch alle Produkte technisch derartig optimiert werden, dass ihre Lebensdauer möglichst verlängert und auf keinen Fall durch Maßnahmen an Produktbestandteilen gezielt verkürzt wird.

Grundsätzlich sollte das konsumistische Weltbild – „ich konsumiere, also bin ich" und das von der Konsumkraft (sprich: finanziellen Ressourcen) abhängige Selbstbild in Richtung nachhaltige Genügsamkeit verändert werden, im Sinne von „Genügsamkeit = Lebensqualität". Dabei geht es nicht – wie vielfach unterstellt – um einen Abbau des (materiellen) Lebensstandards, sondern um eine Einschränkung auf das Wesentliche und um gleiche Konsumchancen für alle.

Zur Energiefrage

Eike Bohlken verlangte (2011, S. 228) zu Recht, dass die Atomenergie nicht losgelöst von anderen ökologischen Themen wie zum Beispiel dem Klimawandel beurteilt werden dürfe. Dabei ist aus ethischer Sicht zu berücksichtigen, dass die Atomenergie – im Falle eines Unfalles unter Umständen für Tausende von Jahren – und im Normalbetrieb über Jahre hinaus den Ausbau erneuerbarer Energie verhindern kann. Das ist etwa dann der Fall, wenn der Preis des Atomstroms systematisch zu tief liegt, weil die Folgekosten an Dritte oder an den Staat ausgelagert werden. So sind sich die Experten heute weitgehend einig, dass die wirklichen Kosten für Atomstrom wesentlich höher liegen, wenn man die Kosten von Unfällen, der Lagerung radioaktiver Abfälle und des Rückbaus von Atomkraftwerken einbezieht, als dies heute im Normalfall angegeben wird. Wie jeder andere Energieträger muss auch die Atomenergie einer strengen Ökobilanz unterzogen werden, wobei auch die beträchtliche CO_2-Emission beim Uranabbau einzubeziehen ist. Spätestens dann entlarvt sich die angeblich „umweltfreundliche Kernenergie" als das, was sie eigentlich ist: eine äußerst teure, mit unabschätzbaren Risiken belastete Energie.

Dass ein Umbau der Energieerzeugungssysteme in den einzelnen Staaten durchaus machbar ist, zeigt die bereits bestehende große Vielfalt der einzelnen Energieträger in den europäischen Ländern, wie etwa Abb. 3.2 zeigt.

Für einen Umbau der Energieproduktion in Richtung erneuerbarer Energien und weg von nicht erneuerbaren Energiequellen sind besondere Steuerungsinstrumente einzurichten oder auszubauen. Diese müssten

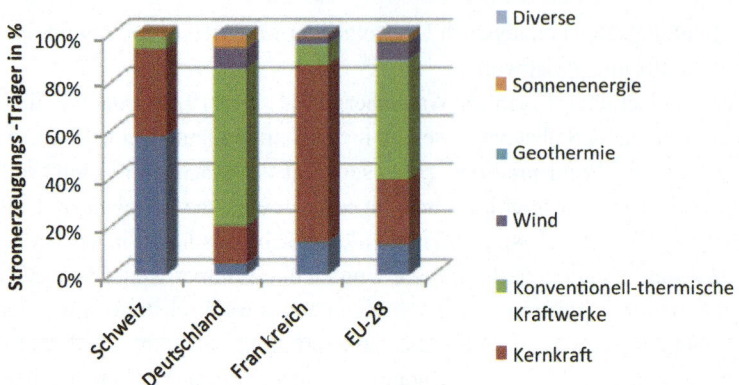

Abb. 3.2 Stromerzeugungs-Träger in einigen europäischen Ländern. (Quelle: Schweizerische Elektrizitätsstatistik 2014, S. 7 und eigene Berechnungen)

- den gezielten Ausbau der Stromnetze in Richtung „smart grid" ermöglichen, um die dezentrale Einspeisung und Steuerung lokal produzierter Energie sicher zu stellen,
- die lokale, dezentrale und diversifizierte Herstellung erneuerbarer Energie fördern,
- energiesparendes Verhalten der Energieverbraucher belohnen und
- den Umfang von Transporten und Mobilität begrenzen, besonders bei unnützen, rein kommerziell bedingten Leerfahrten und übertriebenen Mobilitätsbedürfnissen.

Allerdings sollten nicht einfach die fossilen Brennstoffe künstlich verteuert – wie zum Beispiel durch die CO_2-Abgabe in der Schweiz – oder die nuklearen Brennstoffe preislich belastet werden, sondern die erneuerbare Energie muss verbilligt werden, zum Beispiel durch staatliche Fördermaßnahmen alternativer Energie für Unternehmen und für Private – oder deren Ausbau, wenn sie bereits bestehen. Dabei sollten unbedingt auch die Hauseigentümer und die privaten Transportunternehmer für eine grundlegend neue Energiepolitik gewonnen werden – und das kann nicht einfach durch Abgaben auf nicht erneuerbare oder problematische Energie geschehen. Vielmehr sind positive Anreize erforderlich, etwa Investitionsbeiträge an alternative Energieanlagen oder Heizungen oder erhöhte Einspeisungsvergütungen für alternative Energie. Das gilt insbesondere auch für Klein- und Kleinstanlagen. Eine weitere Möglichkeit sind besondere Steuererleichterungen für energiearme Liegenschaften, und zwar sowohl für Wohn- als auch für Gewerbeliegenschaften.

Dazu müssen geeignete Kennzahlen geschaffen werden. Diese bestehen heute erst teilweise oder sind nicht geeignet. Dazu ein Beispiel: In der Schweiz wird der Energieverbrauch für Wohnliegenschaften – etwa zur Herstellung eines Energieausweises – nach Quadratmeter Wohnfläche berechnet. Dabei wird eine durchschnittliche Höhe der Wohnungen von 2,4 m angenommen. Das ist jedoch Unsinn, weil viele ältere Häuser – bei denen die Frage der Energieeffizienz besonders aktuell ist – Raumhöhen von 2,8 oder gar 3,2 m aufweisen. Solche Liegenschaften können schon aufgrund des größeren zu beheizenden Raumvolumens keine gute Energiebilanz aufweisen, wenn als Basis die Fläche und nicht die Anzahl Kubikmeter genommen wird – selbst bei hervorragenden Wärmedämmungsmaßnahmen.

Doch wie müssten Beurteilungskriterien für eine nachhaltige Energie aussehen? Laut Bohlken (2011) müssten dabei alle für das Gemeinwohl wichtigen Kriterien, insbesondere ökologische, wirtschaftliche und soziale Kriterien einbezogen werden. Nur was dem **langfristigen Überleben aller Menschen und unseres Planeten** dient, verdient die Bezeichnung nachhaltig.

Gerade mit Blick auf die Atomkatastrophe im Atomkraftwerk Fukushima 2011 müssten für die Schweiz und für Europa dringend weitgehende **Konsequenzen** gezogen werden – besonders für alte AKWs wie etwa Fessenheim in Frankreich oder für alle fünf in der Schweiz laufenden Atommeiler, von denen keiner jünger als 30 Jahre ist, das älteste AKW in der Schweiz, nämlich Beznau I, hat sogar das Baujahr 1969!

Kurzfristig drängen sich folgende **Sofortmaßnahmen** auf:

- Überprüfung sämtlicher Atomkraftwerke auf mögliche Unglücksszenarien und falls notwendig Erneuerung und Ausbau sowie Sicherstellung der Energieversorgung der Notstromaggregate zur Kühlung im Falle einer Havarie;
- sofortiger Verzicht auf den Bau oder die Inbetriebnahme neuer Atomkraftwerke;
- sofortige Abschaltung aller über dreißigjährigen Atomkraftwerke und
- schrittweise und sukzessive Abschaltung aller neueren Atommeiler; sowie
- Rückbau und Entsorgung aller stillgelegten Atomkraftwerke auf alleinige Kosten der Betreiber, nicht aber des Staates.

Mittelfristig müssen Regierungen und Parlamente

- umfassende und flächendeckende Investitionsprogramme für erneuerbare Energie wie Wasserkraft, Wind- und Solarenergie beschließen und durchsetzen;
- massive Ressourcen in die Forschung für erneuerbare Energie stecken;
- kurzfristig mit Hilfe von Notmaßnahmen trotz landschaftsschützerischen oder Umweltbedenken allenfalls bestehende Kraftwerke erweitern oder neue einigermaßen umweltverträgliche Kraftwerke bauen – wie etwa Pumpspeicherwerke –, sofern eine Stromlücke drohen sollte; sowie
- zeitlich unbefristete Maßnahmen zur Förderung des Energiesparens, der dezentralen Produktion von alternativer Energie und intelligenter Stromnetze treffen (z. B. in Form von Fördermaßnahmen für Wärmedämmung, für energiesparende Heizungen und Elektrogeräte, für lokale Solarenergieanlagen usw.).

3.6 Arbeitsmarkt

Schon (1986, S. 53) hat Christoph Reichenau vorgeschlagen, Arbeit wie folgt zu definieren: „Alles, was ein Mensch nicht für sich selbst, sondern mit sozialem Nutzen im weitesten Sinne tut (von der Hausarbeit für andere über die Betreuung von Kindern und Bedürftigen bis hin zur Weiter- und Fortbildung, die zum allgemeinen Qualifikationsniveau beiträgt), ist Arbeit und soll dem Arbeitenden ein Auskommen in Unabhängigkeit von weiteren Personen ermöglichen". So sympathisch ein solches – altruistisch definiertes – Verständnis von Arbeit ist, es hat ebenfalls einen großen Mangel: Jede (bezahlte oder unbezahlte) Tätigkeit hat eine soziale Bedeutung, insoweit sie eben soziale Interaktion ist. Doch gleichzeitig ist „alles, was ein Mensch ... mit sozialem Nutzen im weitesten Sinne tut" immer auch im Interesse und zum Nutzen des Betreffenden: Hausarbeit ist immer auch zum eigenen Nutzen, Betreuung von Dritten schafft Sozialprestige oder zumindest „Ichstärke" (vgl. Helfersyndrom!), Weiter- und Fortbildung liegt zuerst und vor allem im eigenen Interesse (größere Chancen auf dem Arbeitsmarkt). Aus diesem Grund wäre vorzuziehen, jede Tätigkeit – ohne einen Nutzen für den Tätigen selbst auszuschließen – als Arbeit zu definieren, welche anderen Menschen oder Lebensbereichen (Natur) nützt. Entgegen der gängigen Aufteilung von Freizeit und Arbeit schlug der Ethiker Plasch Spescha (1993, ausführlich 1981) vor, die Lebenszeit in Erwerbsarbeit, (individualistische) Freizeit und (solidarische) Sozialzeit aufzuteilen, wobei unter letzteren all jene Tätigkeiten und Felder zu verstehen sind, die einem weiteren Kreis von Menschen zugutekommen, ohne direkt bezahlt zu werden. Dazu gehören soziales Engagement, gewerkschaftliche oder politische Arbeit, innerfamiliäre und nachbarschaftliche Betreuung sowie Dienstleistungen im Katastrophenfall. Diese gleichsam synchronische Unterteilung – also die gesamte in einem bestimmten Zeitraum geleitete Arbeit – könnte durch eine diachronische Unterteilung der Lebenszeit ergänzt werden. Jeder Mensch durchläuft im Laufe seines Lebens eine Lern-, Arbeits- und Freizeitphase, wobei sich diese Phasen zunehmend überschneiden. Dabei würde die Ausbildungsphase vor allem als Lernzeit, die aktive Erwerbsarbeit vor allem als Arbeitsphase und der Ruhestand vor allem als Freizeitphase verstanden. Die Hauptschwierigkeit all dieser Versuche, Lebenszeit zu unterteilen, liegt darin, dass die einzelnen Tätigkeitsarten ineinander übergehen: Ab welcher Höhe des Sitzungsgeldes wird Ehrenamtlichkeit (Sozialzeit) zu bezahlter Arbeit, wann wird die Erziehungsarbeit in der Familie zu Arbeit, inwieweit ist eine Tätigkeit in einem Sportverein noch Freizeitgestaltung und inwieweit ist es Sozialzeit usw. Die Grenzen scheinen sich immer mehr zu verwischen. Auch aus diesem Grund wäre ein breiter Arbeitsbegriff, der alle Tätigkeiten einschließt, welche sowohl der tätigen Person selbst, als auch anderen Menschen nützt, vorzuziehen.

Grundsätzlich sind die internationalen und nationalen Arbeitsmärkte so zu gestalten und zu regeln, dass die vorhandene Arbeit möglichst gleich unter alle Menschen verteilt werden kann. Das bedeutet, dass

1. alle Menschen die gleichen Chancen auf Ausbildung und Zugang zum Arbeitsmarkt haben sollten,
2. willkürliche Einschränkungen auf dem Arbeitsmarkt etwa durch Nationalität oder Aufenthaltsstatus im betreffenden Land aufzuheben sind,
3. bei steigender Produktivität und anhaltendem Bevölkerungswachstum die Arbeitszeit sukzessive verringert werden soll,
4. lokale oder nationale Qualifikationen international zu anerkennen sind und
5. langfristig ein Mindesteinkommen garantiert werden soll.

3.7 Investitionen

Investitionen sind grundsätzlich erwünscht und volkswirtschaftlich sinnvoll, wenn sie nicht ausschließlich spekulativen Charakter haben und nicht nur darauf abzielen, die Ressourcen eines Landes – etwa den fruchtbaren landwirtschaftlichen Boden oder Rohstoffe – maximal auszuschlachten oder zu nutzen, ohne Rücksicht auf soziale oder ökologische Schäden.

Investitionen sollten auch nicht auf Kosten der einheimischen Bevölkerung erfolgen – oder dieser gar schaden.

Von daher sollten für Investitionen Qualitätsstandards aufgestellt werden, wobei der Investitionsschutz für qualitativ hoch zu bewertende Investitionen hoch sein sollte, der Investitionsschutz für qualitativ geringe, fragwürdige oder gar schädliche Investitionen jedoch nur gering oder gar nicht vorhanden sein sollte. Als qualitativ hochwertige Investitionen gelten innovative, ökologisch und sozial verträgliche Investitionen mit hoher Wertschöpfung, während Raubbau oder umweltschädliche Investitionen sowie Unternehmen mit Dumpinglöhnen und fehlender sozialer Abfederung als qualitativ gering einzuschätzen sind.

Jedes Land sollte auch ein Instrumentarium erhalten, um unerwünschte Investitionen zu verhindern.

Henning Klodt (2014, S. 460 f.) hat vorgeschlagen, im Unterschied zu bisherigen Investitionsschutzabkommen folgende vier Punkte anders zu regeln:

- **Erstens klare und eindeutige Formulierung der Grundlagen für Schadensersatzforderungen**: Auf Generalklauseln wie „fair and equitable treatment" ist zu verzichten. Klagen sollen nur zugelassen werden, wenn eine Diskriminierung gegenüber einheimischen Unternehmen besteht oder belegt werden kann. Damit hätte etwa Vattenfall keine besseren Klagemöglichkeiten als RWI und EnBW.
- **Zweitens Klagemöglichkeit nur im Falle mangelnder Klagemöglichkeit vor einheimischen Gerichten**: Klagen werden nur zugelassen, wenn eine mangelnde Unabhängigkeit nationaler Gerichte besteht oder der Weg über nationale Gerichte nicht möglich ist. So wäre etwa Vattenfall verpflichtet, zuerst vor deutschen Gerichten zu klagen.
- **Drittens Einrichtung einer Revisionsinstanz der Schiedsgerichte**: Zwar würde damit das Verfahren zeitaufwändiger und teurer, doch könnten so Prozessparteien – also Investoren wie Nationalstaaten – vor ungerechtfertigter Benachteiligung geschützt werden.
- **Viertens öffentliche Verfahrensunterlagen und öffentliche Verfahren**: Klodt (2014, S. 460 ff.) meint dazu: „Wenn sich die EU schon darauf einlässt, neben der staatlichen Gerichtsbarkeit eine zivile Gerichtsbarkeit zu etablieren, dann darf die Öffentlichkeit dabei auf keinen Fall ausgeschlossen werden".

Diese Minimal-Forderungen müssen erfüllt werden, sofern der Investitionsschutz nicht jegliche demokratische und rechtsstaatliche Legitimität verlieren will.

Einen ersten Schritt in die richtige Richtung ging die EU-Kommission. Die Europäische Kommission nahm im September 2015 einige der Kritiken auf und schlug vor, ein zweistufiges öffentliches Gerichtssystem zur Beilegung von Konflikten zwischen Staaten und ausländischen Unternehmen einzuführen. Dabei wäre ein öffentlicher Gerichtshof einzurichten, der aus einer ersten Instanz und aus einer Berufungsinstanz bestehen und ähnlich wie der Internationale Gerichthof in Den Haag arbeiten würde. Gleichzeitig sollte im geplanten Text der Transatlantischen Handels- und Investitionspartnerschaft (TTIP) den Staaten ein „Recht zu regulieren" eingeräumt werden (vgl. Neue Zürcher Zeitung vom 17.9.2015, S. 31).

Es gab schon verschiedene Vorschläge und Versuche, um nachhaltige Investitionen in die produktive Wirtschaft zu fördern, etwa durch steuerliche Privilegierung oder durch Bevorzugung ökologisch oder sozial innovativer Firmen bei öffentlichen Aufträgen. Gleichzeitig können und sollen hochspekulative Geldanlagen oder Finanzprodukte steuerlich stärker belastet und damit schlechter gestellt werden. Als ein erster Schritt dazu drängt sich eine weltweite Einführung der so genannten Tobin Tax auf. Der amerikanische Wirtschaftswissenschaftler James Tobin hatte nämlich bereits 1972 vorgeschlagen, Finanztransaktionen mit einer besonderen Steuer zu belasten. Sein Vorschlag – die so genannte Tobin Tax – wollte erreichen, dass sich die Zirkulationsgeschwindigkeit und das Transaktionsvolumen in den Finanzmärkten durch eine abgabemäßige Verteuerung verringerte und damit das Spekulationspotenzial zurückging. Wenn heutzutage im Stunden-, Minuten- oder gar Sekundentakt Milliardenumsätze generiert werden, um kurzfristige Kursschwankungen und –unterschiede spekulativ auszunutzen und so teilweise riesige Gewinne zu generieren, hat das mit einer wirklichen volkswirtschaftlichen Leistung kaum mehr etwas zu tun. Durch die Einführung der Tobin Tax würde diese Praxis zwar nicht verhindert, aber zumindest verteuert und dadurch weniger interessant gemacht.

So lag das Transaktionsvolumen im Devisen- und Derivatehandel schon 2007 bei mehr als dem Siebzigfachen des Weltsozialprodukts (vgl. Krätke 2009). Laut Schätzungen ergäbe die Einführung der Tobin Tax schon bei einem Satz von 0,5 % des Transaktionsvolumens einen jährlichen Ertrag von 500 bis US$600 Mrd. (vgl. Krätke 2009). Diese großen Beträge könnten für das Gemeinwohl und für öffentliche Aufgaben eingesetzt werden – ein sehr willkommener und sinnvoller Nebeneffekt der Tobin Tax. Andere Varianten einer Tobin Tax wollten diese irgendwo zwischen 0,01 und 0,1 % des Transaktionsvolumens ansetzen. Eine Transaktionssteuer von 0,1 % würde laut dem Wirtschaftsforschungsinstitut in Wien weltweit Steuererträge von 1,5 % des Weltsozialprodukts hervorbringen (Schöchli 2009). Das ist eine enorme Zahl. Allerdings dürfte die Tobin Tax nicht zu tief angesetzt sein, wenn sie ihren Zweck, nämlich die Reduktion der Finanztransaktionen, tatsächlich erreichen soll.

Dabei ist die Idee einer Finanztransaktionssteuer nicht neu: Bereits Keynes hatte 1936 eine Steuer auf Finanztransaktionen vorgeschlagen. Angesichts der Finanzkrise 2008–2009 erlebte die Forderung nach einer Finanztransaktionssteuer ein Revival: So forderten in den USA Ende 2009 über 200 Ökonomen die Einführung einer Finanztransaktionssteuer (vgl. Schöchli 2009). Im US-Kongress stand Ende 2009 ein Gesetzesentwurf für eine Sondersteuer zur Diskussion, welche jedes Jahr rund $150 Mrd. einbringen sollte. Auch der Leiter der britischen Finanzaufsicht regte im Sommer 2009 eine Finanztransaktionssteuer an (vgl. Schöchli 2009).

Allerdings dürfte die Einführung der Tobin Tax unter den gegebenen Verhältnissen vielerorts sehr schwierig bis unmöglich sein: So verbietet etwa Art. 56, Abs. 1 EGV des Vertrags von Lissabon den Ländern der Europäischen Union, „alle Beschränkungen des Kapitalverkehrs zwischen den Mitgliedstaaten und zwischen den Mitgliedstaaten und dritten Ländern". Jede weltweit vereinbarte Steuer auf spekulativen Kapitalumsatz – wie zum Beispiel die Tobin Tax – ist damit verboten.

Kritiker der Tobin-Steuer weisen darauf hin, dass Transaktionssteuern und Finanztransaktionen problematisch sind, wenn sie im nationalen Rahmen erfolgen. Sie können zu Verzerrungen führen: Einerseits geht dabei das Handelsvolumen zurück und andererseits wandert Kapital ins Ausland ab: So hob die Schweiz die Anfang der 1980er-Jahre eingeführte Warenumsatzsteuer auf den Goldhandel wieder auf, weil der Goldhandel nach Großbritannien abwanderte. Auch die 1984 in Schweden eingeführte Steuer auf Wertpapiertransaktionen führte zu massiven Abwanderungen des Wertpapierhandels. Die Steuer wurde 1991 wieder abgeschafft. Eine Studie des britischen Adam Smith Institute schätzte die Belastung der Londoner City durch eine Transaktionssteuer auf 20 Mrd. britische Pfund pro Jahr, andere Studien schätzten die Belastung des europäischen Finanzsektors sogar auf 30 bis 50 Mrd. Pfund (Uhlig 2011). Das hätte nach Meinung der Autoren „katastrophale Auswirkungen" auf die – ohnehin schon erschütterten – Finanzmärkte und würde „zu einer ernsthaften Störung und Belastung" des Finanzsektors führen (Uhlig 2011). Dem ist allerdings entgegen zu halten, dass der Zweck einer Transaktionssteuer ja gerade darin besteht, den überdimensionierten Umfang der von der realen Wirtschaft abgekoppelten Finanzmärkte zu reduzieren und diese wieder in den Dienst der Realwirtschaft zu stellen.

Zweifellos hat die schweizerische Landesregierung Recht, die auf einen entsprechenden parlamentarischen Vorstoß erklärte: „Die Einführung einer transnationalen Finanztransaktionssteuer würde ein griffiges globales regulatorisches Rahmenwerk bedingen". Doch das gilt im Prinzip für jede Steuer – auch für die CO_2-Abgabe: Jedes nationale Vorprellen führt vorübergehend zu Verzerrungen. Doch angesichts der nach wie vor ungelösten Probleme des weltweiten Finanzsystems scheint die Schlussfolgerung der schweizerischen Regierung zur Einführung einer Finanztransaktionssteuer sehr kleinkariert und wenig zukunftsgerichtet: „Die Voraussetzungen hierfür und der dafür erforderliche globale Konsens sind derzeit nicht gegeben" (zitiert nach Schöchli 2009). Wie schnell sich jedoch solche Rahmenbedingungen auf globaler Ebene ändern können, musste ja gerade die Schweiz hinsichtlich Finanzplatz und Steuerwettbewerb schmerzhaft erfahren.

Eine Transaktionssteuer, die im Zusammenhang mit der Finanzkrise von mehreren EU-Ländern in die Diskussion gebracht wurde, würde bei einem Steuersatz von 0,1 % ohne Einbezug der Derivate und OTC-Märkte etwa 20 Mrd. € pro Jahr ergeben. Allerdings wurde dagegen eingewendet, dass eine solche Transaktionssteuer in spezifischen Märkten nicht zu einer Beruhigung, sondern zu erhöhter Volatilität führen könnte, weil damit die Liquidität verringert würde. Mir scheint, dass dieses Argument kaum stichhaltig ist, weil die geplante Transaktionsabgabe viel zu gering ist, um zu einer massiven Kapital- oder Liquiditätsverknappung zu führen. Auch der andere Einwand, nämlich dass eine Transaktionsabgabe zu einer verstärkten Verlagerung von Finanztransaktionen in andere Länder führe, z. B. nach Singapur oder Hongkong (vgl. Neue Zürcher Zeitung vom 7.4.2010), ist wenig überzeugend, wenn man bedenkt, wie schnell die OECD-Länder gegen unbotmäßige Finanzplätze vorgehen können, wie sich das am Beispiel des konzertierten Vorgehens der OECD gegen die schweizerische Steuer- und Bankenpolitik gezeigt hat.

Einen anderen Weg hinsichtlich Transaktionsabgabe ging Schweden: Seine Regierung wollte den von ihr eingerichteten Stabilitätsfonds für Banken als Alternative zu einer Transaktionssteuer im Sinne der Tobin Tax verstehen. Dabei finanzieren die Banken selbst diesen Stabilitätsfonds: Alle in Schweden tätigen Banken und Kreditinstitute sind verpflichtet, jährlich 0,036 % auf Teilen ihrer Verbindlichkeiten abzuliefern, wobei 2009 und 2010 dieser Satz angesichts der Finanzkrise halbiert wurde. Die Regierung legte im Herbst 2009 dem Parlament ein entsprechendes Gesetz vor (Neue Zürcher Zeitung vom 22.10.2009). Nach Meinung der Initianten besitzt der Stabilitätsfonds gegenüber einer Transaktionssteuer vor allem zwei Vorteile: Banken, deren Bilanzen vor allem dank Fremdkapital wachsen, werden stärker zur Kasse gebeten. Außerdem kommt es nicht zu Abwanderung von Kapital an Finanzzentren mit tieferen Steuern, weil nicht der Transaktionsumsatz bzw. die Liquidität belastet oder bestraft wird, sondern die beteiligten Banken die Kosten tragen – also diejenigen Institutionen, die auch an den entsprechenden Transaktionen verdienen.

Aus einer EU-weiten Erhebung ging hervor, dass eine bei den Banken erhobene Gebühr – im Sinne der Bankensteuer Schwedens oder gemäß einem in den USA diskutierten Vorschlag –, die sich nach deren Fremdfinanzierung und Risikoposition richtet, eine doppelte Dividende generieren würde: Auf der einen Seite würde eine solche Gebühr über 50 Mrd. € – bzw. gemäß dem in Schweden zur Anwendung kommende tieferen Ansatz 13 Mrd. € – an Einnahmen erzielen und auf der anderen Seite den Aufbau exzessiver Risiken in den Bankenbilanzen bremsen und den Finanzsektor stabilisieren. Außerdem wären die Erhebungskosten in einem vernünftigen Rahmen (Neue Zürcher Zeitung vom 7.4.2010). Auch Österreich beschloss im Februar 2010 die Einführung einer Banken-Sondersteuer. Dabei sollte eine von der Bilanzsumme der Banken abhängige Abgabe in der Höhe von 0,07 bis 0,1 % eingefordert werden. Die Regierung rechnete dabei mit Einnahmen von rund 500 Mio. € im Jahr (Neue Zürcher Zeitung vom 23.2.2010).

Im April 2010 wurde durch eine Indiskretion bekannt, dass der IMF im Auftrag der G-20 eine Sondersteuer für die Banken und den Finanzsektor vorschlägt. In seinem Zwischenbericht an die G-20-Staaten schlägt der IMF zwei Steuern vor: Erstens eine Abgabe der Finanzinstitute zur Deckung der in den öffentlichen Haushalten im Zusammenhang mit der Finanzkrise 2008/2009 entstandenen Kosten und zweitens einen so genannten Finanz-Stabilitäts-Beitrag (Financial Stability Contribution), um die künftigen Kosten einer Systemkrise sozusagen vorzufinanzieren (Neue Zürcher Zeitung vom 22.4.2010b, S. 23). Damit würde eine Art finanzielles Auffangnetz für die großen Finanzakteure gespannt. Durch diese zweite Abgabe sollen pro Jahr Geldmittel in der Größenordnung von 2–4 %

des Bruttoinlandprodukts generiert werden. Im Falle der USA wären das zwischen 290 und $580 Mrd. pro Jahr (Neue Zürcher Zeitung vom 22.4.2010a). Damit wäre praktisch sicher, dass kein großes Finanzinstitut mehr fallen gelassen würde – und die „Too-big-to-fail"-Problematik wäre gelöst – und zwar zu einem guten Teil auf Kosten der Kleinen. Die Neue Zürcher Zeitung sprach denn auch von einer „Kollektivstrafe für den Finanzsektor" und von „systemwidriger Sippenhaftung" (Neue Zürcher Zeitung vom 22.4.2010b, S. 23).

Einen anderen Weg statt einer Kapitalverkehrssteuer hat Klaus Willemsen (2011, S. 5) vorgeschlagen: Zur Förderung nachhaltiger und umweltfreundlicher Investitionen soll ein Null-Prozent-Zins eingeführt werden. Er argumentiert damit, dass sich höhere Investitionskosten infolge Kreditzinsen negativ auf die Wirtschaftlichkeit der Investition auswirken. „Bis die ohnehin anfallenden Kredite für Bau- und Grundstückskosten abbezahlt sind, vergehen in der Regel 20 bis 25 Jahre; Jahre, in denen die Schuld für die Mehrkosten durch Zins und Zinseszins stetig anwächst. Erst bei einem Zinssatz von höchstens fünf Prozent reichen die Einsparungen aus, um die Zinsen für den zusätzlichen Kredit zu bezahlen. Bei einem höheren Zinssatz haben sich die Mehrkosten möglicherweise verdoppelt, bevor man beginnt, sie abzuzahlen". Mit anderen Worten: Eine Begrenzung des Zinssatzes nach oben dürfte durchaus positive Auswirkungen auf die Entwicklung der Wirtschaft und auf ein – moderates – Wachstum haben –, ganz im Gegensatz zu längeren Null- oder Negativ-Zins-Phasen, welche längerfristig für die Volkswirtschaft wenig vorteilhaft sind.

Deshalb habe ich vorgeschlagen, einerseits die **Zinsen für Spareinlagen (Passivzinsen)** oder andere Kapitalanlagen auf maximal 5 % zu beschränken. Umgekehrt darf für Kredite und Darlehen ein Höchstzins von – sagen wir – 6–7 % nicht überschritten werden (Aktivzinsen). Die Differenz von 1–2 % zwischen den Einlagen und den Verleihungen der Banken, also das klassische Differenzgeschäft zwischen Aktiv- und Passivzinsen, bildet die wirtschaftliche Grundlage für das Bankgeschäft. Hochspekulative Investments mit Eigenkapital der Banken sind untersagt und an Drittunternehmen, zum Beispiel Investment-Banken, auszulagern. Natürlich steht es den Banken frei, für hochriskante Investments eigene Tochtergesellschaften zu gründen, die allerdings im Falle eines Falles auch konkursgehen können, ohne dass der Staat sie auffangen kann oder darf.

Es stellt sich die Frage, was geschieht, wenn die Inflation größer ist als der Zinssatz für Anlagen. So stiegen etwa im Euro-Raum die Konsumentenpreise zwischen Oktober 2011 und September 2012 um 2,6 %, während im September 2012 die Zinsen für 10-jährige Staatsanleihen bei lediglich 1,35 % lagen (vgl. Rasch 2012). Das bedeutet, dass die Anleger zu diesem Zeitpunkt einen negativen Realzins von −1,25 % erzielten, also einen jährlichen Realwertverlust ihrer Vermögen um mehr als 1 % erlitten. Wenn man bedenkt, dass im Euro-Raum bereits seit 2010 negative Realzinsen herrschten (vgl. Rasch 2012), dann kann man sich vorstellen, wie wenig attraktiv in einer solchen Situation das Sparen erscheinen musste.

Eine ähnliche Situation bestand übrigens Anfang 2015 in der Schweiz, als bei einem Negativzins von 0,75 % und einer Teuerung von 0,0 % alle Vermögen einem ebenso hohen realen Wertverlust unterlagen.

Doch was bedeutet das für einen nach oben begrenzten Maximalzinssatz?

Zwei Aspekte sind dabei zu beachten: Liegt der Realzins aufgrund von tiefen Zinssätzen bei einer etwas höheren aber auch noch geringen Inflationsrate im Minus, dann hätte ein Maximalzinssatz nach oben eh keinen Einfluss. Die Realzinsen sind dann nicht die Folge der nach oben begrenzten Zinssätze, sondern Folge eines Überhangs an Kapital oder einer zu großen Liquidität. Diese Situation bestand faktisch – in der Schweiz und anderswo – 2014/2015. Sind jedoch die Realzinsen negativ, weil die Inflation sehr hoch ist und die Zinsen nicht folgen können – so wie das zeitweise in den 1970er-Jahren der Fall war – sind negative Realzinsen nicht die Folge der fehlenden Möglichkeit steigender Zinssätze, sondern die Konsequenz einer ineffizienten, fehlenden oder falschen Inflationsbekämpfungspolitik der Zentralbanken. Mit anderen Worten: Nicht die nach oben begrenzten Zinssätze sind schuld an negativen Realzinsen, sondern die Wirtschaftsentwicklung und die Geld- und Inflationsbekämpfungspolitik der Zentralbanken. Entsprechend hat denn auch der Gesetzgeber in der Schweiz die Begrenzung der Zinsen von Konsumkrediten (18 bzw. 15 %) nicht an die Inflationsrate gekoppelt – und das war auch nie ein Thema.

Neben dem Argument, dass eine Begrenzung der Kapitalzinsen auf 5 % ein zu großer Eingriff in die Wirtschaft sei – was angesichts anderer, weit tiefer gehender staatlicher Eingriffe wahrscheinlich kaum stichhaltig ist –, gibt es einen weiteren Einwand. Nicht wenige Unternehmen halten die Dividenden gezielt tief, um einen erheblichen Anteil des Gewinns in den Betrieb zu investieren. Das ist volkswirtschaftlich zweifellos erwünscht. Nur: Wenn dadurch der Wert eines Unternehmens sich kontinuierlich erhöht, kann es sein, dass beim Verkauf der Aktien durch die Hauptaktionäre – etwa bei Familienunternehmen – diese massive Gewinne erzielen und möglicherweise die Firma auspowern und die übrigen Aktionäre benachteiligen – wie etwa im Falle der Übernahme der Sika durch Saint-Gobain im Dezember 2014. Doch diese Gefahr besteht bei jedem Verkauf größerer Aktienanteile.

Angesichts der Flutung der Geld- und Finanzmärkte mit Geld, wie das insbesondere seit der Finanzkrise und vor allem nach 2013 im Euro-Raum und – wenn auch aus anderen Gründen, nämlich um den Schweizer Franken zu schwächen – 2011 bis 2015 in der Schweiz der Fall war, und verbunden mit der Null- und Negativzinspolitik der Zentralbanken, stellt sich die Frage, wer letztlich die Zeche bezahlt.

Obwohl Befürworter der Negativzinspolitik behaupteten, dass angesichts der deflationären Entwicklung trotz Negativzinsen der **Wert der Sparvermögen real stieg,** weil der Rückgang der Preise (= Negativinflation) höher war als der Negativzinssatz, ändert das nichts daran, dass insbesondere das Alterssparen langfristig unter dieser Entwicklung leidet. Außerdem gingen so ab 2015 in der Schweiz zunehmend mehr Banken dazu über, die Null- oder Negativzinsen an die Sparerinnen und Sparer weiter zu geben, sei es direkt oder über hohe Gebühren. Dazu kam – zumindest in der Schweiz – dass nach der Freigabe des Frankenkurses im Januar viele KMU mit Lohnkürzungen für ihre Mitarbeiter reagierten, wenn auch auf mehr oder weniger „freiwilliger" Basis.

Aus diesen Gründen müsste man auch in Erwägung ziehen, nach unten eine Mindestverzinsung von Sparkapital bzw. für Vermögen bis 5 Mio. Franken oder Euro in Betracht zu ziehen, zum Beispiel in der Höhe von +1 %. Die Höhe dieser Mindest-Verzinsung könnte – ähnlich wie der Mindestzinssatz bei den Pensionskassen – durch den Bundesrat beschlossen werden. Tut man das nicht, zahlen einmal mehr die kleinen Sparerinnen und Sparer die Zeche für die Finanz- und Schuldenkrise.

3.8 Steuern

Ein besonderes Problem – und seit spätestens 2013 auch im Radar der OECD (vgl. Gratwohl 2013) – ist die ungleiche Besteuerung von Unternehmen in den einzelnen Ländern – und in der Schweiz auch in den einzelnen Kantonen. Durch Verlagerung vor allem mobiler und immaterieller Werte, aber auch durch „Steueroptimierungen" entgehen nicht wenigen Ländern große Geldsummen.

In vielen Ländern hat die Bedeutung der Unternehmenssteuern für den Staatshaushalt laufend abgenommen. Vor allem zwischen den 1960er- und den 1980er-Jahren konnten in den USA viele Firmen ihre Steuern durch zunehmende Fremdfinanzierungen laufend verringern, weil Schuldzinsen von den Steuern abgezogen werden konnten (Lanz 2014, S. 25).

Dabei hat in den letzten Jahren nicht nur die Bedeutung der Unternehmenssteuern für die Staatshaushalte, sondern auch die Höhe der Unternehmenssteuern sukzessive abgenommen. So lag der weltweite Durchschnitt des Unternehmenssteuersatzes 2004 noch über 29 %, 2014 lag er noch bei 22,6 % (vgl. Lanz 2014, S. 25). In diesen 10 Jahren ging der Durchschnittssteuersatz für Unternehmen in Europa um 8,6 % zurück. In Kanada sank er von 43 % im Jahr 2000 auf 26 % 2014 (vgl. Lanz 2014, S. 5).

Für die Unternehmen hat sich dagegen die Gewinnsituation aufgrund der sinkenden Steuersätze und durch das Ausreizen steuerlicher Unterschiede zwischen den einzelnen Staaten deutlich verbessert: So lag etwa allein bei der US-Firma Apple der Gewinn infolge „Steueroptimierungen" um 6 Mrd. höher, als er bei einer regulärer Besteuerung in den USA gelegen hätte (Gratwohl 2013). Das Deutsche Institut für Wirtschaftsforschung bezifferte den Verlust an Unternehmenssteuern allein in Deutschland 2008 mit 90 Mrd. €, und wären die im S & P kotierten Firmen regulär besteuert worden, hätte dies ihren Gewinn um 16 % verringert (Gratwohl 2013).

Entsprechend stellt sich auf globaler Ebene durchaus auch die Frage nach einer Harmonisierung der Unternehmenssteuern. Ideal wäre es, wenn es weltweit einen einheitlichen Unternehmenssteuersatz und auch ein einheitliches Verfahren zur Steuerbemessung gäbe.

Im Unterschied zu anderen Ländern besteuert die Schweiz nicht nur Einkommen, also Löhne, gewisse Gewinne von Kapitalanlagen oder Verkaufserlöse im Immobilienbereich, sondern auch Vermögen. Mit anderen Worten: Es werden nicht nur Vermögenserträge – wie in fast allen Ländern – besteuert, sondern auch Vermögensbestände (vgl. Eichenberger 2011). Eichenberger weist zu Recht darauf hin, dass „ein gewichtiger Teil der besteuerten nominellen Vermögenserträge gar kein realer Ertrag" darstellen, sondern z. B. eine Kompensation inflationärer Vermögensentwertung sind oder sonst wie nur fiktive Einkommen darstellen. Ein gutes Beispiel für die Besteuerung eines fiktiven Einkommens ist die Steuer für den so genannten **Eigenmietwert** einer Liegenschaft: Dabei wird bei selbst genutztem Wohneigentum – also beim Bewohnen einer eigenen Wohnung – angenommen, dass die Selbstnutzung ein **Einkommensäquivalent** darstellt, nämlich der Betrag, den der Hauseigentümer bei einer Vermietung der Wohnung einnehmen würde. Andere Ökonomen – zum Beispiel der emeritierte Professor für Volkswirtschaftslehre an der Universität St. Gallen, Jörg Baumberger (2011) – vertreten dagegen die Meinung, dass die Nutzung von Wohneigentum „grundsätzlich gleich wie alle anderen pekuniären und naturalen Kapitaleinkommen" versteuert werden sollten, weil der genutzte Wert Teil der betrieblichen Erfolgsrechnung des Hauseigentümers darstelle.

Mit dem gleichen Argument könnte man einen selbst benutzten Wohnwagen oder ein selbst benutztes Auto – oder wie Baumberger (2011) selbst sagt: jegliche Form von Fahrnis – besteuern, denn man könnte ja beides vermieten und damit ein Einkommen erzielen. Bei all diesen Gütern muss jedoch nur der Vermögens*bestand* – und der erst noch mit einem großzügigen Abschreibungsrabatt – versteuert werden, nicht jedoch ein angeblich entgangenes fiktives Einkommen.

Eichenberger (2011) weist darauf hin, dass außerdem andere Formen von Anlagen nicht oder sehr viel weniger belastet werden als Immobilien: Während Kurs- und Kapitalgewinne aus anderen Anlagen – wie z. B. Aktien, Obligationen oder staatlich vorgeschriebene Zwangssparformen – nicht oder in geringerem Ausmaß besteuert werden, schlägt der Fiskus bei den Immobilien zu, und zwar gleich mehrfach: Grundstückgewinnsteuern, Eigenmietwert und Liegenschaftssteuern – zusätzlich zu den normalen Vermögens- und Einkommenssteuern versteht sich.

Eichenberger (2011) schlug als Konsequenz vor,

- die Eigenmietwertbesteuerung abzuschaffen und
- Schuldzinsabzüge nur für Anlagen – also Aktien, Obligationen oder fremd vermietete Liegenschaften – zu gewähren, nicht aber zur Finanzierung des Eigenheims.

Während die erste Forderung sicher sinnvoll ist, meine ich jedoch, dass sämtliche Schuldzinsenabzüge abgeschafft werden sollten. Denn Investments mit fremdem Kapital heizen einerseits die Finanzwirtschaft über die Maßen an und steigern andererseits die Verschuldung im großen Ausmaß, was volkswirtschaftlich nicht erwünscht sein kann.

Auch Aymo Brunetti – Wirtschaftsprofessor und Präsident der Expertengruppe zum Finanzplatz Schweiz – hat vorgeschlagen, die Verschuldungsanreize für Hauseigentümer aufzuheben, ebenso aber auch die Versteuerung des Eigenmietwerts selbst genutzten Wohneigentums (vgl. Brunetti 2016, S. 21). Brunetti begründete diesen Vorschlag unter anderem mit der Tatsache, dass „zwei Drittel aller Finanzkrisen durch Einbrüche auf den Immobilienmärkten ausgelöst" werden.

Dazu kommt noch ein weiteres Problem: Aufgrund der steigenden Immobilienpreise erhöht sich auf dem Papier das Vermögen von Immobilienbesitzern regelmäßig. Angenommen, jemand besitzt ein Mehrfamilienhaus und bewohnt eine der Wohnungen selbst, entsteht folgende absurde Situation: In Zeiten der Zinssenkungen sinken die Mieteinnahmen der vermieteten Wohnungen, der fiktiv angenommene Eigenmietwert bleibt aber gleich – das bedeutet, dass der Wert-Anteil der selbst genutzten Wohnung an der Liegenschaft und der Anteil der (fiktiven) Mieteinnahmen aus der selbst genutzten Wohnung an den gesamten Einnahmen aus der Liegenschaft laufend steigt. Und dies, obwohl die effektiven Einnahmen sinken.

Es stellt sich die Frage, inwieweit die Abzugsmöglichkeiten für werterhaltende Investitionen bei Liegenschaften gerechtfertigt sind. Genau wie ein Auto verliert ja ein Gebäude – aber nicht der Boden – mit den Jahren laufend an Wert. Um dies zu verhindern, werden regelmäßig Ersatzinvestitionen getätigt. Das ist volkswirtschaftlich zweifellos erwünscht. Wenn jedoch der Besitzer eines Fahrzeugs den sinkenden Wert seines Fahrzeugs steuerlich berücksichtigen kann – was zweifellos richtig ist – muss im Sinne der Gleichbehandlung der Liegenschaftsbesitzer entweder steuerlich ebenfalls Abschreibungen am Gebäude machen können oder aber die Wert erhaltenden Investitionen abziehen können. Das gilt jedoch nicht für Wert steigernde Investitionen: Diese erhöhen zum einen den Wert der Liegenschaft (Vermögensstand) und lassen den Eigentümer zum anderen höhere Erträge erzielen, die er dann logischerweise als zusätzliches Einkommen versteuert. Somit müsste also eine gerechte Lösung wie folgt aussehen:

- Abschaffung der Besteuerung des Eigenmietwerts als fiktives Einkommen,
- Abschaffung der Abzugsmöglichkeiten für sämtliche Schuldzinsen, egal wofür der Kredit aufgenommen wurde,
- Beibehalt der Abzugsmöglichkeiten für Wert erhaltende Investitionen oder aber Einführung von Amortisationsabzügen für das Gebäude,
- gleiche Besteuerung sämtlicher Einnahmen aus Kapitalanlagen, egal ob Aktien, Obligationen oder Liegenschaften sowie
- Abschaffung der Liegenschaftssteuern.

Auch Schöchli (2012) plädiert für eine gleichzeitige Streichung der Eigenmietwertbesteuerung und des Schulden- sowie Unterhaltsabzugs. Damit fiele das oft geäußerte Argument der steuerlichen Bevorzugung der Vermieter gegenüber den Mietern bei einseitiger Aufhebung der Eigenmietwertbesteuerung weg. Nicht überzeugen kann die andere „saubere" Lösung, nämlich die Abschaffung des Eigenmietwerts – unter Beibehaltung des Schulden- und Unterhaltsabzugs – gekoppelt mit einem Mietzinsabzug für Mieterinnen und Mieter. Denn – so Schöchli (2012) – bei dieser Lösung käme es zu einem erheblichen Verlust des Steuersubstrats.

Erstaunlicherweise fordert demgegenüber Baumberger (2011) auf der einen Seite die Beibehaltung der Eigenmietwertbesteuerung, bezeichnet aber auf der anderen Seite die Vermögensbesteuerung und konsequenterweise auch die Grundstücksgewinnsteuer, also die Besteuerung des Wertzuwachses einer Liegenschaft während der Dauer des Besitzes, als eine „Perversion". Doch es wäre wesentlich sinnvoller, die umgekehrte Lösung zu wählen: Flat Tax für alle Einkommen, Abschaffung der Besteuerung fiktiver Einkommen und dafür Begrenzung der Vermögen auf einen bestimmten Wert, z. B. auf 5 Mio. pro Person. Dabei müsste für die untersten Einkommensgruppen ein großzügig angesetzter Freibetrag vorgesehen werden.

Ein besonderes Problem besteht darin, dass in vielen Ländern die Berechnung der Einkommenssteuer für den Steuerpflichtigen schwierig bis unmöglich ist: Freigrenzen, progressive oder negative Einkommenssteuer, Sozialabzüge, berufsbezogene Abzüge, Abzüge für besondere Aufwendungen, Spendenabzüge, Berechnung fiktiver Einkommen (wie z. B. der Eigenmietwert selbst genutzten Wohneigentums in der Schweiz) usw. verhindern oft die Berechnung und die Überprüfung des persönlichen Steuersatzes und der persönlichen Steuerrechnung, wenn man nicht einen Steuerexperten hinzuziehen will. Und das ist wenig bürgerfreundlich.

Auch von daher wäre die Einführung einer einfach zu berechnenden „Flat Tax" zu begrüßen, deren Steuersatz für alle Einkommen gilt. Und wie das bekannte Bonmot sagt, könnte dann jede Bürgerin und jeder Bürger seine Steuern auf einem Bierdeckel ausrechnen. Allerdings müsst dabei – wie bereits gesagt – für die unteren Einkommen ein großzügiger Freibetrag vorgesehen werden, weil sonst die Einkommensschwächsten übermäßig belastet werden.

Einzelne Staaten haben versucht, eine Flat Tax einzuführen, so etwa Tschechien. Dieses Land führte 2007 einen einheitlichen Steuersatz von 15 % auf das so genannte „Super-Brutto-Einkommen" ein, das sich aus dem Bruttolohn und den Arbeitgeberbeiträgen aller Sozialsysteme zusammensetzt (vgl. Hermann 2012). Allerdings wurde diese Berechnungsart auf Beschluss der Regierung 2012 auf Anfang 2014 durch eine 20 %ige Besteuerung des Bruttolohns ersetzt. 2012 wurde außerdem für vorläufig drei Jahre eine zusätzliche „Solidarsteuer" von 7 % auf Einkommen von über 100.000 tschechischen Kronen (ca. 5000 Schweizer Franken) eingeführt, was faktisch – wie Hermann zu Recht monierte – eine Rückkehr zur Steuerprogression und eine Abschaffung der Flat Tax bedeutete.

Linke Politiker haben am Modell der „Flat Tax" nicht zu Unrecht kritisiert, dass dieses Steuermodell unsozial sei, weil es Kleinverdienende und Personen mit großen oder sehr großen Einkommen dem gleichen Steuersatz unterstellt. Das ist dann richtig, wenn die „Flat Tax" sowohl bei der Einkommens- als auch bei der Vermögenssteuer zur Anwendung kommt. Durch einen großzügig festgelegten Freibetrag auf der Flat Tax für die unteren Einkommen und die vorgesehene Umverteilung größerer Vermögen würde eine zu starke Belastung der Armen und Ärmsten vermieden.

Doch zusammen mit dem Vorschlag, alle Vermögensanteile über 5 Mio. an Dritte zu überschreiben oder – bei einer Verzögerung von einem Jahr – zu 100 % durch eine Reichtumssteuer abzuschöpfen, ist die lineare „Flat Tax" die ideale Einkommenssteuerform, sofern gegen unten ein angemessener Freibetrag eingebaut wird. Denn sobald – egal durch welche Einkommenskanäle – das Vermögen den Betrag von 5 Mio. überschreitet, wird der betreffende, also darüber liegende Betrag automatisch umverteilt oder weg gesteuert.

Ein prozentual fixer Steuerbetrag führt dazu, dass alle auf einfachste und transparente Art berechnen können, welcher Teil ihres Einkommens und welcher Betrag als Steuer abgeführt werden muss. Die leidige Frage, ob sich ein Zweitverdienst oder Teilzeitjob der

Partnerin oder des Partners überhaupt steuerlich lohnt – weil durch die kalte Progression dieser Zusatzverdienst nicht selten wieder aufgefressen wird –, fällt damit ebenfalls weg. Dazu kommt, dass die Vereinfachung der Einkommenssteuer bei den Steuerverwaltungen und Finanzämtern zu einer erheblichen Kosteneinsparung führen würde.

Und weil systematisch alle großen Vermögen über 5 Mio. umgelagert werden – entweder individuell oder via Vermögenssteuern – wird die zunehmende Verlagerung von Vermögen zu den Reichsten wirksam gestoppt. Weil bei Vermögen unter 5 Mio. die Vermögenssteuer vollständig wegfällt und weil eine Flat Tax mit einem großzügigen Freibetrag für kleine Einkommen, die nicht zu hoch angesetzt ist, den Vermögensaufbau und die Sparquote positiv beeinflussen würden, wären die Effekte (fast) nur positiv. Ein nicht zu unterschätzender Nebeneffekt wäre, dass die Steuerhinterziehung deutlich erschwert würde.

Technisch die einfachste Lösung wäre es, die Einkommenssteuer in Form einer Quellensteuer zu erheben. Diese wird immer dort, wo Einkommen generiert wird, also an der Quelle, abgezogen bzw. einbehalten und an die Steuerbehörden weitergeleitet. Das kann durch einen entsprechenden Lohnabzug durch den Unternehmer geschehen – eine Praxis, die zum Beispiel in der Schweiz für (nicht niedergelassene) ausländische Arbeitnehmer üblich und bewährt ist. Ein anderes Beispiel sind die so genannten Verrechnungssteuern, welche die Banken – ab einem Mindestzins von 200 Franken pro Sparkonto – direkt an den Staat weiterleiten.

Personen, deren Einkommen unter der Freigrenze liegt, erhalten den bereits zurückbehaltenen Steuerbetrag zurück, ähnlich wie bei der heutigen Praxis der Schweizer Banken bei Rückerstattung der von den Banken zurückbehaltenen Verrechnungssteuern auf Sparkonti.

Literatur

Attac Schweiz. 2009. Bankgeheimnis und Steueroasen: Was man wissen muss. Für ein solidarisches internationales Finanzsystem. *Steuerkommission von Attac Schweiz.*
Baumberger, Jörg. 2011. Die List der Vernunft hinter der Eigenmiete. In: *Neue Zürcher Zeitung.*1.9.2011.
Bernholt, Norbert. 2012. Das Unternehmertum in einer solidarischen postkapitalistischen Wirtschaft. In: *Humane Wirtschaft. Sept./Okt. 2012.* 19 ff.
Bichlmaier, Simon. 2009. *Zu Geld und Ökonomie.* Gelnhausen: Wagner-Verlag.
Bohlken, Eike. 2011. Energiewende und Systemtransformation. Fukushima und die Folgen. *Herder Korrespondenz 5/2011.*
Brunetti, Aymo. 2015. Das Gespräch mit Aymo Brunetti: „Griff in den Giftschrank". In: *Schweizerische Handelszeitung. 25.6.2015.* 19 ff.
Creutz, Helmut. 1994. *Das Geld-Syndrom. Wege zu einer krisenfreien Marktwirtschaft.* Frankfurt a. M.: Ullstein.
Creutz, Helmut. 2009. Bedingungsloses Grundeinkommen – oder Reduzierung der Kapitaleinkünfte? In: *Humane Wirtschaft.* Mai/Juni 2009. 35 ff.
Eichenberger, Rainer. 2011. Weg mit dem Eigenmietwert. In: *Neue Zürcher Zeitung.* 29.3.2011.

Eisenhut, Peter. 2012. *Aktuelle Volkswirtschaftslehre*. Zürich: Somedia Buchverlag. (Edition Rüegger).
Feldmann, Mathias. 2011. 20 Jahre Entschuldung: Rückschau und Ausblick. In: *Die Volkswirtschaft* 7/8.
Föhrenberg Kreis. 2010. Fünf Thesen des Föhrenberg Kreises zu sofort notwendigen finanzwirtschaftlichen Massnahmen. https://fbkfinanzwirtschaft.files.wordpress.com/2010/02/massnahmen.jpg. Zugegriffen: 13. Okt. 2015.
Gratwohl, Natalie. 2013. Die Welt der Steueroptimierer. In: *Neue Zürcher Zeitung*. 22.10.2013.
Heinsohn, Gunnar, und Otto Steiger. 2006. *Eigentumsökonomik*. Marburg: Metropolis-Verlag.
Hermann, Rudolf. 2012. Markante Steuererhöhungen in Tschechien. In: *Neue Zürcher Zeitung*.12.4.2012.
Jäggi, Christian J. 1995. *Wege, Irrwege und Sackgassen der Existenzsicherung*. Meggen: Inter-Edition.
Klodt, Henning. 2014. Transparenz verbessern, Missbrauch erschweren. *Wirtschaftsdienst – Zeitschrift für Wirtschaftspolitik* 7:459 ff.
Koslowski, Peter. 2009. *Ethik der Banken. Folgerungen aus der Finanzkrise*. München: Wilhelm Fink Verlag.
Krätke, Michael R. 2009. Tobins Comeback. In: *WochenZeitung*. 12.11.2009.
Kremer, Jürgen. 2012. *Grundlagen der Ökonomie. Geldsysteme, Zinsen, Wachstum und die Polarisierung der Gesellschaft*. Marburg: Metropolis.
Lanz, Martin. 2014. US-Firmen auf der Flucht. *Neue Zürcher Zeitung*. 3.9.2014. 25.
Lüscher-Marty, Max. 2012. *Theorie und Praxis der Geldanlage. Band 1: Traditionelle Investments und Fundamentalanalyse*. Zürich: Verlag Neue Zürcher Zeitung.
Neue Zürcher Zeitung. 22.10.2009. Schwedische Stabilitätsgebühr als Alternative zur Tobin-Steuer.
Neue Zürcher Zeitung. 23.2.2010. Österreichs Regierung einigt sich auf eine Bankensteuer. Bilanzsummen-abhängige Abgabe am wahrscheinlichsten.
Neue Zürcher Zeitung. 1.3.2010. Zähe Reform des Finanzsystems.
Neue Zürcher Zeitung. 7.4.2010. Lieber Bankenabgabe als Transaktionssteuer.
Neue Zürcher Zeitung. 22.4.2010a. Der IMF will den Banken an den Kragen.
Neue Zürcher Zeitung. 22.4.2010b. Vor fragwürdiger Kollektivstrafe für den Finanzsektor.
Neue Zürcher Zeitung. 17.9.2015. EU geht auf TTIP-Kritiker zu. *Reform des Investorenschutzes*. 31.
Piketty, Thomas. 2014. *Capital in the twenty-first century*. Cambridge: The Belknap Press of Harvard University Press.
Rasch, Michael. 2012. Enteignung durch negative Realzinsen. In: *Neue Zürcher Zeitung*. 15.11.2012.
Reichenau, Christoph. 1986. Arbeit für Männer und Frauen. In: Schweizerischer Verband für Frauenrechte -SVF Frau und Arbeit in Vergangenheit und Zukunft. Referate gehalten von Isabell Mahrer/Martine Chaponnière/Beatrix Mesmer/Heidi Schelbert-Syfrig/Ruth Dreifuss/Christoph Reichenau. Bern: 18. Januar 1986.
Schmid, Simon. 2015. Das Gespräch mit Steve Keen: „Tod und Zerstörung". Interview. In: *Schweizerische Handelszeitung. 3.9.2015*. 21 f.
Schneeberger, Paul. 2013. Am Hindernis gewachsen. In: *Equity der Neuen Zürcher Zeitung* 10/2013.42 f.
Schöchli, H. 2009. Die lange Kontroverse um die Tobin-Steuer. In: *Neue Zürcher Zeitung*. 19.12.2009.
Schöchli, H. 2012. Der Eigenmietwert ist besser als sein Ruf. In: *Neue Zürcher Zeitung*. 21.8.2012.
Schweizerische Elektrizitätsstatistik. 2014. Bern: Bundesamt für Energie. http://www.bfe.admin.ch/themen/00526/00541/00542/00630/index.html?lang=de&dossier_id=00765. Zugegriffen: 20. Okt. 2015.

Sen, Amartya. 2003. *Ökonomie für den Menschen. Wege zu Gerechtigkeit und Solidarität in der Marktwirtschaft*. München: Deutscher Taschenbuch Verlag.
Smith, Adam. 2005. *Der Wohlstand der Nationen: Eine Untersuchung seiner Natur und seiner Ursachen*. München: Deutscher Taschenbuch Verlag.
Smith, Roy C., und Ingo Walter. 2010. Wie die Banken aus der Defensive herauskommen können. In: *Neue Zürcher Zeitung*. 23./24.1.2010.
Spescha, Plasch. 1981. *Arbeit – Freizeit – Sozialzeit. Die Zeitstruktur des Alltags als Problem ethischer Verantwortung*. Bern: Peter Lang.
Spescha, Plasch. 1993. Sozialzeit Ehrenamtlichkeit Zeitwohlstand. Biel: Sozialethische Arbeitsstelle der röm.-kath. Kirche Biel. 48/1993.
SRF. 2014. Neuer Höchstzins mach Geldausleiher sauer. 4.12.2014. http://www.srf.ch/news/wirtschaft/neuer-hoechstzins-fuer-kleinkredite-macht-geldausleiher-sauer. (Zugriff 18.1.2016)
Uhlig, Andreas. 2011. Mit Schwung in die Sackgasse. In: *Neue Zürcher Zeitung*. 22.8.2011.
Wallacher, Johannes. 2011. „Wir leben auf Pump". Ein Gespräch mit dem Wirtschaftsethiker Johannes Wallacher. *Herder Korrespondenz*. 12/2011.
Willemsen, Klaus. 2011. Stabiles Geld muss neutral sein. In: *Humane Wirtschaft. März/April 2011*. 2 ff.

Maßnahmen 4

> **Zusammenfassung**
>
> Die besten Strategien nützen wenig, wenn nicht aus ihnen heraus griffige, einfache und umsetzbare Maßnahmen formuliert werden. Diese Einzelmaßnahmen sind zu Maßnahmenpaketen zusammenzufassen und – sofern sie überzeugend sind – gezielt umzusetzen. Dabei sollte nicht vergessen werden, jede einzelne Maßnahme auf ihre Wirksamkeit und auf ihr Outcome zu überprüfen.
>
> Längerfristig wird die Menschheit nicht darum herum kommen, das reale Wachstum stark zu begrenzen, zum Beispiel auf 0,5 oder 1 %. Der Finanzsektor muss auf eine strikte Dienstleistungs- und Hilfsfunktion zurückgebunden werden.
>
> Die Zentralbanken dürfen nicht aus falschen Gründen – zum Beispiel um den Wert der Schulden zu verringern – auf ihre Politik der Null-Inflation verzichten, und das Geldmengenwachstum ist zu beschränken.
>
> Die Politik des billigen Geldes und der Negativzinsen ist zu stoppen, die hohe Liquidität abzuschöpfen und die Gefahr einer Deflation durch wirtschaftliche Anreize auf der Nachfrageseite – etwa im Infrastrukturbereich – zu bekämpfen.
>
> Die staatlichen Schulden armer Länder können durch Schuldenerlasse bekämpft werden, die jedoch mit entsprechenden Auflagen – etwa mit produktiven Investitionen in die Infrastruktur, Bildung, Naturschutz usw. – zu verbinden sind. Grundsätzlich ist jedoch die Frage der Schulden nicht durch Aufhebung von Schulden und damit mit der Vernichtung fremder Guthaben zu lösen, sondern durch eine gerechtere Verteilung von Einkommen und Vermögen.
>
> Durch eine Begrenzung der Zinsen – zum Beispiel der Passivzinsen auf maximal 5 % und der Aktivzinsen auf maximal 6 % – sind übermässige Renditen und ihre schädlichen Auswirkungen auf das Wirtschafts- und Finanzsystem zu vermeiden.
>
> Es braucht eine effektive, einfache und transparente Umverteilung von Vermögen von oben nach unten ab einem bestimmten Vermögen – z. B. ab 5 Mio. € oder Franken.

An welche Personen die Vermögenden ihr Vermögen überschreiben, bleibt ihnen überlassen.

Statt eine Politik des „Quantitative Easings" zu betreiben mit dem Ziel eines – eh nicht erreichbaren exponentiellen Wachstums, das nur zu einem überbordenden Konsumismus führt – ist die Wirtschaft sukzessive auf nachhaltige, ökologische und soziale Standards umzustellen.

Im Energiebereich ist die Produktion so schnell wie möglich auf nachhaltige Energieträger umzustellen. Alle Formen der Energiegewinnung sind einer umfassenden Ökobilanz zu unterstellen. Kernkraftwerke, die 30 Jahre oder älter sind, müssen sofort abgeschaltet werden – für neuere Atomkraftwerke ist eine schrittweise und verbindliche Stilllegungsstrategie zu definieren, und auf den Bau neuer Atomkraftwerke ist zu verzichten.

Internationale und nationale Arbeitsmärkte sind so zu gestalten, dass alle Menschen Zutritt zu ihnen haben. Einschränkungen beim Zugang zum Arbeitsmarkt aufgrund der Nationalität sind aufzuheben. Die zunehmende Produktivität hat den Arbeitenden zugute zu kommen – zum Beispiel in Form abnehmender Wochen-Arbeitszeiten. In anderen Ländern erworbene Qualifikationen zu anzuerkennen. Langfristig ist ein Mindesteinkommen zu garantieren.

Der internationale Investitionsschutz ist auf das Allernötigste zu beschränken, die Rechte der Nationalstaaten dürfen dabei nicht beschnitten werden. Übermäßige Kapitaltransaktionen sind einzuschränken, etwa durch Maßnahmen wie eine Kapitalverkehrsteuer im Sinne der Tobin Tax.

Unter der Voraussetzung, dass eine Vermögensumverteilung ab einem bestimmten Vermögen stattfindet, ist einerseits eine Flat Tax auf Einkommen mit einem großzügigen Freibetrag auf die untersten Einkommen und anderseits eine Vermögenssteuer einzurichten, die ab einem Vermögens-Freibetrag von 5 Mio. € oder Franken darüber liegende Vermögensbeträge nach einjähriger Verzögerung zu 100% weg steuert.

4.1 Finanzwirtschaft

Folgende Maßnahmen drängen sich auf.

1. Begrenzung des Wachstums des Finanzbereichs auf höchstens 0,5 bis 1% über dem Wachstum der realen Wirtschaft.
2. Trennung der Bankaktivitäten in volkswirtschaftlich erwünschte Tätigkeitsbereiche der Geschäftsbanken – also Zahlungsverkehr, Kreditwesen und Spareinlagen – und Auslagerung aller hochriskanten Aktivitäten der Banken in von den Geschäftsbanken getrennte Investmentbanken oder institutionell eigenständige Schattenbanken.
3. Staatsgarantien nur für die volkswirtschaftlich erwünschten Aktivitäten der Geschäftsbanken – also Zahlungsverkehr, Kreditwesen und Schutz der Spareinlagen bis zu einer gewissen Höhe – und vollumfängliche Übernahme aller Risiken bei hochriskanten Anlagen durch die Investment- und Schattenbanken selbst, inklusive des Konkursrisikos.

4. Entwicklung klarer, überprüfbarer und verbindlicher ethischer Standards für Geschäftsbanken und für Investment- und Schattenbanken.
5. Besteuerung der Aktivitäten der Investment- und Schattenbanken nach Risiko und volkswirtschaftlicher Erwünschtheit ihrer Aktivitäten.

4.2 Inflation

Wichtigste Zielgrößen der Zentralbanken bleiben:

1. Eine Inflationsrate zwischen 0 und 2 %,
2. Währungsstabilität und
3. eine Begrenzung des Geldmengenwachstums im Bereich des realen Wirtschaftswachstums.

4.3 Deflation

Mittels nachfragefördernder Maßnahmen wie etwa gezielter Ausbau der Infrastruktur, Tiefzinspolitik, aber ohne Null- oder Negativzinspolitik, sollte ein moderates Wachstum angestrebt werden, ohne dass dabei die Geldmenge massiv vergrößert wird.

Die Anwendung des „Quantitative Easings" und besonders des „Qualitative Easings" sollte auf ein absolutes Minimum beschränkt werden.

4.4 Verschuldung

Weltweit sollten periodisch – zum Beispiel alle 10 Jahre – ein Schuldenerlass durchgeführt, die Kreditaufnahme im öffentlichen Bereich geändert werden und nach klaren volkswirtschaftlichen, demokratischen und ethischen Kriterien erfolgen. Die öffentliche Kreditaufnahme müsste in allen Ländern nach klaren ethischen Standards erfolgen, und deren Einhaltung von eigens dafür geschaffenen und demokratisch legitimierten internationalen Ratingagenturen kontrolliert werden.

Manöver der Zentralbanken zur Erhöhung der Geldmenge, wie etwa der Rückkauf von Staatsanleihen, sind umgehend zu stoppen.

Kapitalrenditen (Passivzinsen) sollten gesetzlich auf maximal 5 % begrenzt werden. Gleichzeitig sind die Zinsen für Kredite und Darlehen (Aktivzinsen) auf 6–7 % zu beschränken. Eine moderate Umverteilung von Vermögen von oben nach unten ist anzustreben.

Als einfache Maßnahmen zur Vermögensumverteilung sind Vermögensanteile über 5 Mio. an Drittpersonen zu überschreiben, und zwar maximal 5 Mio. pro Person. An wen diese Vermögensanteile überschrieben werden, entscheidet einzig der Besitzer. Der Besitzer großer Vermögen kann auch Dritte mit der Umverteilung seines Vermögens beauftragen oder diese Aufgabe an den Staat delegieren.

Bei nicht erwachsenen Personen wird der Grenzbetrag für Vermögen auf 2,5 Mio. € festgelegt.

Ergänzend zu dieser Umverteilungspflicht ist eine **Reichtums- oder Vermögenssteuer** einzuführen, der **alle individuellen Vermögen über einer Grenze von 5 Mio.** € unterworfen sind. Diese Vermögenssteuer ist so anzulegen, dass mit einem Verzögerungseffekt von einem Jahr – in welchem der Besitzer die Umverteilung seines Vermögens über 5 Mio. vornehmen kann – jegliches Vermögen über 5 Mio. abgeschöpft wird. **Vermögen unter 5 Mio. bleiben steuerfrei.**

4.5 Wachstum

Das Ziel eines moderaten, ökologisch und sozial verträglichen Wirtschaftswachstums ist in der Verfassung festzuschreiben und von der Politik umzusetzen.

Alle politischen Entscheide und gesetzlichen Regelungen sind auf ihre ökologische und soziale Verträglichkeit zu überprüfen.

Alle Unternehmen und staatlichen Institutionen haben periodisch eine Nachhaltigkeitsbilanz zu erstellen. Darin sind auch die externen Kosten der eigenen Tätigkeit aufzuführen.

Öffentliche Stellen haben die Nachhaltigkeitsbilanz der offerierenden Unternehmen bei der Vergabe von Aufträgen und Leistungsvereinbarungen mit zu berücksichtigen.

Es sind gesetzliche Maßnahmen zum Verbot geplanter Obsoleszenz zu ergreifen.

Alle Staaten haben verbindliche und zeitlich festgelegte Fahrpläne zur Ersetzung umweltschädlicher Energieträger – wie fossile Brennstoffe und Atomenergie – durch nachhaltige Energie vorzulegen und umzusetzen.

4.6 Arbeitsmarkt

In Bezug auf die Arbeitsmarktgerechtigkeit sind folgende Maßnahmen anzustreben:

1. Garantie und Durchsetzung von Chancengleichheit in Bildung, zum Beispiel durch Errichtung eines Bildungskontos für jeden Menschen;
2. Aufhebung aller strukturellen und gesetzlichen Einschränkungen in Bezug auf den Zugang zu den Arbeitsmärkten, wie z. B. Arbeitsverbot für bestimmte Aufenthaltskategorien, Gewährung des unbeschränkten Rechts auf Arbeit nur für bestimmte Personenkategorien (z. B. in der Schweiz für Schweizer/innen und Niedergelassene);
3. Verteilung der vorhandenen Arbeit auf alle und sukzessive Senkung der Arbeitszeit;
4. Anerkennung vergleichbarer lokaler oder nationaler Ausbildungsqualifikationen in allen Ländern, z. B. über internationale Anerkennungsstellen von Abschlüssen;
5. Langfristige Garantie eines angemessen Mindesteinkommens für alle.

4.7 Investitionen

In Bezug auf den internationalen Investitionsschutz sind folgende Punkte einzuhalten:

1. Investitionsschutzabkommen sind den normalen parlamentarischen und demokratischen Prozessen zu unterstellen.
2. Streitigkeiten müssen den normalen Gerichtsweg durchlaufen, bevor sie internationalen Schiedsgerichten vorgelegt werden dürfen. Die nationale Souveränität darf auf keinen Fall verletzt oder übergangen werden.
3. Internationale Schiedsgerichte müssen eine Revisionsinstanz vorsehen.
4. Verfahren und Verfahrensunterlagen sind öffentlich.
5. Die Tätigkeit von Investoren, deren Geschäftsmodell auf Gerichtsverfahren gegen nationale Regierungen beruht, ist als rechtsmissbräuchlich zu betrachten und mit hohen Bußen zu belegen.
6. Für nationale Regierungen und von negativen Auswirkungen internationaler Investitionen betroffene Bevölkerungsgruppen ist die Möglichkeit zu schaffen, auf rechtlichem Weg vor einem internationalen Gericht gegen die Investoren vorzugehen.

4.8 Steuern

Natürliche Personen: Bei den Einkommenssteuern ist eine Flat Tax mit einem großzügig festgelegten Freibetrag für kleinere Einkommen einzurichten. Steuern auf fiktive Einkommen – wie etwa in der Schweiz die Eigenmietwertbesteuerung selbst genutzten Wohneigentums – sind abzuschaffen, ebenso wie die Steuerbefreiung von Schuldzinsen.

Vermögen bis 5 Mio. bei Erwachsenen und bis 2,5 Mio. bei Kindern und Jugendlichen sind steuerfrei. Vermögensanteile über 5 Mio. werden nach einer Karenzzeit von 1 Jahr zu 100% weggesteuert.

Juristische Personen und Unternehmen: Sämtliche Unternehmensgewinne sind zu versteuern. Die Höhe der Besteuerung der Unternehmensgewinne hat nach volkswirtschaftlichem Nutzen, ökologischer und sozialer Ausrichtung des Unternehmens zu erfolgen.

Weltweit ist eine Vereinheitlichung der Besteuerung von Unternehmensgewinnen anzustreben, und erzielte Gewinne sind prinzipiell in demjenigen Land zu versteuern, wo sie erzielt werden.

Ausblick 5

> **Zusammenfassung**
>
> Wenn man die verschiedenen ökonomischen Baustellen vergleicht, fällt Folgendes auf: In den meisten Bereichen gibt es in der heutigen Situation kaum Alternativen, wenn nicht das gesamte volkswirtschaftliche System grundsätzlich neu überdacht und umgebaut wird. Nachhaltige Wachstumsperspektiven fehlen und der Druck auf die Ressourcen nimmt zu. International gesehen wächst die Zahl der Arbeitssuchenden, und in einer Reihe hochindustrialisierter Länder werden die Arbeits- und Anstellungsbedingungen schlechter oder prekärer.

Wenn man die verschiedenen ökonomischen Baustellen vergleicht, fällt Folgendes auf: In den meisten Bereichen gibt es in der heutigen Situation kaum Alternativen, wenn nicht das gesamte volkswirtschaftliche System grundsätzlich neu überdacht und umgebaut wird. Nachhaltige Wachstumsperspektiven fehlen und der Druck auf die Ressourcen nimmt zu. International gesehen wächst die Zahl der Arbeitssuchenden, und in einer Reihe hochindustrialisierter Länder werden die Arbeits- und Anstellungsbedingungen schlechter oder prekärer.

Abhelfen können da nur gezielte Änderungen und Reformen, die alle Menschen gleichermaßen betreffen, die transparent, plausibel und vor allem auch einfach genug sind, um breite Zustimmung zu finden.

Die Kunst liegt darin, einzelne Maßnahmen zu entwickeln, die einerseits eine nachhaltige Tiefenwirkung erzielen und andererseits in der Praxis konkret umsetzbar sind. Einige dieser möglichen Maßnahmen wurden in diesem Band vorgeschlagen. Es gibt andere, vielleicht bessere.

Es braucht einen nationalen, internationalen und globalen Diskurs über all diese Fragen, besonders über zentrale volkswirtschaftliche Axiome und Vorstellungen. Hier ist auch die Volkswirtschaftslehre als Wissenschaft gefragt. Dabei geht es weniger um ökonometrische

Analysen und Berechnungen, sondern um grundlegende wirtschaftliche Fragestellungen, die alle Menschen betreffen und verstanden werden können – vorausgesetzt allerdings, man will auch, dass die Menschen diese Mechanismen verstehen und gegebenenfalls ändern können.